U0932722

绥化学院学术文库

《左传》女性研究

高　方◆著

黑龙江大学出版社

图书在版编目（CIP）数据

《左传》女性研究 / 高方著. -- 哈尔滨 : 黑龙江大学出版社, 2010.8（2021.8 重印）
ISBN 978-7-81129-289-3

Ⅰ. ①左… Ⅱ. ①高… Ⅲ. ①左传－研究②女性－社会生活－研究－中国－春秋时代 Ⅳ. ①K225.04 ②D691.968

中国版本图书馆 CIP 数据核字（2010）第 105833 号

《左传》女性研究
《ZUOZHUAN》NÜXING YANJIU
高 方 著

责任编辑 管小其 罗 艺
出版发行 黑龙江大学出版社
地 址 哈尔滨市南岗区学府三道街 36 号
印 刷 三河市春园印刷有限公司
开 本 880 毫米 ×1230 毫米 1/32
印 张 7.625
字 数 192 千
版 次 2010 年 8 月第 1 版
印 次 2022 年 1 月第 2 次印刷
书 号 ISBN 978-7-81129-289-3
定 价 38.00 元

目 录

引 言

翻开卷帙浩繁的文学史册，任谁都不能不承认女性是其中最为曼妙的身影，她们涓涓如水、盈盈如云、轻巧如风。除去上古神话中仁慈的女娲、神秘的西王母、执著的精卫等性情各异的女神形象，中国文学关于女性的最早、最直接、最系统、最可信的记录，如果说诗在于《诗经》，文便在于《左传》。

也许因为“诗三百”以《关雎》开篇，关于是否弘扬“后妃之德”的讨论几千年中屡有余响，而为孔子所斥的多发于“桑间濮上”的“郑卫之音”也引得无数君子和君子以外的人频频流连驻足，以之为戒或以之为好，《诗经》女性研究始终是学界的研究热点，论文、专著频出，学术影响也始终声势浩大。相比于此，《左传》女性研究相对就要沉寂许多。

与《诗经》在当代的“纯文学”接受有所差异，人们总是不能忘怀《左传》身上无法剥离的史书性质，而古代的史书毫无疑问是为男性而作的，因此，那些形象鲜活、个性生动的女子被深隐于男性背后的光影之中以至被忽略就显得毫不奇怪。古史固然为男性而作，但众多女性的款款步入自然有其深层原因——她们无不与这些重大的历史事件密切相关，有的甚至是组织者、实施者，是她们在一定程度上左右了历史的生成与发展。我们不能片面夸大男性或是女性在历史上的重要作用，但我们所说的一切都是史有所载的。《左传》中作为历史形象和文学形象同时存在的这些女性，无论是善之花还是恶之花，无论是频频现身还是惊鸿一瞥，都是那么栩栩如生、光彩照人。

说起《左传》，人们的第一反应往往会是战争描写与行人辞令。这历来为人称道的重点看似与女性无关，可是你知道一个自私的母亲才是隐公元年"郑伯克段于鄢"的根本原因吗？你知道闵公二年卫之复国与许穆夫人急切激昂的《载驰》之诗有何关联吗？你知道僖公四年齐桓公"以诸侯之师侵蔡"只是因为蔡国将他曾经十分宠爱的蔡姬另嫁他人吗？你知道成公二年那场著名的齐晋鞌之战的导火索只是由于齐顷公之母的房中一笑吗？你知道楚文王扩大版图于庄公十年灭息、十四年灭蔡都是因为一个绝代佳人吗？你知道陈之灭国同样是由于一个旷世美女吗？

还有，你知道声名赫赫的"晋文之霸"是从哪里起步的吗？刘向《说苑》称"晋文霸心生于骊姬"，而他逃亡路上所遇到的女子个个都使他受到教化。你知道春秋晚期的吴国是因何而强大起来的吗？因为楚国申公巫臣拐逃夏姬，楚人杀其亲族分其室，于是在晋的巫臣便通使于吴，教吴以兵法并以其子为吴之行人，目的在于使吴与楚抗衡以报家仇，而吴国方才就此成为春秋强国。

还有，你知道"人尽可夫"、"秦晋之好"的成语吗？你知道"割臂为盟"、"结草衔环"的典故吗？你知道孟姜女（杞梁妻）故事的源头吗？你知道《赵氏孤儿》故事的原型吗？这些也都出自《左传》，也都和女性有关。

《左传》全名为《春秋左氏传》，又称《左氏春秋》，与《公羊传》、《穀梁传》合称"春秋三传"。今人一般认为该书成书于战国初年，相传系鲁国史官左丘明为传述《春秋》所作。《春秋》的历史起于鲁隐公元年（公元前722年），讫于鲁哀公十四年（公元前481年），而《左传》的生动叙事恰好覆盖了这一时段，始于鲁隐公元年止于鲁哀公二十七年（公元前468年），大致相当于中国历史上的春秋时期。《左传》虽有着确凿的史书性质，但完整的叙事框架、生动的人物形象、鲜明的思想倾向也同时让它拥有了出入各类权威文学史的永久通行证，并成为我国叙事散文和史传文学的双重典范。虽然《左传》一书有着鲜明的儒家观念，只是旨在为男权政治秩序树碑立传，但女性却以其与男性相对应的自然属性和相应生成的社会属性在《左传》中为自己谋得了一块永恒的栖身之地。《左传会笺》说“凡妇女之事，左氏多不传，以其无关大义也”，显示了该书坚定的男性立场，但历史的奇妙更让采用男权话语叙事的《左传》不得不以女子开篇，先有孟子、声子、仲子，而后方有“隐公元年”。

人们历来对作为历史载体和儒家思想载体的《左传》都不乏关注，但对其中的女性存在却相对漠然。随着学界对民族文化进行阐释与反省的升温，随着西方女权主义思想的东渐和本土女性文学研究阵营的壮大，春秋女性的生存状态对人们了解春秋和此后中国女性命运的走势产生了极为重要的意义，对了解和理解当今时代女性生活现状也有着极其重要的指导意义。注目于文学，诗的含义总是过于隐约、迂曲，文的表达则相对多了些直白和确切的意味，以《左传》(《尚书》、《春秋》、《国语》较少女性叙写)为入口探求春秋女性生活的学者便渐渐多了起来。

但散见在各类学术期刊上的研究成果多为单篇论文，不但研究手段较为单一，且多注重个案分析，对时代背景的考量不够细致，而且缺少学术系统性与学术连贯性。从已发表的学术论文看，《左传》女性人物评论则过于集中，文姜、夏姬这样的特异女子和骊姬、齐姜、怀嬴、僖负羁妻、介之推母等重耳之亡前后的女性群像是多年来始终为人津津乐道的话题，秦晋韩原之战中的晋女秦穆姬和殽之战中的秦女文嬴也以其思想、立场和辞令表达渐次为人所关注，但说许穆夫人都是因为《诗经·载驰》，说卫灵公夫人南子都是从《论语》的“子见南子”说起，以孔子为核心完全省略了南子的内心世界，而引起春秋早期三场国际战争侧面烘托楚之渐强的息夫人则几乎没有被单独研究过。此外更多研究者多从史学和社会学角度着眼，只在婚姻甚至只是春秋婚姻形态的意义上对

《左传》女性给予一定重视，完全放弃了向文字背后探求这一群体更广泛文化内涵的责任，让人们只看到现象却不知晓其因由。著作方面，由方朝晖编著、齐鲁书社出版的《春秋左传人物谱》是“中国孔子基金会文库”著作之一种，自 2001 年出版行世以来已成为《左传》研究者不可或缺的工具书和资料书，但书中共收录《左传》人物 167 人，女性人物仅有鲁之文姜与陈之夏姬，与《左传》女性对春秋大事的影响极不相称。而中国社会科学出版社 2004 年出版的何新文著作《〈左传〉人物论稿》洋洋 28 万字，仅在人物形象系列论章下写作《〈左传〉中的女性形象》一节，不足 7000 字，而在人物形象专论部分未曾给予女性任何篇幅。其余文字量稍大的《左传》女性研究作品虽偶有硕士论文出现，却还没有见到任何一本以《左传》女性为对象作系统研究的专著。

本书以《左传》文本为立论依据，部分内容兼采《国语》与《史记》及其他典籍，记载不同者则以《左传》为准展开论述。本书共四章，从春秋女性的生活背景、人生本色、个案生活和性情成因等方面进行论述，试图对春秋女性的生存状态进行更加人性化的剖析，并力求准确地捕捉到影响其人生的主要元素。其中，第三章为人物分论部分，选取对春秋历史产生重大影响或身世、个性极具特色的女子共十人予以单独论述，对文姜、夏姬、南子等以“淫”背负恶名的女子则更加着意发掘其性情中不为人知的“另一面”。此外，在对《左传》文本进行细致理解的基础上，作者花费大量时间和精力整理了《〈左传〉女性纪年检讨》作为附录。《〈左传〉女性纪年检讨》以“表”的形式依《春秋》及《左传》之纪年方式，将全部女性人物的出场情况逐一进行梳理罗列，并以按语评点其言行或对背景加以介绍，多次出现的重要人物或在出场之始或在出场之终或在重要段落的按语中，勾连出其重要事迹或出场年次，以便于读者查找及形成整体印象。这部分内容的重要性和创新性不但毫不逊于正文，而且可以视为正文论述展开的前提和基础。

《左传》中出场的女性并非寥若晨星，她们的举动有微云疏雨也有迅雷疾风，有些甚至使春秋列国的政治格局发生地动山摇的变更。从某种意义上讲，她们曾主动或被动地在时间的上游决定了中国两千余年的历史走向。《左传》陈述的是男权社会的历史，即或偶在女性的身上落墨也大多只是把她们当做反映历史事件和生活真实的辅助手段，甚至只是一件讲说历史的道具。但在客观上，以不可逆转的历史时段为经，以多姿多彩的个性特征为纬，《左传》以“无意胜有意”的笔墨为我们记录了春秋女性别样的人生图景，也不可避免地为我们展示了春秋女性的生活世界。同时，也正是因为《左传》一书有着鲜明的“男尊女卑”的儒家立场，才为我们今天从人性和文学的角度解读其中的女性形象提供了一个至为广阔的空间，让我们有机会从一切细微处探寻这些女性生命的皱褶和思想的纹理，让我们能更加深入地了解她们的精神世界。

第一章 《左传》笔墨与春秋女性的人生经纬

春秋是中国历史上一个较为特殊的时期，是一个大国争霸的时代，是政治制度大变革的时期，是各阶级阶层剧烈斗争和重新组合的时期，是思想文化急剧变化的时期，是风俗礼仪大变迁的时期。[①] 春秋时期战事频仍，新旧思想观念和行为方式不断发生激烈冲突，社会也呈现出转型时期必然的混乱局面。在传统分封制度渐次衰颓的社会背景之下，有人把它看成和古希腊一样的自由开放的思想殿堂，也有人说它是一个"礼崩乐坏"的政治乱世。在各种新旧思潮风起云涌交替上场之时，传统的礼乐观念仍在人们的生活中占有较为重要的地位，但却不再为所有人遵循，故而《左传》只好无奈地用"礼"与"非礼"的字样来判定人们的立身处世。思想的动荡与社会的发展和变迁从来都是互为表里、互为因果的，特定的前提和背景也成就了社会过渡时期的春秋女性。

第一节 《左传》女性：作为一种现实存在

人类社会始终由男女两性共同构成，只是随着生产生活方式的变化，人类社会才逐渐从母系氏族社会进入到父系氏族社会，并

---

① 顾德融，朱顺龙：《春秋史》，上海人民出版社 2001 年 6 月版，第 21—24 页。

使以父权和夫权为代表的男权一直延续了几千年。无论是北方地区的游牧生活还是中原地带的农耕方式，都在人类整体进步的大前提下使采集社会中的女性强者一变而为绝对的“弱势群体”，但“男耕（牧）女织”的生活模式仍无法排斥女性在生活中的重要位置。女人手中的柴米油盐填饱了男人的肚子，女人手上的千针万线支撑了男人的面子，而家庭的概念也总是更易于与女性如影随形，不然民间就不会总是说“没有女人的家就不像个家”。即使如男权理论所讲的那样，男性是女性的经济来源和政治依靠，女性和家庭也永远是男性的肉体港湾和精神归宿。

“性角色对男女两性各自的行为、举止和态度作了繁复的规定。性角色将料理家务、照管婴儿之事划归女性，其他人类的成就、兴趣和抱负则为男性之责。女性的有限作用往往使她停留在生物经历这个层面上。因此，几乎一切可以明确称为人类而不是动物行为（动物也同样会生育，照顾幼仔）的活动都属于男性。”① 这一判断在今天虽然未见十分准确，但在《左传》所述的春秋时代却是一种普遍的事实。

对人类社会的整体和人类生命的个体而言，极具意义的事情决不只是三件五件，但《左传》成公十五年却说“国之大事，在祀与戎”，而这一观点被后人的普遍认可也足证了此二者在人们原始观念中举足轻重的地位。“祀”者，祭祀也，向神灵、祖先行礼表示崇敬并求保佑；“戎”者，军事也，以金戈铁马征逐沙场成就一番干云豪气。即使只有无声无息的庄严肃穆而没有惊天动地的山呼海啸，这两桩大事也都能生发风起云涌排山倒海的气势，让人感受到扑面而来的阳刚之气。

其实，从表面看似乎只与男性相关的“国之大事”，与女性也

① （美）凯特·米利特著，宋文伟译：《性政治》，江苏人民出版社 2000 年 9 月版，第 35 页。

有着密不可分的关联。对祀而言，没有女性的生殖，祭祀的香火无法承继，某些特定场合的祭祀行为甚至无法成立；对戎而言，花木兰、穆桂英之所以成为后人眼中的传奇，恰恰表明其意义非凡的稀有，而更多不便阵前杀敌的女性却都是军前将士的母亲和妻子，出身贵族的女性更可以通过自身的婚姻身份左右战事的多与寡、战争程度的弱与强，甚至使战争局势发生重大逆转。

人们早已习惯用“礼崩乐坏”来概括春秋时期的社会状况，让孔子“是可忍孰不可忍”的“八佾舞于庭”便是春秋晚期周王室地位益发下降的明证。列国争霸堪称春秋时期的社会主流，各国之间冲突不断战事频仍，《左传》中时常出现且含义不同的“侵”、“袭”、“伐”、“攻”、“克”、“败”等字样无不是战争的代名词，列国之间不时进行的朝聘之仪也多是为了“盟”的需要，而“盟”则是为了保全或扩大自己的势力。

钱穆先生说：“东周以下，春秋、战国时代从政治意识与政治形态的进展上看，可以说是从‘霸诸侯’到‘王天下’的时代。春秋二百四十年是霸诸侯的活动时期，战国二百三十年则为王天下的活动时期，用现代术语来说，霸诸侯是‘完成国际联盟’的时期，王天下是‘创建世界政府’的时期。”①春秋各国在“完成国际联盟”目标的趋使下，一方面以政治利益互相引诱，另一方面则以姻亲关系来巩固这一政治联盟，著名的成语“秦晋之好”就根源于此。

在这样一种历史背景之下，一方面是乱世纷争为一部分真正才识卓越的女性创造了展示自己政治军事才华的机会，使她们在政坛上大展风采；另一方面，当女性必须以“宜其室家”的面貌进入“万世之本”的婚姻秩序时，异国通婚成了最为常见的婚姻形制，也就是说此时的女性出场必须以顺应政治需要为前提被“半嫁半送”入另一个家庭，而她们对政治的介入也的确在一定

① 钱穆：《中国文化史导论》，商务印书馆2002年9月版，第33页。

程度上减少了兵祸，并使列国形成新的政治格局。

在《左传》那个“奔”与“烝”、“报”、“因”等两性现象及媒妁之婚并存的时代，合乎礼仪的婚姻是极为受人推重的。《仪礼·士昏礼》中规定的以纳采、问名、纳吉、纳征、请期、亲迎为基本要素的“六礼”婚姻程序在《左传》中就得到了印证和体现。而对“六礼”的重视则是因为“昏姻之礼，所以明男女之别也”，“故昏姻之礼废，则夫妇之道苦，而淫辟之罪多矣”。(《礼记·经解》)

闺中女子一旦许嫁就要身佩五彩香囊标明自己的终身有了归属，没有重大变故一般人不得进入她的房间。女子出嫁前的三个月还要接受相应培训，如果她与国君尚未出五服就在国君的宫中接受女师的教育，如果出了五服就在王族宗室中接受教育。女师的任务就是“教之以妇德、妇言、妇容、妇功”，也就是要她们养成贞节恭顺的品德、学习婉顺应对的技巧、娴雅得当的容态举止和妇女所必须进行的纺织、烹饪等家务劳动的技能。学成之后还要祭祀祖先，意在禀明女子该有的柔顺都已学成。

结婚以后，女子又有了另外一套必须遵从的礼仪的规范，其中不但包括对日常生活的各类细节要求，而且包括对公婆中规中矩的侍奉和对丈夫忠贞不贰的追随。“按照传统，结婚是女子从娘家转到夫家。婚前她是父母的女儿，婚后她成为丈夫的妻。随此一转她有了新的责任和义务，首先是必须对丈夫绝对忠实。这就叫做‘贞’‘节’，被认为是做妻的最重要的德。”①于是《左传》中许多不守贞节的女性也因之遭受了礼教的无情拷打，却没有人试着从人性的角度去推究此类事件发生的缘由。那些由于其他原因不能令夫家满意的女性同样无法避免被休弃回娘家的悲惨命运。读《左传》我们至少可以知道，女性被欺凌被蹂躏的命运早在两千多年前就已经开始了。

---

① 洪治纲主编：《冯友兰经典文存》，上海大学出版社2004年5月版，第21页。

《礼记·昏义》讲:“夫礼,始于冠,本于昏,重于丧、祭,尊于朝、聘,和于乡、射,此礼之大体也。”那么,为什么说婚礼是礼之本而且“君子”重之呢? 因为婚礼的意义在于“合二姓之好,上以事宗庙,而下以继后世也”,也就是说婚礼决定了家族或宗族血缘、势力上的接替。也正是在这种意义上,一直被视为卑弱的女性才成为了阴阳两极中不可或缺的一种存在。

第二节 《左传》女性:身在特殊的历史时段

想起女性生活的最美好时段,人们自会不约而同地想到《诗经》中和风丽日下的莽莽周原,而那些自由舒展、天真烂漫的诗作也最能代表周代早期独具特色的女性生活。虽然《诗经》中的不少篇章,如《新台》、《墙有茨》、《鹑之奔奔》、《载驰》、《硕人》、《株林》等咏写的也都是春秋时事,同时又有“春秋大夫称诗以喻志”的社会风习,魏源、赵翼等人亦考证《左传》引诗二百一十七条,这些都足以证明《诗经》中的多数作品都是《左传》之前的叙述。[①]《诗经》西周时期作品中的女性多为平民,大多生活在生机勃勃的原野之上,而进入东周时代的《左传》所述女性多为贵族,更多地困守于死气沉沉的宫禁之中,她们的身上有着太多人性之外的背负,这些背负让她们感到沉重、困顿,并且心有不甘,于是她们最终在抗争与无奈里度过了自己的一生,而走进《诗经》的则成了三百篇歌谣中最后一组率性的音符。

从时间上来讲,春秋和战国的分期是尽人皆知的,中国的奴隶制社会走到了它的顶点就不可避免地到达了封建社会的开端,在后一种社会中,男尊女卑的礼教法则愈发自然地进入人们的精神

① 潘万木:《〈左传〉叙述模式论》,华中师范大学出版社 2004 年 9 月版,第 43 页。

层面，并在社会意识领域渐次浓郁，女性也随之受到越来越多的压抑和限制。作为个体的人都有其独立的自然属性，但他也不可能不受到特定时代背景的影响和制约。春秋女性正是处在女性相对自由自主时代与被压迫被欺凌时代之间的过渡，具有普遍意义而非个体特征的逆来顺受与奋起反抗，因之同时成为这一时代特殊的女性风景。而《左传》女性之所以在众多的春秋女性中有了走入史册的机会，至为根本的因由就是她们与男性政治发生了千丝万缕的关联，成为了政治的参与者和陪衬人。在这一特殊的历史时段中，男权社会对女性实行经济上的限制与剥夺，实施文化上的弱化与愚化，在政治上则对她们采取一边排斥一边利用的态度。

1. 经济上的限制与剥夺

自给自足的小农经济是人们对中国早期社会经济形态的认定，而这一经济形态最突出的表征即是男耕女织。春秋时期的中原及广大南方地区仍以农耕生活为主，如今发现的这一时期形体庞大、工艺精美的青铜器证明了其时冶炼技术的发达，而考古发掘出土的铁器（铁制农具）和各种棉麻丝制品也证明了其时农耕水平的发展和纺织工艺的成熟。《左传》所述女性多为贵族且多关乎社会大事，自然很少涉及她们日常的生活劳作，但昭公十九年出现的莒妇所纺的一根绳子却曾在战争之时帮助六十个人登上城墙才断掉，足见其品质的可靠。

“女子十年不出，姆教婉娩听从，执麻枲，治丝茧，织纴组紃，学女事，以共衣服。”（《礼记·内则》）从十岁就开始的人生功课使女子们熟知了纺织和缝纫的各个步骤，她们制作的丝线、布帛和四季衣服在小农经济中主要是为了满足家人的需要。可生产力的发展使社会出现必然的分工，手工业生产与商品贸易都得到长足的发展。手工业者后来发展为有组织的墨家，而商人也在各国之间不断往来进行贸易。僖公三十三年的郑国商人弦高因为犒秦师救国而走入皇皇史册，孔子的弟子子贡更是凭借自己的经商所得资助老师完成了对列国的周游。市集贸易同样使女性制作的丝织品和棉麻织品成为商品,可以为一个家庭创造财富,但这并不意味着女性就此拥有了自己独立的经济地位。

如果我们接纳了现代的经济观念就会发现,学者们提出了一系列的为家庭妇女付薪酬的理论,也就是说即使女性的物质创造和劳动付出不曾进入经济流通的领域,她们也应该得到相应的经济报偿,而报偿的标准亦可以参照现代家政服务行业的收费水平。但在春秋时期,不但女子所有“佐中馈”的家务劳动被视为理所应当,就连她们创造的商品所换取的财富也不属于她们自己,而只能属于她们的父兄和丈夫,“妇人无爵,从夫之爵”(《礼记·郊特牲》)说的也是这个意思。当然,春秋时个别女性也是有自己的领地的。如成公二年齐晋鞌之战后,齐侯在败退路上所遇见的锐司徒之女,她先问“君免乎”后问“锐司徒免乎”,齐侯认为她先问君后问父很懂礼,就“予之石窌”,也就是把石窌做了她的封地。但这样的情况实在只是极少数。

在封建宗法制度下,只有男性才能享有一个家庭的财产继承权和支配权,女性则与此无缘。只有在女子出嫁的时候,父亲的家庭才会视经济状况为她准备一份或多或少的嫁妆,而在受利益驱动的婚姻模式中,没有嫁妆的女性有时难免成为嫁不出去的老姑娘。“子妇无私货,无私蓄,无私器,不敢私假,不敢私与”(《礼记·郊特牲》),嫁为人妇的女性在经济上仍要遵循“不能有私”的原则,不能私自拥有财物、器具之类的积蓄,也不能私自接受或馈赠任何东西,因为这些财富的所有权在本质上都不是她的。

在人类社会发展的历史上,从来都是经济地位决定社会地位。在以采集维持生命的特殊历史时段,心思细腻手脚灵活的女性在人类团体中占据主导地位,加之对女性生殖能力的认定,人类社会呈现出母系氏族社会的特征。“中国人‘姓’的起源,好像也以母为中心,与父没有关系,所以‘姓’字从‘女’从‘生’,如古之诸姓,

'姚'、'姒'、'姬'、'姜'、'妫'、'嬴'、'姞'、'妘'……诸字,旁皆从女。有人谓姓为我国最古的团体,那么即是以母姓为中心的团体。血统一定是纯一的。父系代兴以后,婚姻的最初形式是掠夺,其次是买卖,再次便是媒妁和变相买卖,并且相沿极长,直至今日尚未绝迹。在这样一个长时期中,女性便长受男性的操纵,生活上的一切处处都显出不平等,时或受到各种无理的惨酷的压迫,尤流露了男子自私的劣根性。"[①]伴随着生产方式的改变和以男性为主的婚姻模式,女性的地位一直受到极大程度的打压,在这样的思维基础之上,身为母亲的女性在家庭中虽然拥有一定的地位,但礼法规定她仍旧不能享有独立的经济地位和自由的财产支配权。

随着人类社会的前行,人们的认识逐渐清晰,人们意识到,男权社会对女性经济地位进行无情的限制与剥夺并不只是为了确定财产的所有权,而是带有更加明确也更加险恶的目的:以父、夫、子为代表的男性拥有绝对的经济权力,一旦放弃对父、对夫、对子的依靠女性将无法生存,而为了生存女性便只能永远囿于男权的樊篱之中,成为他们无条件的附属甚至是随意摆弄的玩偶。

2. 文化上的弱化与愚化

在王纲解纽诸侯及庶人对传统礼法时有僭越的春秋社会中,文化思想上的"男女有别"仍是人们心中不可动摇的礼法准绳。"乃生男子,载寝之床,载衣之裳,载弄之璋。其泣喤喤,朱芾斯皇,室家君王。乃生女子,载寝之地,载衣之裼,载弄之瓦。无非无仪,唯酒食是议,无父母诒罹。"(《诗经·小雅·斯干》)从出生时起,男子与女子的所居之地、所著之衣、所弄之物皆贵贱有殊判然有别,男尊女卑的意味何其明显!更加不合情理的是,婴儿刚入襁褓,他们未来的社会分工竟早早地就有了不容置疑的设定。庄公二十四年哀姜嫁至鲁国,庄公令宗妇进见的时候以玉帛做了礼物,御孙就

① 谭正璧:《中国女性文学史》,百花文艺出版社2001年4月版,第3页。

说:“男贽,大者玉帛,小者禽鸟,以章物也。女贽,不过榛、栗、枣、脩,以告虔也。今男女同贽,是无别也。男女之别,国之大节也;而由夫人乱之,无乃不可乎?”其鲜明的男权态度跃然纸上。

《礼记》说:“女子许嫁,笄而字。”(《礼记·曲礼上》)这说明春秋女性是有名有字的,但它同时也说“妇讳不出门”(《礼记·曲礼上》),所以近二十万字的《左传》之中只有极少数女子的名字被幸运地保存了下来,如僖公十七年记晋惠公之女名妾、襄公二十九年记宋芮司徒之女名弃、昭公八年记卫襄公嬖人名婤姶、定公四年记楚平王之女名畀我,但在更多的时候春秋女性都是某人之女妹妻母。《礼记》曾直言:“妇人,从人者也。”(《礼记·郊特牲》)《周易》更是明确指出“天尊地卑,乾坤定矣”,“乾道成男,坤道成女”。(《周易·系辞上》)

对于男女的职责,社会亦早有分工:“女正位乎内,男正位乎外;男女正,天地之大义也。家人有严君焉,父母之谓也。父父,子子,兄兄,弟弟,夫夫,妇妇,而家道正;正家而天下定矣。”(《周易·家人》)这句话的意思无非是说只有正家才能定天下,而只有女性留在家里才能实现正家的目的。从社会学的角度看,人类世界的构成十分复杂,以“内外有别”的方式来整合它无疑是一个很实用的方法。但凭什么就可以整齐划一地规定“女正位乎内,男正位乎外”而不能有所参差呢?

襄公三十年宋宫失火,宋共姬因为囿于“女子不得独行”的礼法一味等待保姆而惨死火中。所谓君子却毫无同情心地说:“宋共姬女而不妇,女待人,妇义事也。”言下之意即是说,未婚女子等待保姆同行是应该的,已为人妇可以便宜行事的共姬是死于拘泥而不知变通。可是如果火中真的是“女”而非“妇”,她就应该被活活烧死吗?再换一个角度,“女”也好“妇”也罢,社会都是要求她们在自己的弱者地位上遵从一定的准则而不可越雷池半步。

“性别叙事告诉我们人是什么,人应该变成什么样子;这种叙事就像空气一样，每天都包围着我们每一个人。”[①]以广义的社会思想限定女子的行动和意识，使她们无条件地接受自己的弱者地位以外，社会还在文化教育和人格培养上对女子进行愚化教育，“女子无才便是德”就是最凝练的表达。

春秋男子“十年，出外就傅，居宿于外，学书计；衣不帛襦袴；礼帅初，朝夕学幼仪，请肄简、谅。十有三年，学乐诵《诗》，舞《勺》。成童，舞《象》，学射御；二十而冠，始学礼，可以衣裘帛，舞《大夏》，惇行孝弟，博学不教，内而不出”（《礼记·内则》）。而“女子十年不出”，要学习女红诸事，还要“观于祭祀，纳酒浆、笾豆、菹醢，礼相助奠”（《礼记·内则》），她们所受的教育被概括为“德言容功”四个方面。也就是说，男子开始外出接受更加广泛的社会教育而不需要专门学习怎样做丈夫的时候，女子却必须留在内堂学习家政，为日后做一个好媳妇、好妻子、好母亲而孜孜以求。

社会文化以弱化和愚化的手段为女性的自由生长编织了一道防线细密的丝网，它们的目的无非是想使女性因软弱和无知而丧失反抗男权的思想意识和技术手段。可“礼崩乐坏”的春秋又是一个思想极度活跃和解放的时期，官学的发展和私学的诞生及家族、家庭教育的普遍推行，使当时的社会充满浓郁的文化气息。礼法的欺凌与社会的共识使春秋女性不可避免地处于卑弱的从属者的地位，但她们的幸运在于这一群体还没有被完全禁锢于深宅之中。乡间陌路、城市通衢，甚至国家大事的决断和各国往来的仪仗行李之间我们都能见到女性倩美的身影。桓公元年让华父督情不自禁赞叹“美而艳”的孔父之妻就是他在路上遇到的，成公二年和襄公二十三年国君们还曾在路上遇到过知书识礼“先问君后问父”的辟司徒之妻和虽异常悲痛而不失仪节“却郊吊”的杞梁之

① （美）波利·扬－艾森卓著，杨广学译：《性别与欲望》，中国社会科学出版社2003年1月版，第64页。

妻，更有僖公二十五年的宋荡伯姬来鲁逆妇，僖公三十一年的杞伯姬来鲁求妇。

当“诗礼传家”被锁定为中华民族日后的文化追求时，西周以来的尚武民风至春秋后期开始向尚文转化。春秋女子虽然被排除在常规的文化教育之外，但时代风气的濡染使我们看到了桓公十三年楚夫人邓曼高明的军事见解、庄公时期鲁夫人文姜的外交才能、闵公二年许穆夫人的赋《载驰》救国、成公九年鲁穆姜十分得体的赋诗答谢、襄公十年卫定姜的决胜千里。所有这些都让我们不能不叹服于春秋女性的智慧与聪敏，叹服于她们对文化敏锐的接受与融入。

3. 政治上的排斥与利用

母系民族阶段是所有人类社会共同的童年，女性曾以绝对的权威占据过人群的领导地位。甲骨文和金文中有很多关于“妇”的记载，据统计，涉及到的妇名有 150 多个，仅商王武丁朝就有 60 多位，这些女性被学者们统称为“诸妇”。学者们还认定，这些女性首先是与商朝结盟的各方国和部落的首领，其次才是统治集团中王、诸侯、重臣的配偶或亲属。[①] 这些妇女在诸多方面参与国家的政治，直到商代仍有妇好这样英勇的女性统帅主宰着战争的胜负。可自从周公制礼作乐，却严令“女不干政”，“妇无公事，休其蚕织”(《诗经·大雅·瞻卬》)。而这一政治结论与夏、商、周三代所谓“女祸”有着密切的联系，妹喜、妲己与褒姒之类的女性成了君主无道王朝更迭的替罪羊，并使男性在政治上对女性生出了长久的戒心。

时至春秋，社会愈发动荡，各国之间冲突不断、战事频发。由宋国倡导发起的两次弭兵之举带来的也只是不足五十年的短暂和平，春秋二百四十二年倒有绝大多数时间是在不断的军事摩擦和

---

① 霍然:《论殷商时代的母权制遗风》,《杭州师范学院学报》,2002 年第 6 期。

大小战争中度过的，齐鲁长勺之战、秦晋韩原之战、秦晋殽之战、宋楚泓之战、晋楚城濮之战、晋楚邲之战等都是让人过目不忘的春秋战例。但刀光剑影之中我们很难再发现妇好那样披挂上阵英姿飒爽的身影。

人们常用“礼崩乐坏”来概括春秋社会，虽然此时人们在不同程度地破坏着周代的礼法，但仍有许多人在极力维护礼的地位，《左传》之中就常见此类事例。在众多礼制当中，社会主宰者们最能达成一致的莫过于“男女有别”，而规定女性的政治地位显然只是制礼的目的之一，却又实在是礼之基础。

春秋时期男权政治对女性的排斥显而易见，但如果就此得出女性与政治绝缘的结论则是极其不切合实际的。男性之所以把限制女性参政的事宜大张旗鼓地提上日程，就说明其时的女性对政治还有着相当的影响力。《左传》文本中的女性大多出身贵族家庭，她们的父兄和丈夫、儿子往往就处于政治集团的核心地带，对她们而言，触手政治有时就像探囊取物一般简单，而素常的耳濡目染也使她们眼中的政治不再神秘，有些人甚至可以驾驭自如。桓公二年，芮伯之母因为讨厌儿子内宠太多竟可以将其驱逐出国都；僖公十七年，僖公因私自灭项而被齐侯扣留，其夫人声姜与齐侯在卞地进行了一番外交斡旋就使僖公获释；文公七年，晋君去世大臣欲立新君，“穆嬴日抱太子啼于朝”以立嫡嗣的礼法相要挟，终于使众臣立了自己的儿子；襄公二十一年，栾祁与人私通，因为害怕儿子栾盈发觉便诬陷儿子谋反致使栾盈出奔，这个先下手为强的策略用的还是一个将政治玩弄于股掌之间的手段。

为了更好地争夺霸权，除去明火执仗剑拔弩张的战争之外，争霸中的诸侯还纷纷加强内政和外交的建设，以增强国力扩大影响。在外交上，他们一方面加强国际间的行李往来频繁地施行聘问之礼，另一方面则利用婚姻关系来巩固这一政治联盟，于是各国之间的互通婚姻就成了周王与诸侯、诸侯与诸侯，甚至是各国一般贵族之间最为常见的婚姻形式。

在动荡不安的天下形势中从天子到诸侯无不打着自己的小算盘,此时的儿女婚姻便不可避免地成为政治交易中分量颇重的筹码,作为政治礼物借以维系国际关系的女性则因此在春秋的政治舞台上显示出与众不同的委曲与舒展。齐鲁世代通婚,两国之间极少发生战事;秦晋世代通婚,虽然常有战争爆发,但嫁出去的女儿们常有出人意料的表现,从而使战局发生转变。襄公二十六年,晋卫之战卫侯被俘,"卫人归卫姬于晋",以中国历史上较早的和亲方式求得了卫侯的获释;昭公二年,齐女少姜嫁至晋国为侧室不到半年就死了,时间虽短,她却得到了晋侯非凡的宠爱,在这一前提下,不但因为她的请求使被扣的齐国使者获释,而且使晋侯向齐国示好,并再求齐女为正室夫人。

其实排斥也好利用也罢,女性在春秋时期的存在始终都没有摆脱与政治的巨大干系,春秋早年的晋国骊姬之乱如此,中期的宋襄夫人干政如此,晚期的楚太子建之母的"召吴人而启之",使之"取楚夫人与其宝器以归"亦是如此。春秋女性的生命也因为与政治剪不断理还乱的瓜葛而显现出不一样的色彩。

《左传》女性虽然更接近人类源头的母系氏族社会,但由母系社会遗留和残存下来的自由、自主在男权成为主导的现实中渐渐趋于萎缩。宋共姬因无保姆陪同不肯离开居室而被大火活活烧死,申亥的两个女儿被迫为楚灵王殉葬,陈夏姬因美色被争来夺去,许多女性在礼教的大棒下逐渐蜷缩成甘心或不甘心的玩偶和牺牲品。当然,也有许多女性并不甘于做男人的附属品,她们为争取"自我"的存在而采取了这样或那样的斗争方式,有人甚至因此而走向了不可避免的毁灭。

中国历史上所有的史书都以朝代的更迭为线索,更以帝王将相为主角,即或存在《后妃传》的书写也不是为记人,而是为记事。这一行为方式背后所隐藏的核心话语就是一个词——政治。在典型的男权社会中，政治本应该绝对地相关于男性，但在《左传》叙事情节演进的过程中，我们不难发现，女性大多与政治发生了或紧密或松散的联系，在与之相关的政治语境中她们不再以单纯的自然人的身份随意出现。她们中的绝大多数人也因之彻底失去了自由选择爱情的机会，于是她们的人生更多地在情与性的冲突中同政治纠结在一起，并因之与礼法发生了激烈的冲突。

做女儿的郑雍姬、许穆夫人、秦穆姬、文嬴，做妻子的文姜、南子、息妫、连称从妹，做母亲的武姜、惠后、骊姬、穆姜，做情人的哀姜、赵庄姬、声孟子、孔悝之母，所有这些人都还只是《左传》女性的局部，但她们都对《左传》政局产生过重要的影响，而使她们与政治牵手的原因却简单得非“情”即“性”。和此前女性更多地自由来往于原野之上和此后女性被更多地禁锢于家庭和后宫之中相比较，《左传》女性群体显得那样的与众不同和光彩卓然，而她们对转型社会的隐忍与抗争，对“礼”的顺应与冲撞也因之带有了至为明显的时代特色。

特有的政治、经济、文化状态使春秋成为中国社会的一个转型时期，而社会的大气候也必然会影响到女性群体的成长。从有文字记载的历史到春秋以前，女性的社会权力处在一个日益被削弱的过程之中，而跨过春秋走入战国，一套新的社会规范又被中规中矩地树立起来，女性几乎完全陷入新礼教的重围之中。所以从某种意义上说，在新旧礼法的打碎与树立之间，春秋女性拥有了一块难得的喘息的空隙，从而使她们拥有和其他时代女性不一样的人生成为一种可能。

独立经济地位的缺失在一定程度上减弱了春秋女性的社会影响，女性地位的下降和“女祸”思想也使女性日渐成为男性政治的异己，但社会动荡所带来的具有极强政治性的异国婚姻的盛行，使历来处于“卑弱”、“顺从”地位的女性得以以浓墨重彩的方式走入春秋生活。随着社会风习的演变，春秋时代的风雅气质得到空前强化,女性的智慧与潜能也在社会风气之中得到极大开发,并借助于她们的特定身份对春秋社会产生了重大的影响。

第三节 《左传》女性:别样的文本启迪

"作为文类的'历史'并不等同于事件的历史,而是话语的历史。事件的历史曾经存在,但并不应声而至,留下的乃是话语——对事件的叙述、记述或记述的记述。"①《左传》是男性作者为男权政治所作的史传,其视角与话语方式都是属于男性的,但从历史一瞥之中还原的春秋女性却几乎个个形象生动,个性鲜明。这些女性虽然绝不是用"贤"、"愚"、"智"、"钝"、"美"、"丑"、"善"、"恶"、"巧"、"拙"之类概念化的词汇就可以概括的,但要从总体上了解她们却仍旧还是有迹可循的。

1. 别具一格的"女儿"世界

《左传》所涉女性多为已婚妇人,即或相关于某人的叙述始于闺阁也多是为此后波澜壮阔的情节展开作一个铺垫。这样的身份选取或许因为闺阁之女较多囿于家庭范畴,与外界极少交流,于当世的政治、经济、文化生活并不能够产生重大影响。但《左传》中却有一类女性,身上始终洋溢着鲜明的"女儿性",《左传》多以国别、排行、姓氏组合的惯例来赋予她们相应的称谓,或是直接称之为"某某人之女"、"某某人之妹",甚至"某某夫人",但无论是待字闺中的少女还是嫁入他国的妇人,"女儿"两个字始终是她们出现在春秋相应历史段落的身份标志,她们是丈夫的妻子、兄弟的姊妹,更是父亲的女儿、国家的女儿。

《左传·庄公三十二年》补记了当年鲁庄公对孟任的追求。庄公对党氏之女孟任一见倾心,但他并没有行媒聘之礼而是偷偷

① 孟悦:《历史与叙述》,陕西人民教育出版社 1991 年版,第 2 页。

地“从之”，自然是意在图谋钻穴逾墙之举。孟任闭门拒之看似懂礼的女子，但在得到了“许为夫人”的承诺之后便欣然与庄公割臂为盟私定终身。在这一人生情节中让她许出少女芳心的恐怕不是庄公的权势和地位，而只是一句郑重的承诺。《左传·庄公二十三年》还写到了庄公的一个女儿。在女孩观看祭祀时，“圉人荦自墙外与之戏”，兄长子般因此鞭打圉人并在日后被怀恨在心的圉人所杀。“与之戏”而不是“戏之”不啻从文字上告诉了我们女孩的态度。这段不再有下文的记述不但给子般带来了巨大的灾难，而且让我们生出一种冲动，想探究这名贵族少女之所以“与圉人戏”的心理动机。她是因为春情萌动的诱之或被诱，还是仅仅因地位尊贵而对圉人持有一种居高临下的狎戏态度呢？

昭公元年郑国徐吾犯遇到了麻烦，因为他的妹妹长得很美，公孙楚行聘之后公孙黑又强行送上了彩礼。徐吾犯没有办法，只好在征得两个人同意的情形下让妹妹自己挑选丈夫。“子皙盛饰入，布币而出。子南戎服入，左右射，超乘而出。女自房观之，曰：‘子皙信美矣，抑子南夫也。夫夫妇妇，所谓顺也。’适子南氏。”虽然结果是“维持原聘”，但少女的选婿标准并不是行聘的先后而是对方是否是个真正的男子汉，从中也可以看出这是一个非常有思想和有主见的姑娘。虽然后来公孙黑非常嚣张地“櫜甲以见子南，欲杀之而取其妻”，而“子南知之，执戈逐之”，“子皙伤而归”，致使公孙楚以下大夫身份侵犯上大夫被判流放是由于她没有意识到残酷的政治与不合理的法度对自己婚姻的影响，却也表明了她不慕权势与财富的高贵品格。

昭公十一年泉丘人之女“梦以其帷幕孟氏之庙，遂奔僖子”。颇有声名的孟僖子自然不会随便接纳任意一个奔来之女，所以从后来的嫁娶结果和其子懿子和南宫敬叔所受的重视看，此奔似乎并不是少女一相情愿的投怀送抱。但在“聘则为妻，奔则为妾”的社会训教之下，我们却不得不佩服泉丘人之女十足的勇气。

定公四年楚昭王的妹妹季芈曾在盗乱中为大夫钟建背负逃亡，当定公五年哥哥准备为她择婿时季芈说：“所以为女子，远丈夫也。钟建负我矣。”她的意思无非是说自己被一个男人背过了就理所应当地要嫁他为妻。在那个封建礼法还不严苛，连女子再嫁都还为“礼”所许可（至多会有些非议）的时代，“钟建负我”决不是社会强加给她的婚姻理由，所以我们完全有理由说她是在逃亡途中真的喜欢上了钟建而为自己找到这样一个冠冕堂皇的借口。为自己争得婚姻自主的季芈并不是一个守“礼”的典范，而是一个尊“情”的榜样。

这些少女几乎都生活在无忧无虑的青春季节，在展示自己的天真活泼与聪慧美丽的同时，她们的人生追求都带有极强的个人化色彩，更多地相关于人生归宿的寻找，爱情和婚姻才是她们生活中最为重要的主题。但《左传》中也不是没有不幸的少女。昭公十三年楚灵王无道最终被逼自缢，对他忠心耿耿的臣子申亥竟逼着自己两个原本与灵王并无瓜葛的女儿“殉而葬之”。没有人知道这两个女孩的青春之花是怎样的灿烂，也没有人知道她们殉难之前有着怎样的哭号与挣扎，史书上这漫不经心的一笔就是她们一生让人扼腕叹息的全部意义。

言及春秋观念，童书业先生曾在自己的《春秋史》中说：“宗族的观念统罩了个人的人格，同时也掩蔽了国家的观念。世族阶级的人肯牺牲自己或近支的亲属去维持整个的宗族；也有因维持家族的地位而立时反叛国家的。”①就春秋时代而言，此语的确不难寻到太多的实证，但这里我们要说的是，这一价值观不但是春秋男子的，也是春秋女性的。

桓公十五年郑祭仲专权，郑厉公就派他的女婿雍纠杀死他。祭仲的女儿雍姬得知这件事就向父亲告了密，事情的结果是自己

① 童书业：《春秋史》，上海古籍出版社2004年版，第70页。

的父亲杀死了自己的丈夫。在这件事情的过程中，有一个流传极广也似乎极为合理的春秋推断，那就是得知丈夫的计划而心中犹豫的雍姬曾问自己的母亲说："父与夫孰亲？"其母回答说："人尽夫也，父一而已，胡可比也？"获得如此准确价值评断的雍姬"遂告祭仲"。无独有偶，襄公二十八年齐国卢蒲癸的妻子卢蒲姜得知丈夫要进攻庆氏时，在父与夫之间，她同样选择了保全父亲，可刚愎自用的庆氏因不肯相信女儿的话而遇刺身亡。可见在多数春秋女性的心中，一旦父与夫发生了冲突，她们都会更自然地选择父亲一方的利益。同样地，当她们介于父国与夫国的夹缝之中时，她们也更愿意牺牲夫国的利益。

僖公十五年秦晋韩原之战中晋惠公夷吾被俘将要被带回秦国的国都。为使弟弟免受此辱，他的姐姐秦穆姬便携儿带女登台履薪，做出一副准备自焚的样子，并派人送丧服给丈夫说："上天降灾，使我两君匪以玉帛相见，而以兴戎。若晋君朝以入，则婢子夕以死；夕以入，则朝以死。唯君裁之！"秦穆公顾全夫妻情义只好"舍诸灵台"，并在不久后放晋惠公回国。当初秦穆姬在送晋惠公回国即位时，要他照顾申生的遗孀贾君，并请求他接纳因骊姬之乱而被迫出奔的"群公子"，但回国后的夷吾不但"烝于贾君"而且不肯接纳自己的兄弟们，可以说是对姐姐的话充耳不闻。可面对这样的一个弟弟，秦穆姬还是不惜以死相救，显然是因为她始终没有忘记自己是晋国的女儿。

僖公三十三年秦晋之间再度爆发激烈的战争，在著名的殽之战中晋国俘获了秦国的重要将领百里孟明视、西乞术、白乙丙。晋襄公之嫡母秦女文嬴也适时进言道："彼实构吾二君，寡君若得而食之，不厌，君何辱讨焉？使归就戮于秦，以逞寡君之志，若何？"襄公因一念之差释放了三人，导致重臣先轸气愤至极，"不顾而唾"。在军事格局发生重大变化的时候，文嬴与穆姬不约而同地站在了父国的一边还原了女儿的角色。在这一层面上，她们大胆、泼辣,放弃了仪节甚至置自身的安危于不顾。

在时间更早些的闵公二年,卫国为狄人所灭。卫戴公之妹许穆夫人驾车从许国赶回祖国,虽然遭到了许国人的强烈反对,甚至“大夫跋涉”“许人尤之”(《诗经·鄘风·载驰》),但她仍然以《载驰》之歌表达了自己强烈的爱国热情,并感动齐桓公发兵救卫。事件中的许穆夫人在许国人的反对与阻挠中虽然备受煎熬,却一心一意地想着自己还是卫国的女儿。

这些女性在显现其重要意义的时候都已嫁为人妇,但当大事发生的时候她们却不约而同地以女儿之情彰显自己的家国情怀。她们的作为我们不能用单纯的对与错、是与非、智与愚来进行评断,因为来自父系的家族伦常已深入她们血脉,让她们无论何时都抛不下深重的家国背负,面对这一神圣的职责,牺牲夫与夫国的利益甚至牺牲自己都已成为她们毫不吝惜的代价。那一刻她们的女儿身份在嫁衣之下复活,她们的女儿性得到了进一步的生长,她们的心头只有自己少女时代葱茏的家园。

2.“重耳之亡”前后的女性群像

《左传》中较为集中的一组女性人物群像是在“重耳之亡”前后出现的,她们以人物身份的多样和性格的多样堪称《左传》女性大世界的缩影。这一情节中最具前因性的人物当然是权欲极盛而又心狠手辣的骊姬。虽然她为重耳的政治生涯带来了极大的磨难,但如果没有骊姬乱晋,就没有申生之死和群公子出奔,重耳恐怕就永远没有登上君位的机会,更没有可能成为一个成熟的政治家。此外,这一事件还导致了另一个日后对晋国政治发生更加重大影响的结果,那就是群公子亡逸使晋国失去同姓甚至同一血脉大臣的护佑,异姓臣子势力的空前扩张最终不可避免地导致了三国分晋的下场。

当重耳逃亡来到母国狄的时候,狄人把战争中夺来的季隗嫁给了重耳,把叔隗嫁给了重耳的从人赵衰。重耳去齐国前对季隗说:“待我二十五年,不来而后嫁。”其时的重耳已是一个四十岁左右的中年人,其用意可谓“司马昭之心,路人皆知”。聪明而无奈的季隗只好说:“我二十五年矣,又如是而嫁,则就木焉。请待子。”《左传》后来写到了她的姐姐叔隗被赵衰接回晋国的事却没有正面写到她,只在文公六年晋襄公去世后大臣们讨论立嗣时才说到她在重耳姬妾中还算靠前的排名,但她的幸运在于分别前认清了重耳自私的面目,并以睿智之语在历史上为自己留下了一个清丽而凄美的侧影。

齐国是个出美女的地方,鲁之文姜、卫之宣姜都是齐女。到了齐国的重耳也有幸娶了一位姜姓美女,并在此后开始了安心逸乐的生活,其原因当然在于生活的富足和姜氏的美色。当蚕妾无意听到重耳从人蓄谋出逃的谈话并向姜氏告密后,姜氏毅然杀掉蚕妾并以国家大计劝重耳设法归晋。在重耳胸无大志乐不思蜀的情况下,姜氏“与子犯谋,醉而遣之”,以牺牲青春的大义铺垫了晋文公的成长,显示了一般女子所不具备的大智大勇。

秦女怀嬴只是文嬴的媵,又曾是重耳的侄媳。与重耳初婚之时二人曾由于“奉匜沃盥,既而挥之”而发生冲突,但怀嬴并没有因为自己地位低下而含垢忍辱,她对重耳怒曰:“秦晋,匹也,何以卑我?”重耳之“挥”或许因为怀嬴系再嫁之女,或许绝系无心之失,怀嬴之举却一定不在于重耳此时只是一个小小的政治流亡者,更非恃宠而骄,她的“怒”在于头脑中的独立意识和平等意识——既然国与国为匹,你与我也就该是平等的。如此凌厉的气势使重耳不得不以“降服而囚”的方式来平息这场有着国家背景的家庭纠纷。

与怀嬴的“示强”不同,僖负羁之妻的政治远见是通过“示弱”的方式来表达的。没有人说过僖负羁之妻是否深通相术,但她的确与民间传说中的红拂女一样,能够慧眼识得风尘中的英雄。当认定重耳气度不凡必成大业之后,她要丈夫以玉璧之礼结交重耳。

虽然最后仍未能免祸被违抗重耳命令的军士杀死，却从根本上得到了重耳的感激与敬重，并显示了她的远见卓识。

“介之推不言禄”是一则广为流传的春秋故事，但更多的人在赞佩介之推的同时却有意无意地忽略了其母在他遁世决断中的重要作用。对儿子的循循善诱和“与女（汝）偕隐”的鼓励更说明了她的清醒与超脱，也使她成为中国历史上第一个有文字可查的女性隐士。

赵姬是重耳之女，其夫赵衰在跟随重耳逃亡的路上曾娶叔隗为妻并生子赵盾。于是在国事平定后，赵姬便坚决要求赵衰“逆盾与其母”，不但请求立有才德的赵盾为嫡子，而且主动向叔隗出让正妻的地位。赵姬也因此成为春秋少有的贤德女性的代表。

这一人物单元中的女性年龄、地位、经历都不相同，但她们对重耳性格的最终形成却都有着重要的意义。骊姬的乱晋迫使重耳到国际政坛上经历了一番风雨历练；季隗与姜氏的“放行”让重耳图取霸业成为可能；怀嬴“秦晋匹也”的后堂之怒让重耳懂得了尊重别人，并因此赢得了强秦的帮助；僖负羁妻在英雄草莽期间给予重耳的信任与礼遇自当成为他前进路上的动力；介之推母亲的与子偕隐让重耳认识到了自己的处事不周，心生懊悔之时必会善待朝臣；赵姬之贤更让她的父亲懂得了与人为善的道理。所以我们说，没有骊姬和重耳逃亡路上诸多识大局知大体的女性就不会有后来威风赫赫的晋文之霸。这群女性的事迹在汉代纷纷被收入《列女传》中作为后世女子正面或反面的教材，如齐姜和赵姬入选《贤明传》、僖负羁妻入选《仁智传》、怀嬴入选《节义传》、骊姬则入选《孽嬖传》。《列女传》所述先秦女性不过百有余人，与重耳有关的章节中竟有五人博得了刘向的青睐，实在应该算是十分难得。

3. 因美貌而被“物化”为争夺对象的女性

《左传》中还有一群生活在不同时期却有着相似命运的女性，她们无不因美色被当做“物”的象征，进而在强有力的男性秩序中被不断地争来夺去，却来从没有人肯去过问一下她们自己的意愿，《左传》洋洋二十万言在更多时候却莫名地缺失了相关意愿直接或间接的表达。

桓公元年的孔父之妻和文公十八年的阎职之妻都是《左传》中只被提到一两句话的美艳妇人，分别为华父督和齐懿公所夺。华父督在路遇孔父之妻时的表现是“目逆而送之”，真是我们所说的“看完了前影看后影”，直望到看不见影子还不忘发出“美而艳”的感叹，垂涎之态可谓溢于言表。对美人的渴求使他在与孔父共同出战时不惜自乱阵脚从背后射杀孔父，归而娶其妻。而夺人之妻的齐懿公，后来终于被阎职和另一受污辱者联手杀死。两则叙述都没有提到女性被夺之后的态度和生存状态，足见她们在男性叙述者心中无足轻重的地位。

“千古艰难惟一死，伤心岂独息夫人”，清人的名句昭示着息妫的被人铭记，也让再后来的人时时记起这位赢得了无数悯伤的桃花夫人。因为貌美，息妫在出嫁去息国的路上就遭遇了蔡侯的无礼；因为蔡侯的无礼，息侯勾结楚人讨蔡；因为要复仇，蔡侯向楚文王大肆夸耀息妫之美；因为要夺取美妇，楚文王出兵灭息；因为对一女而事二夫感到无比的羞耻和憾恨，息妫入楚三年虽为楚王生二子却从不主动说话；为博美人欢心，楚文王又不惜出动重兵一举灭蔡。息妫艳如桃花的美闻名春秋，以至由息入楚十五年，文王去世后子元仍在想尽办法勾引她。可是包括息侯在内的男人们，又有哪一个能够真正理解她内心里的苦痛呢？

《左传》中面目似乎不大清楚的夏姬本是郑穆公之女，曾嫁于陈国大夫夏御叔，并为夏氏生子夏征舒。但她却在夏御叔死后与陈灵公、孔宁、仪行父一君二卿同时私通，三个男人因在株林互言“征舒似汝”的玩笑而激怒已经成年的夏征舒，最终导致灵公被弑、二子奔楚的结局。自立为陈侯的征舒也于第二年被反叛者联合楚人所杀。以战利品身份入楚的夏姬又成为楚国君臣的争夺对象,后嫁之夫连尹襄老亦不幸战死,连尹襄老死后夏姬又被其子黑要占有。夏姬之美终于形成了舆论上"杀三夫一君一子,而亡一国两卿"的结局。因为这样的经历,夏姬历来以"淫"为人诟病,但除了演义小说,没有人去想在命运无情的推搡中,夏姬的姿态是主动还是被动。

"在强调女性形象的艺术作用,特别是在男性艺术创作活动中的作用时,我们已经觉察到女性在人的审美意识中的'中介'现象,隐约感到女性审美主体的双重性。所谓'双重性',其一,在万物生灵中,作为有思想感情、有自觉意识的人,女性享有人所独具的、引起审美快感的一切生理心理条件;相对于客观的事物,她理应具有人的至高无上的主体地位。但是,其二,在父权社会中,女人依附于男人,她从来没有作为'积极的主体'在社会上发挥作用,其人格和个性,也具体地融化在对'这一个'男人(父亲或丈夫)的依附中,成为为男性主体服务或观照的对象。"[①]我们如上所说的这些被"物化"了的女性,在时代的眼中已丧失了作为"人"的存在,没有人注意到她们身上的主体性,她们只是男性审美观照中没有生命的客体。在社会的大背景之下,她们无一例外也别无选择地表现为更广泛意义上的顺从。

4. 性格遭际各异的"乱世佳人"

回首《左传》起笔处,孟子早逝,声子虽生隐公终不免卒于妾位,"有文在其手"的仲子更是没有免除"为鲁夫人"的宿命。隐公元年最动人心魄的大事莫过于"郑伯克段于鄢",那个因长子寤生而恶之又纵容次子夺位的武姜实在粗鄙自私得连母亲都不配做。

接下来的齐侯之女文姜,自幼也该受过严格的闺训,但偏偏是她出了《左传》女性阵营当中最大的一个岔子——未婚之时便与异母兄长日后的齐襄公关系暧昧,嫁给鲁桓公之后仍与齐襄公越

---

① 叶舒宪主编:《性别诗学》,社会科学文献出版社 1999 年 9 月版,第 44 页。

礼宣淫并直接导致桓公之死。但不思悔改的她仍旧频频与齐襄公幽会,成为《左传》中乱伦与淫欲相组合的唯一女性,也成为非礼性关系中最为人不齿的范例。

从向戌之女拯救夫国的智勇双全到声伯外妹施孝叔妻对男权从顺从到抗争的觉醒,从邧子之女斗伯比妻未婚生子的率性和虎乳弃子的神异到叔孙豹所遇庚宗妇人欢就枕席的洒脱和若干年后携子献雉的从容,从赵庄姬因情夫被逐之进谗使赵氏一族惨遭横祸到叔孙豹之妻国姜和齐桓公之妾蔡姬大胆改嫁的决然,《左传》女性的性格和人生际遇各有千秋绝少雷同。

鲁定公夫人齐女出姜,成亲时鲁"卿不行",《左传》说:"君子是以知出姜之不允于鲁也。"书中没有提及原因却也为她在婚姻中没有得到相应的礼遇而表示遗憾:"贵聘而贱逆之,君而卑之,立而废之,弃信而坏其主,在国必乱,在家必亡。"但这里面流露的并非是对女性的同情,而是对"礼"之不复的感慨。《左传》时代的女性缺少自身意义的存在与坚持。晋景公的姐姐嫁为潞国夫人,却在国内政变时无辜被杀。守寡的齐子叔姬的儿子舍被齐国人杀死后,娘家鲁国请求接她回去时说:"杀其子,焉用其母?请受而罪之。"也许是这个理由过于生硬且带有太多的责备意味吧,齐人竟将她和鲁国的来使一并囚禁起来。

同前面为楚灵王殉葬的申亥两女比较,宣公十五年魏武子的宠妾实在是幸运的。对宠妾的安置,父亲魏武子曾对儿子魏颗先后作过两次安排,清醒的时候讲嫁之,临终之时说殉葬。出于进步的观念和一颗良善之心,魏颗力排众议坚持要相信父亲清醒时的决断,而否定了其昏聩时的安排,让该女子自行改嫁,于是才有战乱中女子之父的结草为报,才有我们今天所见的成语"结草衔环"。

女性美德中最为人称道的无疑是"贤",与晋赵姬最相类似的是重耳之妾杜祁,"杜祁以君故,让偪姞而上之;以狄故,让季隗而己次之,故班在四”(《左传·文公六年》)。但“贤”尚是依靠品行修养就可以实现的,聪敏与智慧则更多地带些可遇而不可求的意味。杞梁之妻却齐庄公郊吊可谓知礼守礼的典范,而在齐晋鞌之战那样激烈的战事之后,知道齐师大败而心怀忐忑的辟司徒之妻,亦能守礼先问君而后问父亦属难得,无怪齐侯要大加赞许。晋伯宗之妻更是聪敏,早就预见到丈夫的短处并加以劝谏:“‘盗憎主人,民恶其上。’子好直言,必及于难。”(《左传·成公十五年》)后来伯宗果然因此被三郤所害。而这一事例也告诉我们,虽家有贤妻一意孤行的男子却仍未必躲得过横死的命运。

叔向欲娶夏姬之女时,其母曰:“子灵之妻杀三夫一君一子,而亡一国两卿矣,可无惩乎?吾闻之,甚美必有甚恶。是郑穆少妃姚子之子,子貉之妹。子貉早死,无后,而天钟美于是,将必以是大有败也。……且三代之亡,共子之废,皆是物也,女何以为哉?夫有尤物,中以移人,苟非德义,则必有祸。”(《左传·昭公二十八年》)叔向之母的出场虽然带有明显的男权话语色彩,她本人也更像一个男权秩序的代言人,但此言也一针见血地道出了男性迷恋尤物的弊端,更使得我们无法否认她是一个颇显睿智的女性思想家。

女性,无论她以怎样的状态来面对生活或是怎样接受生活无情的打磨,在男女不平等的社会里,她的人生之旅永远只能是被动地承受。当然,她也可以反抗,但结果似乎只能有一个,那就是在抗争中接受更大的打击,直至走向毁灭。

第二章 文化典籍与春秋礼制屏蔽下的女性观照

虽然今人多称春秋是一个“礼崩乐坏”的时代，但礼乐观念在此时仍旧具有相当广泛的群众基础，即一部分人在有意无意地破坏，更大一部分人却在全力坚守，圣人孔子的执著与执拗就是其中一块至为醒目的标牌。在此时期的相关典籍中我们可以十分从容地搜索到“礼”的身影，《左传》作者更是时常按捺不住地跳出来用“礼”与“非礼”的字样对人物和史实作出评判。在剥离礼乐文化对男女两性不对称的道德要求后，我们可以惊异地发现男权社会深隐在礼乐背后的精神实质和拥有绝对话语权的社会阶层一脉相承从未改变的女性立场。

第一节 《三礼》：不平等的性别印记

“礼文化是任何民族都曾经过的原始阶段的文化，但在其他的一些民族中，这种礼文化的发展中断了，逐渐转向为宗教或法律，惟独在中国却是一脉相承，从‘礼俗’发展到了‘礼制’，既而从‘礼制’发展到了‘礼义’，与政治制度、伦理、法律、宗教、哲学思想结合在一起，形成了广义的礼文化。”[①]在礼文化的背景之下，人们必须首先知晓什么是“礼”，以及它的存在到底有哪些积极的意

① 邹昌林：《中国礼文化》，社会科学文献出版社 2000 年 5 月版，第 6 页。

义。否则,“礼”便无法成为人们的共识,“知礼”、“守礼”也无法成为人们引以为荣的社会风尚。

《仪礼》记的是冠、婚、丧、祭、饮、射、燕、聘、觐的具体仪式,《周礼》是通过记述三百多种职官的职务来展开对社会政治制度的设想,而《礼记》在讲解礼义的同时则偏重于阐明礼的作用和意义。《三礼》的成书虽然并不都早于《左传》,但它们所记录的内容却大多是春秋时人所遵循的礼法规则,用以比对《左传》人物的立身行事可谓再恰当不过。

《礼记·哀公问》说:“民之所由生,礼为大。非礼无以节事天地之神也,非礼无以辨君臣、上下、长幼之位也,非礼无以别男女、父子、兄弟之亲,昏姻、疏数之交也。”正如梁漱溟先生所言,人和人“相与之间,关系遂生。家人父子,是其天然基本关系;故伦理首重家庭。……伦理始于家庭,而不止于家庭”①。“礼”的建构归根结蒂是要由男女、父子、兄弟而推及君臣的,说它构成了中国社会的政治根基毫不为过。正因为礼是如此的重要,所以那时的人差不多一生都要学习礼仪。儿童长到六岁就要开始学习礼的知识;十岁入小学,“朝夕学幼仪”;十五岁开始学习成人礼仪;贵族子弟二十岁还要入大学专门学礼。大学的学习七年才能“小成”,十年才能“大成”,毕业时已是而立之年,这也说明了孔子为什么讲“不学礼,无以立”。

在等级森严的社会中,所谓“礼不下庶人,刑不上大夫”是人们公认的准则,而“男女有别”更是他们心中不可动摇的准绳:男孩出生时要在门左悬挂象征狩猎与战争的木弓,女孩出生时则要在门右挂上象征侍奉男人的佩巾;到了会说话的时候,遵从大人的叮嘱男孩用“唯”来表示恭敬,女孩则用“俞”来表示婉顺;男孩身上的佩囊是用象征战争的皮革制作的,女孩的是用象征女红的丝

① 梁漱溟:《中国文化要义》,学林出版社1987年版,第79页。

线制作的;七岁时开始“男女不同席,不共食”;在“礼”的要求下,家族内的男女从十岁起便开始“男子居外,女子居内,深宫固门,阍寺守之,男不入,女不出”。(《礼记·内侧》)春秋之前的中国有聚族而居的习俗,至春秋此俗仍存,此处“内外有别”的男女之防也主要是为了防止同血缘关系男女内部的乱伦。所以《左传·僖公二十三年》说“男女同姓,其生不蕃”,《礼记·曲礼》也说“夫唯禽兽无礼,故父子聚麀”。

“食色性也”和“饮食男女,人之大欲存焉”是人们十分熟悉的两句古语,那么,“男女”又是凭什么取得了与“饮食”相匹敌的地位呢？先哲们不约而同地作此判断,无非是看中了它们对人类社会生存和发展同样重要的地位,《礼记》的《礼运》篇刚说了一句“夫礼之初,始诸饮食”,《内则》篇就补了一句“礼始于谨夫妇”。《郊特牲》更是直言:“夫昏礼,万世之始也”,“男女有别,然后父子亲。父子亲,然后义生。义生。然后礼作”。

女子出嫁后,自己的衣服不能与丈夫的衣服搭在同一个衣架上,毛巾梳子不能混用,也不能和丈夫一起洗澡。丈夫不在家的时候,他的枕箧簟席都要小心翼翼地收藏起来。叔嫂之间不能往来问候,不能亲手递接东西,已婚女性回到娘家仍旧不得与兄弟同席而坐同器而食,女性的行为一旦有不合礼法之处或是不能让夫家满意则要面临被休弃的命运。留传后世的所谓“七出”之条简直涵盖了日常生活的各个角落,无疑为夫家提供了“欲加之罪,何患无辞”的方便条件,而一旦男方单方面提出解除婚姻关系的要求,女方只能无条件接受而没有权力进行辩驳和反抗。平民百姓如此,贵族之家也不例外。

《礼记·祭统》对婚礼的定义是“既内自尽,又外求助”。所以国君娶夫人的时候要彬彬有礼地说:“请君之玉女与寡人共有敝邑,事宗庙、社稷。”而当他想要终止这段婚姻的时候,完备周到的“礼”也为他准备了相应的条款:

诸侯出夫人,夫人比至于其国,以夫人之礼行。至,以夫人入,使者将命曰:"寡君不敏,不能从而事社稷宗庙,使使臣某敢告于执事。"主人对曰:"寡君固前辞不教矣,寡君敢不敬须以俟命。"有司官陈器皿,主人有司亦官受之。

妻出,夫使人致之曰:"某不敏,不能从而致粢盛,使某也敢告于侍者。"主人对曰:"某之子不肖,不敢辟诛,不敢不敬须以俟命。"使者退,主人拜送之。如舅在则称舅,舅没则称兄,无兄则称夫。主人之辞曰:"某之子不肖。"如姑、姊、妹,亦皆称之。(《礼记·杂记下》)

诸侯的夫人大多是另外一位诸侯的女儿或宗室之女,虽然国有大小之别,她们的社会地位却是大体相当的,在夫国更是被称为"君夫人"或是"小君"。而一旦被出,女家却不但要承受不愿面对的结果,还要强作笑颜用礼貌的辞令来答复对方。原璧奉还的陪嫁之物同心灵的伤害相比又算得了什么呢?

"头发长,见识短"曾经是几千年中男性嘲笑女性时使用频率极高的一句话,在某些特定的社会阶段这句话甚至被作为观照两性群体的真理来运用,即女弱男强。但只要稍微用心想一想,就不难发现形成这一现象的根源究竟是什么——他们从小就接受着"男尊女卑"特定理念的灌注;当男子外出学习六艺、了解社会的时候,女性却被拘于内堂整日对着狭小的厨房和做不完的女红。"女人不是天生的,而是变成的。没有任何生理上、心理上或经济上的定命,能决定人类女性在社会中的地位;而是作为整体的文明,产生出这居于男性与无性之间的所谓女性。仅仅是因为他人的介入,一个人才会被造成这另一性别。"①波伏瓦振聋发聩的声

① (法)西蒙娜·德·波伏瓦:《女人是什么》,中国文联出版公司1988年6月版,第24页。

音让人们终于恍然大悟般发现了女性的真正来源。其实，早在这一理论以如此通脱的脸孔直面世人之前，已经有太多自强不息的女性在挣脱性别礼教的锁链，也有太多不让须眉的巾帼英豪展现出她们不为家门内府所局限的生命华彩。

第二节 《周易》："天尊地卑"体系下的"乾"与"坤"

如果对人类群体进行最简单的两分，我们得到的答案就一定是男人和女人。两性的世界本应在平等和谐的氛围中向前行进，但对女性的轻视与歧视早在《左传》时代甚至以前就已经深深地扎下了它的生命根须。如前所述，相关的礼法与社会学家的论述不但要求女子具有和男子一样的美德，而且严格地限定了她们的社会身份和从属地位。

《周易》是我国现存最早的一部哲学专著，作为总体社会思想的体现它对女性地位的阐述也有着极为重要的社会意义。《周易》总体上讲的是阴阳平衡，"阴阳合德而刚柔有体，以体天地之撰，以通神明之德"（《周易·系辞下》）。但从开宗明义的乾坤二卦中表现出来的主导思想却是崇阳的"天尊地卑，乾坤定矣"，"乾道成男，坤道成女"更是明确地将女性放在了婉顺、追随的从属地位，亦即所谓"阴虽有美，含之以从王事，弗敢成也。地道也，妻道也，臣道也"（《周易·坤》）。

正是在这样一种思想的统治之下，男子与女子相同或相类行为的社会评判就有了天渊之别：男子娶妻求美天经地义，女子欲求美貌郎君就是"不有躬"的大逆不道（《周易·蒙卦》）；一旦夫妻反目虽然表面上归罪于男子"不能正室"，其实质仍是说女子有咎，阴盛于阳（《周易·小畜卦》）；龙钟老汉娶得一个年少娇妻就是"枯杨生稊"般重见生机"无不利"的大好征兆，年老的妇人配了一个强壮的丈夫就是“枯杨生花”般好景不长，虽“无咎无誉”却也近于羞丑之事(《周易·大过卦》)；由男子意见抵牾而生的口舌之争甚至兵戎相见都算得常见，但由二女同居其志不相得而引起的纠纷才叫“革”，无论“二女”所指是姐妹是妻妾还是婆媳，都是说女子为乱之所由(《周易·革卦》)；在男子拥有多妻权的时代，人们可以理直气壮地说“女壮，勿用取女”，却从没有人小声嘀咕一句“男壮，不宜为夫”(《周易·姤卦》)；居于妾位的女子一般只有在生下男性继承人之后才可能被扶作正室而“无咎”，“母以子贵”使用的当然还是典型的男性法则(《周易·鼎卦》)。

《周易》中最为集中体现其女性思想的莫过于《家人》、《归妹》二卦。

前者说：“家人，女正位乎内，男正位乎外；男女正，天地之大义也。家人有严君焉，父母之谓也。父父，子子，兄兄，弟弟，夫夫，妇妇，而家道正；正家而天下定矣。”女性的任务只是留在家里“无攸遂，在中馈”，只要顺从丈夫，主管好家中的饮食就显现了她们的妇德。但如果不小心流露了天伦之情与小孩子嘻笑打闹也是有失仪节。后者说：“归妹，天地之大义也。天地不交，而万物不兴；归妹，我之终始也。”嫁女与婚姻是延续人类社会的必需手段，女性似乎也应该因此受到相应的重视，但此卦中的女性地位并未得到丝毫的提升，女性仍在礼教毫不隐晦的制约与所谓妇德无情的束缚之下，即女子要安分地卑居侧室，嫁夫不良仍需守贞，期盼成为正室的就要择时把她嫁为侧室作为对其非分之念的惩罚，遇嫁“愆期”则要安静地等待而不能显出一丝急切，地位高贵的正妻一定不用比侧室更美好的衣饰并以此来表现她谦逊俭朴的品格。

所有这些都限制了女性生命的舒枝展叶，让她们在后来的两千年中备受煎熬。《损卦》中“三人行，则损一人”的说法明明白白地证实了时人早已知晓阴阳不和谐的严重后果，但他们仍义无反顾地坚持一夫多妻制所为何来？恐怕只是为了用事实坚持和印证男尊女卑的社会法则。

《礼记·月令》记载,在仲春时节对主管婚配、子嗣的高禖神的祭祀中,要用酒礼待天子怀孕的嫔妃,把弓套在她们身上,把箭交到她们手中,祈求她们都生男孩。注意,这里不是祈求顺利生产增添人口,而是明明白白地祈求男丁。"真正使丈夫的家接受一个妇女的,是那个孩子。对孩子的关怀是家中的一种结合力量","她如果能生一个孩子,特别是一个男孩,她的地位也可以得到提高"。[①] 都生男孩这一不可能实现的祈求表露了社会中强烈的性别歧视思想,而且生了男孩要举行隆重的射礼,生了女孩就什么礼仪都不用了。女孩长大出嫁以后更是连丈夫作出的"易内"(《左传·襄公二十八年》)、"通室"(《左传·昭公二十八年》)之类厚颜无耻的行径都得忍耐和接受,而几乎所有道德评判的负面都是指向女性的,因为最终,是她们的介入才使男人的无耻得以成立,此时唯一不值得考虑的就是女性的态度究竟是主动还是被动。

此时的"礼"为人们,尤其是女人,规定的就是不可胜数的行为禁忌。"禁忌体系强加给人无数的责任和义务,但是所有这些责任都有一个共同的特点:它们完全是消极的,它们不包含任何积极的理想","禁忌体系越是发展,也就越有把人的生活凝结为完全的消极状态的危险"。[②] 也就是在这种"危险"的作用之下,叔向之母曾在叔向欲娶夏姬女儿之前有过一番使儿子感到恐惧的言论,"夫有尤物,中以移人,苟非德义,则必有祸"(《左传·昭公二十八年》)就是她的核心思想。而这一角度让我们愈发见出了夏姬的不幸,一介弱女的命运被一群男性操控于手,到头来却还要在无可选择的情况下受到同性的非议,甚至殃及子女。处在"人"与"女人"双重标准下的女性前行的每一步负载的都是难以承当的双重的道德重量。

---

① 费孝通:《江村农民生活及其变迁》,敦煌文艺出版社2004年9月版,第35页。
② (德)卡西尔:《人论》,上海译文出版社1985年版,第138页。

第三节　孔子学说:对《左传》叙事产生影响的女性态度

同《左传》始于公元前722年的叙事相比,以孔子为代表的早期儒家思想是出现较晚的——《左传》历史行进大半之时孔子尚未出世,"西狩获麟"是孔子生命即将终结的标志,也是《左传》走向尾声的标志。但同《左传》战国初期的成书相比,手持礼法大纛的孔子则又可以被称做"先贤"——与古礼在某种意义上互为表里的孔子学说在一定程度上体现着礼义背景下社会道德的女性态度,而春秋末年孔子之学充满生命张力的广泛流布对《左传》的书写也绝不会没有丝毫的影响。

孔子不但要求自己严守礼的规范,而且将礼纳入自己的教育范畴,意图通过对三千弟子的教化及他们进一步的春风化雨以"礼"建立起一个诸侯间的政教天堂。"孔子看见在当时'礼'在很多方面已经不被遵守了。他不认为新势力对旧势力的破坏是进步的现象,而认为这是'天下大乱'。"①所以"克己复礼"成为他学说很重要的一个方面,而一个"复"字也说明孔子投奔的目标是在时间的上游,正所谓"周监于二代,郁郁乎文哉,吾从周"(《论语·八佾》)。而"兴于诗,立于礼,成于乐"(《论语·泰伯》),"不学诗,无以言"(《论语·季氏》),"不学礼,无以立"(《论语·季氏》)无不是孔子的经典名言。

"礼乐制度,在本质上是以仪式歌舞的形式体现出的一种节奏定型,是中国民族生命冲动的定向反应模式。它以处理食本能冲动为龙头,将生命的两大冲动(食与性)一同纳入到周礼的结构中。……由此看来,周礼对中华民族所具有的巨大凝定、建构作

① 陈平原主编:《先秦儒家研究》,2003年8月版,第292页。

用,过去我们还估计得远远不够。”[①]孔子的“礼”论也时常落实到对具体事件的理解上:季氏八佾舞于庭,孔子说“是可忍也,孰不可忍也”;季桓子接受齐人女乐三日不朝,孔子赌气离开了鲁国;管仲比照国君“树塞门”、“有反坫”,孔子便责之以微辞;卫侯无道,孔子由衷地慨叹“吾未见好德如好色者也”。

孔子学说中关于女性的文字其实并不多,圣人孔子在努力培养男性弟子和弘扬他以“仁”、“中庸”和“忠恕之道”为核心的儒家学说的同时,根本就不屑于把自己炯炯的智者目光投向深深庭院之中无重数的帘幕之后的区区女子。关于孔子与他身边的女性如何相处,除了为女(女儿和侄女)择嫁一节,从现存的典籍中我们很难找到答案。作为男性的孔子即使是在阅读《关雎》这首爱情诗时,也只是因其“发乎情,止乎礼义”的含蓄情感而作出了“乐而不淫,哀而不伤”的评价。就连引起子路极大不悦的“子见南子”也只留下了这空空洞洞毫无场景更毫无情节的四个字,没有人知道半透明的帷幕背后美貌绝伦的南子是否让身为男性的孔子生出一点点审美的震动。

但就是这样一个于史笔深处异常谨慎的孔子仍是在言语上留下了自己的破绽,一句“唯女子与小人为难养也”引来了两千多年间关于孔子是否歧视女性的不休聚讼。“君子喻于义,小人喻于利”,那么商人是小人;“君子远庖厨”(《论语·里仁》),那么屠夫、厨子都是小人。此“小人”只是那个时代“君子”的对称,虽没有君子的高贵圣洁,却与今天的卑鄙无耻没有什么关联。那么将“女子”与之并举是否妥当呢?孔子“近之则不逊,远之则怨”(《论语·阳货》)的精当依据,足以让所有能作客观思考的人颔首莞尔。

孔子的话是没有错,但他错在了自己的立场上——有谁敢说如此精准的概括放在男性身上就不适用呢?毫无疑问,身为男性

① 刘士林:《中国诗性文化》,江苏人民出版社1999年4月版,第335页。

的孔子在不假思索中自然而然地选择了男性本位的话语方式，他的女性态度也随之彰显无疑。这个不屑于关注女性的圣人，在视线偶尔落到女性身上那漫不经心的一瞥之中用的仍然是居高临下的眼神！这不仅是孔子的眼神，更是来自男权世界的无比傲慢的眼神。

在对孔子言论有所愤慨的同时，我们也不能不正视其时礼法的宽松之处，例如春秋礼制对女子改嫁并无太多限制，“存天理，灭人欲”的极端做法是在宋儒手笔之下方才新鲜出炉的。而孔子的儿媳孔鲤的妻子子思的母亲在丈夫死后亦曾改嫁到卫国，如果春秋之礼与当世习俗绝对限制女子再醮，诗礼传家的孔门势必也只能将这样一位本就不幸的女子刻意幽闭于重门之内。

第四节　《左传》行文：完全以“礼”为标准的道德判断

春秋时期并不是一个真正失去了“礼”的约束混乱不堪的时代。“其实春秋社会一方面表现为礼乐的被僭越被扭曲被破坏，同时这也是一个礼乐被坚持被建设的特殊时代。所以我们一方面可以看到描述春秋社会的典籍种种非礼的议论，同时也有许多‘礼，国之干也；敬，礼之舆也’，‘夫礼，国之纪也；国无纪，不可以终’，‘为国以礼’等维持礼乐秩序的政治见解。”①本应以叙事为第一要务的史书《左传》，也在自觉不自觉中受了这种影响。

最初以“史”的面目出现的《左传》当然要使叙述成为自己最主要的表达手段，那些栩栩如生的人物和事件也恰是借此才得以传达的。《左传·成公十四年》的经文说：“春秋之称，微而显，志而晦，婉而成章，尽而不汙，惩恶而劝善。”在判定《春秋》“以一字

---

① 傅道彬：《诗可以观》，《文学评论》2004 年第 5 期。

寓褒贬”的特殊笔法的同时,《左传》也决定了自身与之相生的行文风格,即多以客观冷静的叙述来展示多姿多彩的史实。但《左传》的作者并没有就此放弃思想的表达,他不但大胆地说出了《春秋》因为某种原因隐去的故事,而且让我们从“君子曰”、“圣人曰”之类的言论中频频看到所谓“君子”、“圣人”的身影,并时常以犀利直率的态度用“礼”与“非礼”的字样对史实发出言简意赅的评价。那么,究竟什么才是作者认定的《左传》之“礼”呢? 我们试举几例。

1. 桓公二年,追溯惠公二十四年晋始乱时师服之语。

> 师服曰:“吾闻国家之立也,本大而末小,是以能固。故天子建国,诸侯立家,卿置侧室,大夫有贰宗,士有隶子弟,庶人、工、商,各有分亲,皆有等衰。是以民服事其上,而下无觊觎。”

这里的“礼”强调的是最基本的等级秩序,只有这样的秩序得以确立,更广大范围上的诸如“刑不上大夫,礼不下庶人”之类的“礼”才会有其存在和实现的根基。昭公二十六年,晏子说“唯礼可以已之”,“在礼,家施不及国,民不迁,农不移,工贾不变,士不滥,官不滔,大夫不收公利”,“礼之可以为国久矣,与天地并。君令,臣共,父慈,子孝,兄爱,弟敬,夫和,妻柔,姑慈,妇听,礼也”讲的也是这个意思。

2. 桓公六年,太子出生,桓公问名于大夫申繻。

> 公问名于申繻,对曰:“名有五:有信、有义、有象、有假、有类。以名生为信,以德命为义,以类命为象,取于物为假,取于父为类。不以国,不以官,不以山川,不以隐疾,不以畜牲,不以器币。周人以讳事神,名,终将讳之。故以国则废名,以官

则废职,以山川则废主,以畜牲则废祭祀,以器币则废礼。晋以僖侯废司徒,宋以武公废司空,先君献、武废二山,是以大物不可以命。"

为初生小儿命名的理论竟是如此复杂,怕是太多人都没有想到的。但这样正式而隆重的礼法顾忌大体上只是针对男子而行的,作为等而下之只配以柔顺处世的女子自然缺少如此礼遇。《左传》中的女性即使有名字大多也只能在婚前被象征性地使用一段时间,绝大多数女子最后都只留下了她们的姓氏、排行和国籍,无论是在书籍中还是在人们的记忆里,她们永远都只能是谁的女儿、谁的妻子或是谁的母亲。

3. 桓公十八年,桓公与文姜赴齐之前,申繻带有预言性质的言论。

申繻曰:"女有室,男有家,无相渎也,谓之有礼。易此,必败。"

"女有室,男有家"即"女有夫,男有妻",也即汉乐府《陌上桑》所说的"使君自有妇,罗敷自有夫"。而各有夫妇则宜界限谨严,不得轻易亵渎,违反了这个规则就一定会有事故发生。申繻此言固然是因齐襄公与文姜关系暧昧而生,推及他人也有相应的现实意义。但失配无"家"之男有天经地义的续弦之责,丧偶失"室"之女却多苦挨空帷的守节之义,由是也使《左传》中孀居后与人越礼私通的贵族女性成为一个不小的群体景观。

4. 庄公二十四年,哀姜嫁入鲁国,庄公令宗妇进见,以玉帛做礼物。《左传》明言"非礼也"。

御孙曰:"男贽,大者玉帛,小者禽鸟,以章物也。女贽,不过榛、栗、枣、修,以告虔也。今男女同贽,是无别也。男女之别,国之大节也;而由夫人乱之,无乃不可乎?"

"男女有别"一直是古礼尊崇的原则之一,也是许多具体礼法制定时的基本依据。且男为乾女为坤,男为阳女为阴,男为尊女为卑的定势早已形成,御孙之言正在于此。女子之贽不得"用币",懂礼之御孙眼中由夫人之至而带来的礼法之"乱",实际上正是男权社会所不能容忍的女子的僭越,而从中透露出来的也正是礼法对妇女的歧视与蔑视。

5. 昭公元年,晋平公有疾,求医于秦。

秦伯使医和视之,曰:"疾不可为也,是谓:近女室,疾如蛊。非鬼非食,惑以丧志。"……"君子之近琴瑟,以仪节也,非以慆心也。"

医者劝人节制色欲原是应该的,但以女为蛊却无疑是对女性的歧视。无独有偶,《周易》中也说"女惑男"谓之蛊。[1] 而"君子之近琴瑟,以仪节也,非以慆心也"之说就显得十分可笑了,原来男子亲近女色只是为了在"礼"的传宗接代范畴之内表示礼仪节度,而绝不可以"发乎情",也就是说男女居室的功用只能是为了践行人之"大伦",用以传宗接代,而不能是"情动于中"的本性流露。

6. 昭公五年,鲁昭公去晋国,从郊劳到赠送礼物都没有失礼。晋平公问女叔齐说:"鲁侯称得上是一个善于守礼的人了吧?"女叔齐却回答说鲁侯不知礼。

---

① 见《周易·蛊》。

公曰:"何为?自郊劳至于赠贿,礼无违者,何故不知?"对曰:"是仪也,不可谓礼。礼所以守其国,行其政令,无失其民者也。今政令在家,不能取也;有子家羁,弗能用也;奸大国之盟,陵虐小国;利人之难,不知其私。公室四分,民食于他。思莫在公,不图其终。为国君,难将及身,不恤其所。礼之本末,将于此乎在,而屑屑焉习仪以亟。言善于礼,不亦远乎?"君子谓:"叔侯于是乎知礼。"

在晋平公与女叔齐的对话以及"君子"的评价中我们可以看出,到昭公的时候礼义与礼仪已有所分离,人们对"礼"的认知也从一个较浅的层次拓展到了表象与实质两个层次。女叔齐对"鲁昭公不知礼"的评价一方面证实着本质上的"礼"的崩坏,另一方面也表明了女叔齐一类人对真正表里如一的"礼"的信守与坚持。昭公七年更是对孟懿子和南宫敬叔学礼于孔子作了专门记录,足见时人对礼的重视。

7. 昭公二十五年,诸侯为安定周王室的事情会于黄父。赵简子赵鞅趁便问"礼"于子大叔。

子大叔见赵简子,简子问揖让周旋之礼焉,对曰:"是仪也,非礼也。"简子曰:"敢问何谓礼?"对曰:"吉也闻诸先大夫子产曰:夫礼,天之经也,地之义也,民之行也。天地之经,而民实则之。则天之明,因地之性,生其六气,用其五行。气为五味,发为五色,章为五声。淫则昏乱,民失其性,是故为礼以奉之。为六畜、五牲、三牺以奉五味,为九文、六采、五章以奉五色,为九歌、八风、七音、六律以奉五声,为君臣、上下以则地义,为夫妇、外内以经二物,为父子、兄弟、姑姊、甥舅,昏媾、姻亚以象天明,为政事、庸力、行务以从四时,为弄罚、威狱使民畏忌以类其震曜杀戮,为温慈、惠和以效天之生殖长育。民有

> 好恶、喜怒、哀乐,生于六气,是故审则宜类,以制六志。哀有哭泣,乐有歌舞,喜有施舍,怒有战斗。喜生于好,怒生于恶。是故审行信令,祸福赏罚,以制生死。生,好物也;死,恶物也。好物,乐也;恶物,哀也。哀乐不失,乃能协于天地之性,是以长久。"简子曰:"甚哉,礼之大也!"对曰:"礼,上下之纪,天地之经纬也,民之所以生也,是以先王尚之。故人之能自曲直以赴礼者,谓之成人。大,不亦宜乎?"简子曰:"鞅也请终身守此言也。"

此例差不多是《左传》中阐释"礼"字最长的一段文字,《孝经》中改"礼"为"孝"后全盘接受的经典引述也证实了子大叔此言的精辟。而"仪"与"礼"的区别也大可与上例相辅而观。上例偏重于讲什么是"非礼",此例中偏重讲的则是什么是"礼"以及"礼"的效用。对"礼"的遵从与坚守至此时大概已成了一个迫在眉睫的问题,所以赵鞅才会以"终身守此言"来表达自己的志愿。

8. 哀公二十四年,哀公因为宠爱公子荆的母亲就想立她为夫人,于是命令宗人衅夏献上立夫人的礼仪,衅夏回答说:"没有这种礼仪。"

> 公怒曰:"女为宗司,立夫人,国之大礼也,何故无之?"对曰:"周公及武公娶于薛孝、惠娶于商,自桓以下娶于齐,此礼也则有。若以妾为夫人,则固无其礼也。"

"以妾为夫人"在当时还是一件于"礼"不合的事情,衅夏所以敢于顶撞国君就在于他自以为身后有着强大的礼法后盾。但最终,哀公还是冒天下之大不韪开了"以妾为夫人"的先河,并立公子荆为太子。鲁哀公的胆大妄为标志着古礼权威效力的下降,而由此带来的国人不满则说明"礼"的观念在当时仍旧有着十分广泛的群众基础，礼义仍旧是大多数人信守的人生准则。

"道德如果对于人类的情感与行为不是自然地具有影响，那么我们那么地费尽辛苦来以这谆谆教人，就是徒劳无益的了，并且没有事情再比所有道德学者所拥有的大量规则与教条那么无益的了。"[①]正因道德的"有益"，它才会以社会秩序的面目出现在人们面前，并具有某种意义上的权威性，以至"周人的道德观念把道德行为和政治行为看作是同一的"[②]。而这一思维方式也直接影响了《左传》对"礼"的界定。上述实例即是《左传》正统秩序基础上尊卑有序、男女有别的"礼"文化的多侧面展现，其中不但阐释了礼之所在与构成，也给出了礼概念下"义"与"仪"的分化，显现出古礼走向衰颓和新的社会秩序必将建立的大趋势，而其中相关于女性的言论则一以贯之地延续着对女性卑弱与从属地位的规范。

第五节　先秦诸典："孝"概念下母亲的"无性别"状态

由于"男女有别"的观念，春秋之礼对"人"与"女性"提出了双重要求，女性地位在这种压力之下愈发等而下之，以至就连战争中获取的俘虏也要"男女以班"(《左传·襄公二十五年》)、"男女以辨"(《左传·哀公元年》)。但对中国传统道德中的子辈而言，最受推重的美德莫过于"孝"，作为行孝对象的母亲消除了被贬抑的女性性别而与父亲同样处于被尊崇的地位。襄公二十五年郑伐陈，陈国大夫贾获"载其母妻"而逃，是行孝之举；哀公十六年孔悝出奔之时载其母"伯姬于平阳而行"，亦见孝道；而定公五年，"叶公诸梁之弟后臧从其母于吴，不待而归"，对于这个弃母而逃的弟弟"叶公

① (英)大卫·休谟著，《人性论》，商务印书馆1980年版，第497页。

② 崔大华：《儒学引论》，人民出版社2001年9月版，第14页。

终不正视”,也在兄弟二人的孝与不孝之间表现了人们对孝道的认识。除了天然的人伦之情以外,“孝”概念下母亲的被尊崇亦源于她们在文化体系中非男非女的无性别状态。而在这一特殊视点的作用之下,中国宗法礼教中的另类“母权现象”也应运而生。

传统道德以家庭为基本单位,立“父义、母慈、兄友、弟恭、子孝”为五典,其根本在于礼法道德的制定者是为了借此建立“君父”、“臣子”的对等关系,将人们纳入家庭之外更大的宗法体系。《礼记·冠义》讲“故孝悌忠顺之行立而后可以为人”,孝是排在第一位的。中国的传统道德是尊男抑女的,但在讲求孝道方面却总是“父母”并举“舅姑”连称,不再顾及基本社会观念中的性别因素。《诗经》说“哀哀父母,生我劬劳”(《诗经·小雅·蓼莪》);《论语》说“事父母能竭其力”(《论语·学而》),“父母唯其疾之忧”(《论语·为政》);《孝经》说“身体发肤,受之父母”,“扬名于后世,以显父母”(《孝经·开宗明义》)。战国之《孟子》也说“世俗所谓不孝者五,惰其四支,不顾父母之养,一不孝也;博弈好饮酒,不顾父母之养,二不孝也;好财货私妻子,不顾父母之养,三不孝也;从耳目之欲,以为父母戮,四不孝也;好勇斗很,以危父母,五不孝也”(《孟子·离娄下》)。父母仍是不可分割的同一概念。

《礼记》以记载家庭生活为主的《内则》篇更是频频强调“父母”、“舅姑”的概念,如“父母舅姑之命勿逆勿违”、“父母有过,下气怡色柔声以谏”,这些说法无不视两性长辈为一体,再无所谓男女之别。父母俱在时儿子要和媳妇一起侍候父母吃饭,父亲去世以后嫡长子就要陪母亲一同进餐,“舅没则姑老,冢妇所祭祀、宾客,每事必请于姑”一则中母亲的地位同样是至高无上的。无独有偶,《周易·晋》也说“晋如愁如,贞吉;受兹介福,于其王母”,在前进的路上遇到坎坷满面愁容之时守持正固便可受吉祥,而未来将要承受的福泽则来自王母的赐予。王母是阴之至尊者的象征,但既然是阴就应该谨守顺从的职责,此时却执掌了降赐福泽的主动权不是也很奇怪吗？一切都源于她多了一层类似于老年女性的“母”的身份，而“母”的特权是以至高无上的“父”为参照的。

许多对中国传统文化粗通皮毛的人都认为它对女性的要求就是“三从四德”，但很少有人知道“三从四德”究竟在什么时候才真正成为社会道德和公众舆论的主流。《左传》的时代，以“德言功容”为主要内容的四德已如《礼记》所言成为女子出嫁前的必修功课，但“在家从父，出嫁从夫，夫死从子”的“三从”思想虽在《礼记》中得到确立却并没有在这一时期得到至为深入的贯彻。所以此时还有自行择婿备受赞誉的徐吾犯之妹，更有大胆出走奔于孟僖子的泉丘人之女；有已经出嫁却搞不懂父亲还是夫亲的郑雍姬，更有不安于莒而私自跑回娘家的向姜和身为齐侯之妾却参与叛乱的连称从妹；有因讨厌儿子宠姬过多而逐之使之出居于魏的芮伯之母，更有因“欲通公子鲍”而悍然发动宫廷政变的宋襄夫人。

后两例中以“铁腕”做派出现的都是出离于普通“女”、“妇”群体的母亲形象。“女人在她的一生中从未有过独立生存的阶段，开始隶属于父亲，以后隶属于丈夫。同时，一个老年妇女在家庭中也是可以具有近乎专制的权力的；她的儿子及儿子的妻子都和她生活在一起，她的儿媳是完全屈服于她的。”①作为行孝的对象，母亲已在无形中拥有了非男非女的无性别属性。而这种属性有利于帮助她们摆脱礼法的部分束缚，更加有利于她们发挥自身的能动作用，进而在不同的生活场景中强化自身的存在。

芮伯之母的作为还只是局限于家庭，宋襄夫人就将自己的触角伸入了政治领域。成公十六年，穆姜欲夺季文子与孟献子之室，没有得到儿子成公的响应，便十分生气地指着从庭前走过的另外两位公子说：“女(汝)不可，是皆君也。”敢于提出自己的要求并以这样一种语气来与国君讲话，她的身份不容忽略。齐晋鞌之战中，

---

① (英)罗素：《婚姻革命》，东方出版社 1988 年 4 月版，第 19 页。

文嬴所以能够成功地“请三帅”从而逆转了两国的政治形势,凭借的同样是自己嫡母的身份。面对这样一群女性和与之相关的各类事件,我们不可以再用世俗的性别观念去衡量她们的地位。因为她们不再是“男女”中的“女”,而是“父母”中的“母”,是一群因为做了母亲(并且多数失去丈夫)而在一定程度上丧失性别的人。女性性别的丧失在某种程度上提升了她们的地位,也使她们拥有了母系氏族社会结束后的另类“母权”,并决定了中国日后的家庭格局,甚至是某些朝代的政治格局。

第三章 《左传》女性个案论要

第一节 武姜:春秋第一战的缔造者

《郑伯克段于鄢》历来被视为《左传》名篇,但两千年来赏读该篇的人多从道德标准入手停留在对人物形象的剖析与辩白上,且人们多视郑庄公为主角,将公羊学郑庄公老谋深算的结论一再推广,虽有清人顾栋高等的翻案之语亦无甚改观,而造成这一事件的根源性人物武姜却并未受到应有的重视。事实上,正是因为身为母亲的武姜对郑庄公和共叔段这两个儿子有着天渊之别的态度,且没有尽到教化的责任,才导致了郑国这一重大悲剧的发生,而春秋时期与母系力量密切相关的特定的家国文化形态及其所形成的君与臣、兄与弟的二重伦理责任也才是让郑庄公隐忍委屈、相机而动的根本原因。

一、家国同构与孝悌理想

郑自公元前806年桓公开国历二世经武公而传至庄公,庄公即位时年仅十四岁,至庄公二十二年克段,则郑庄公三十五岁,共叔段三十二岁。[1] 郑伯克段于鄢与卫州吁之乱和晋曲沃三世夺嫡共同开启了春秋三百年"篡弑相寻"的乱局,而郑国的这一场兄弟之争又因为发生在隐公元年而特别引人注目,是名副其实的"春

---

① 参见《史记·十二诸侯年表》。

秋第一战”。但关于这段为后人津津乐道的历史公案,《春秋》经却只有一句至为简约的记载:“夏五月,郑伯克段于鄢。”

郑庄公祖父桓公为周厉王少子、周宣王母弟、周幽王叔父,官至幽王司徒,主管教化。郑始封时乃是小邑,后桓公采纳史伯之言吞并虢、郐等国的部分土地方才有了一定规模,但到春秋之季郑仍在小国之列,全赖祭仲、子产等名臣之力才得以成就。周幽王被杀时郑桓公一同遇难,郑人立其子掘突为武公,武公十年娶申侯之女为夫人,即郑庄公和共叔段的生母武姜。

周幽王娶后于申,其堂弟郑武公亦娶夫人于申,可知申国在当时有着较高的政治地位,其军事实力自然也不容小觑,甚至当周幽王欲废申后之子宜臼的太子之位时,史伯等智慧之士也已预见到了宜臼外祖申侯可能会有的反应。① 果然,最终即是申侯联合犬戎杀周幽王于骊山之下,宜臼方能被立为平王。

《左传》记载:“庄公寤生,惊姜氏,故名曰寤生,遂恶之。爱共叔段,欲立之。亟请于武公,公弗许。及庄公即位,为之请制。公曰:‘制,岩邑也,虢叔死焉,佗邑唯命。’请京,使居之,谓之京城大叔。”从这段记载我们可以看出,武姜对自己两个儿子的感情是亲疏有别极其不同的。这个偏执的母亲只因为“庄公寤生”便“恶之”,如果只是在情感上偏爱共叔段倒也罢了,她偏偏生出“欲立之”的非分之想并“亟请于武公”,而她在庄公即位后贪得无厌的“请制”、“请京”终于将爱子共叔段送上了一条不归之路。当共叔段大举营城又“命西鄙北鄙贰于己”的时候,其用意已经是路人皆知了。但面对祭仲与公子吕的一再劝谏,郑庄公采取的只是“子

① 《国语·郑语·史伯为桓公论兴衰》曰:“申、缯、西戎方强,王室方骚,将以纵欲,不亦难乎?王欲杀太子以成伯服,必求之申。申人弗畀,必伐之。若伐申而缯与西戎会以伐周,周不守矣。缯与西戎方将德申,申、吕方强,其隩爱太子亦必可知也,王师若在,其救之亦必然矣。”贵州人民出版社1995年版,第591页。

姑待之”的态度,并预言段会遭遇“不义不昵,厚将崩”的结局。直到“大叔完聚,缮甲兵,具卒乘,将袭郑。夫人将启之”,郑庄公才“命子封帅车二百乘以伐京”并克段于鄢。左氏认为,此系“郑志”。钱钟书先生说:“‘待’者,待恶贯之满盈、时机之成熟也”①,“‘不昵’谓众不亲附叔段,非谓叔段不亲于兄”②,“郑志”之“志”则为“心事之不可告人者”③。很是简明地概括了郑伯的思想与行事。

在对待共叔段的问题上,郑庄公有主观故意,也有客观无奈,因为他面对的不是普通的乱臣贼子,而是有母亲支持的同胞手足。当姜氏请制时,庄公也曾给予坚定的拒绝,他的理由是:“制,岩邑也,虢叔死焉。”虢叔为什么会死在那里呢?当然是据邑作乱。我们有理由认为此时的庄公已经给了姜氏与共叔段足够的提醒与警示,但这母子二人偏要一意孤行。作为儿子,面对母亲“请制”之后的“请京”,当然再无法拒绝。

“母慈子孝”、“兄友弟恭”是人们的生活理想与日常行为准则,当慈与恭不成立时,孝与友也是可以成立的,如舜帝在父亲瞽叟和弟弟象谋害自己未遂之后“复事瞽叟爱弟弥谨”(《史记·五帝本纪》)。但前提是象只觊觎舜的财产和美妻,而不曾觊觎舜的王位。春秋之初,礼法虽然开始松弛,但大体的礼仪还是要遵从的,只是庄公和舜的处境并不相同。对庄公而言,他是君也是兄,段是臣也是弟。君对臣要讲信,臣对君要讲忠;兄对弟要讲友,弟对兄要讲悌。但臣不忠、弟不悌,又因为要对偏心的母亲行孝时,庄公只能选择隐忍。我们有理由认为郑庄公的“子姑待之”实是无奈之语,其时的郑庄公除了“待”又能有什么切实可行的办法呢?庄公应

① 钱钟书:《管锥编》,中华书局 1986 年版,第 168 页。
② 钱钟书:《管锥编》,中华书局 1986 年版,第 169 页。
③ 钱钟书:《管锥编》,中华书局 1986 年版,第 172 页。

该倒是很希望“早为之所”,但有母在堂,他做得到吗?

“庄公即位后,母亲武姜要他把制封给弟弟共叔段。制与虎牢,统言可视为一地,分言则为相邻两城,据险共同构成郑国与周王室的交通要塞。考虑制的重要战略地位,郑庄公拒绝了,但把京封给了共叔段。京虽大城,却非险要,且受制于包括制和国都在内的三座重要城市。……庄公凭借地理优势和民的支持,打败了共叔段。共叔段逃往卫国,途经庄公控制区域,未遇阻拦。这说明,庄公无意杀弟,所谓杀弟之说实为臆断。”[①]并且,谁又能说共叔段的出奔不是咎由自取呢?

二、纵子僭礼的另类母爱

《诗经·郑风》里有两首写田猎勇士的诗,一首名为《叔于田》,一首名为《大叔于田》,从《毛诗序》到方玉润的《诗经原始》,人们一般认为诗作中的主人公就是共叔段。[②]《大叔于田》有句云:“叔在薮,火烈具举。襢裼暴虎,献于公所。”即是说郑庄公已见识了共叔段赤膊打虎的勇力,更何况“叔善射忌,又良御忌”,其“御”与“射”的能力均不寻常。以母亲对段的无度宠爱和庄公的深谋远虑怎么可能不心生忧忌?《叔于田》中人们对“叔”的评价则是“洵美且仁”“洵美且好”“洵美且武”,除“武”之外又多了“好”和“仁”,可谓完人。但如果诗中所指真的是共叔段,此诗恐怕也只是作于他驻守京城的早期,因为“谋国”使他的行为不但不“仁”而且“不义”,且如果他具备“仁”的品德就不会出现后来“京叛大叔”的局面。可是对于母亲武姜来说,这样的一个儿子的确有着太多让她无法割舍的可爱之处,为了这个儿子她当然可以不惜一切、不遗余力。

---

① 韩益民:《“郑伯克段于鄢”地理考》,《北京师范大学学报》,2006年第4期。

② 周振甫:《诗经译注》,中华书局2005年版,第113、115页。

《史记·郑世家》载："庄公元年，封弟段於京，号太叔。祭仲曰：'京大於国，非所以封庶也。'庄公曰：'武姜欲之，我弗敢夺也。'段至京，缮治甲兵，与其母武姜谋袭郑。二十二年，段果袭郑，武姜为内应。庄公发兵伐段，段走。伐京，京人畔段，段出走鄢。鄢溃，段出奔共。"祭仲说"京大於国"就是说庄公封段之时京的规模已经超过了国都，后来经过段十几年的经营自然规模更大。《左传》亦多次提到大都的危害，如祭仲说："都城过百雉，国之大害也"，"大都，不过三国之一；中，五之一；小，九之一"（《左传·隐公元年》）。辛伯说："大都耦国，乱之本也。"（《左传·闵公二年》）后世孟子亦常以"千乘之国，百乘之家"（《孟子·梁惠王上》）作比，意为家、国的大小比例要相当才会免除动乱。

都邑对国的威胁在春秋之世并不鲜见。楚大夫范无宇说："其在志也：国有大城未有利者。昔郑有京栎，卫有蒲戚，宋有萧蒙，鲁有牟费，齐有渠丘、晋有曲沃，秦有征衙。"（《国语·楚语上·范无宇论国为大城者未有利》）即如《左传》记载，晋之蒲城是重耳的封地，"晋公子重耳之及于难也，晋人伐诸蒲城，蒲城人欲战"（《左传·僖公二十三年》）；晋栾盈出奔两年后回到自己的封地曲沃，曲沃大夫胥午"伏之，而觞曲沃人，乐作，午言曰：'今也得栾孺子，何如？'对曰：'得主而为之死，犹不死也。'皆叹，有泣者。爵行，又言。皆曰：'得主，何贰之有？'盈出，遍拜之"（《左传·襄公二十三年》）。由此即可看出，"邑有高度的独立性，表现在其他方面，或为国君复辟的基地（郑的栎邑），或贵族称兵一方（如齐的庐邑），或单独与外敌作战订盟（如鲁的龙邑），小邑也和大都一样有这些事件发生"①。

但蒲城人愿为重耳而战，曲沃人亦愿为栾盈而死，京人却毫不迟疑地背叛了共叔段。其原因何在呢？当然是重耳与栾盈始终善待封地之人，而共叔段到京之后即着意于拓建都邑、聚敛粮草、扩

① 杜正胜：《周代城邦》，联经出版事业公司 2003 年版，第 116 页。

张军备(大叔完聚,缮甲兵,具卒乘),其间人们所服的劳役与兵役之沉重可想而知,怨毒之心能不生乎?此外,郑庄公曾说共叔段“多行不义必自毙”,又说“不义不昵,厚将崩”,战国之世的孟子亦说“春秋无义战”(《孟子·尽心下》),可见“义”字还是其时人们对世事的重要评判标准之一。春秋的兄弟相争多矣,弟僭兄位者亦多矣,共叔段“谋袭郑”,篡也,是为“不义”。所以从他的日常行为和所谋之事看来,“京人叛之”毫不奇怪。

对于“郑伯克段于鄢”,《公羊传》说:“克之者何?杀之也。杀之,则曷为谓之克?大郑伯之恶也。曷为大郑伯之恶?母欲立之,己杀之,如勿与而已矣。段者何?郑伯之弟也。何以不称弟?当国也。其地何?当国也。齐人杀无知,何以不地?在内也。在内,虽当国,不地也。不当国,虽在外,亦不地也。”(《公羊传·隐公元年》)《穀梁传》则说:“克者何?能也。何能也?能杀也。何以不言杀?见段之有徒众也。段,郑伯弟也。何以知其为弟也?杀世子、母弟目君,以其目君知其为弟也。段失子、弟之道矣,贱段而甚郑伯也。何甚乎郑伯?甚郑伯之处心积虑也。于鄢,远也,犹曰取之其母之怀之云尔,甚之也。然则为郑伯者宜奈何?缓追逸贼,亲亲之道也。”(《穀梁传·隐公元年》)二者的相同之处在于认为郑庄公与共叔段对这一事件的发生均应负有责任,不同之处在于前者认为庄公的责任更大一些,后者认为共叔段的责任更大一些。《春秋》经一个“克”字即是后人所谓“春秋笔法”的直观表现,称“郑伯”“共叔段”而不言“兄”“弟”亦是寓意深厚,但一个无法更改的事实却是他们都是武姜的儿子。

三、母权之罪与偏心之礼

在谈及中国古代社会制度时人们常说“家国同构”,但这四个字指称的只是“君君臣臣父父子子”在社会结构和家庭结构上的相似性与相关性,而不是说它们的本质果真毫无差异。对于春秋的诸侯（也包括周王）之家与诸侯之国来说，无法逾越和分割的二重伦理建构是他们人生路上永远的障碍，也就是说兄在为君的同时亦是兄，弟在为臣的同时亦是弟，而兄、弟与君、臣的职责规范并不相同，因此有时甚至会发生冰炭不容的激烈冲突。

《左传》中祭仲说“姜氏何厌之有”，《史记》中郑庄公更说“武姜欲之，我弗敢夺也”。其时不已经是一个地地道道的男权时代了吗？男人有必要如此顾忌女人的感受吗？非也。春秋之礼中的女性本没有地位，但传统道德中的“孝”却使母亲拥有了比照于父亲的被尊崇的地位，但归根结蒂，这种“母权”其实只是“父权”的某种延续。

在春秋时代，一个寡居的“母”可以做成的事情有很多：鲁之嫡母穆姜可以指着堂下的众公子恐吓自己的儿子鲁襄公说“女（汝）不可，是皆君也”（《左传·襄公十六年》）；晋之庶母骊姬可以魅惑国君致使群公子出奔（《左传·僖公四年》）；宋之祖母襄夫人可以行权杀掉宋昭公及其他襄公之孙并另立新君（《左传·文公八年/十六年》）。她们独具个性的政治手腕在国内外的政治斗争中起着异乎寻常的重要作用，而隐藏在她们背后的母国支持也是一股十分重要的力量。齐国想要吞并纪国，但纪君娶了鲁君之女（《左传·隐公七年》），鲁国要与纪国共进退，齐国就不得不有所收敛；重耳与怀嬴之间因“奉匜沃盥，既而挥之”而发生争执，之所以“公子惧，降服而囚”（《左传·僖公二十三年》）也无非是因为怀嬴背后的国家是强秦。

当年郑庄公之子姬忽以“齐大非偶”为由拒绝齐僖公的提亲时，重臣祭仲即反对说：“君多内宠，太子无大援将不立，三公子皆君也。”（《史记·郑世家》）所谓三公子就包括后来与忽争位成功的公子突。忽后来所娶的来自陈国的女子也的确没有在政治斗争中帮上他什么忙。同在《郑世家》中还有这样一段文字：“庄公又取于宋雍氏女，生厉公突。雍氏有宠于宋，宋庄公闻祭仲之立忽，乃使人诱召祭仲而执之，曰：‘不立突，将死’。”最终的结果是，在宋国强大的政治压力下，曾经忠于太子忽的祭仲被迫“许宋，与宋盟。以突归，立之”(《史记·郑世家》)。正因为母族与妻族对政治势力的支持至关重要，所以郑庄公对母亲的意见绝对不敢轻视，对母亲武姜的力量也绝对不敢轻视，他时刻不敢忘记母亲的身后站着一个威严的申国。说郑庄公不想彻底铲除共叔段和武姜在国内的势力是不可信的，但郑庄公的举动必须让他的舅父们无话可说，否则他将很难保证自己的地位。于是，他就只能让叛乱成为弦上之箭，只能坐成其必然发生的事实，否则他就极有可能被冠以“不孝”“不友”的罪名而遭到废黜。

“母”是如此的强大，那么“弟”又可以做什么呢？王子带可以带兵进攻成周，逼得哥哥周襄王“出适郑”(《左传·僖公二十四年》)；晋之奚齐可取代申生、重耳(《左传·僖公四年》)，夷吾亦可因抢先一步回国而夺得王位(《左传·僖公二十三年》)；在郑国亦有突与太子忽的君位之争(《左传·桓公十一年》)。虽然对郑庄公而言这些都不是前车之鉴而只是后来发生的事情，但结合当时情势看，无论是母还是弟，都让郑庄公寝食难安，有他们在，郑国随时都存在政权易手的可能。

人都说养痈遗患，但痈长到一定的时候是可以自己溃破的，而此前的硬挖难免要多受一些皮肉之苦。如果段以己为弟、以己为臣，那么郑庄公还有一定要除之而后快的必要吗？作为春秋初年国际政坛上举足轻重的人物，甚至可以说是实际的霸主，郑庄公不可能是一个没有容人之量且不懂审时度势的人。更何况段是一个英俊威武勇力过人的良才，完全可以帮助庄公安定民心、抵御外侮，甚至是开疆拓土。如果真的是这样，武姜母子三人就会为我们展示一幅无比美好的“母慈子孝”、“兄友弟恭”的人伦图景。但因为段处心积虑的谋叛和母亲武姜的盲目支持，这一幕只能成为人们的想象，取而代之的则是兄弟征伐、母子失和。

对于克段的公案，常有人以各种形式“讥庄公之失教”。可是虽说“长兄如父”，但庄公毕竟只比共叔段大三岁，且有极度偏心的母亲在堂，于是庄公无法教养共叔段，其情形大致应该相当于卫之州吁“有宠而好兵”“公弗禁”(《左传·隐公三年》)。从郑庄公二十二年克段，二十三年与武姜穿地而见，二十四年周郑交质、侵周取禾看，郑庄公本身对母不敬，对周王亦无礼可言。所有的结果都不是一朝一夕能够发生的，身教胜于言教，庄公的行止本无所谓“正”，所以不能果决地要求共叔段，他也无能教养共叔段。“周代阶级之制甚严，至孔子作春秋始讥世卿”①，郑庄公当然亦在孔子所讥之列。但在他成长的过程中，“恶之”的母亲武姜又置身何处呢？她尽到了一个教育者的责任吗？从她的纵容共叔段为乱上，我们就不难看到答案。

那么庄公置母于城颍的悔又从何而来呢？曾预言共叔段“不义不昵，厚将崩”的郑庄公当然清楚“不义”的后果，而其置母于城颍并誓之曰“不及黄泉，无相见也”当然也属不义之举。在“以礼治国”、“以孝治国”的政治需要下，君不义则民不昵，霸业便难以为继，故隧而见母未必说明庄公心中真有悔意。当然，我们更愿意相信他的悔是出于人伦之情而不是出于政治因素。退一步讲，武姜与庄公经颍考叔劝谏后“阙地及泉”的“隧而相见”虽然赢得了“母子如初”的结局，但对这对素来不睦的母子而言，这个“初”字却是一个颇耐咀嚼的字眼儿，入隧和出隧时风雅的赋诗与洋溢的文采掩饰不住的大约还是彼此心中的伤痛与芥蒂。对武姜这个极度狭隘、极度偏心的母亲而言，庄公之“寤生”可能在心理上让她难以接受，也可能在民俗上让她感到一种对自身利益甚至生命的威胁与恐惧，但最重要的是她不明白一个母亲应该有怎样的胸怀，一个母亲应该怎样爱自己的孩子，她给郑庄公的不是爱，给共叔段的好像也不是。

---

① 张亮采：《中国风俗史》，东方出版社1996年版，第32页。

第二节 庄姜:“六礼”婚俗的见证

说起春秋时代的美女,人们最先想到的恐怕就会是“巧笑倩兮,美目盼兮”的庄姜。《左传》是旨在为男权作传的春秋信史,却在“隐公三年”①留下了关于她的确切记载,《诗经·硕人》②亦曾描绘她高贵的出身、绝伦的美貌和出嫁时盛大的场景。这两段文字虽仅二百余言,却可以让我们从庄姜身上发现春秋时期婚姻文化的诸多特质,以及她个人命运的偶然与必然。

一、崇礼之嫁与门当户对

中国人对婚礼的重视是由古而今一以贯之的,《礼记》上早就说婚礼是“万世之始”,并且是“礼之本也”。从表面上看,春秋礼法似乎从没有在书面上强调过“门当户对”,但从《左传》记载的各国之间你来我往的嫁娶活动中,我们能够看到的仍旧多是社会身份基本对等的嫁娶关系。流传到今天的成语“秦晋之好”就源于春秋时期秦晋两国之间频繁缔结的姻亲关系,但细读《左传》就可以发现,其所指称的主要是两国诸侯子与女之间的婚姻关系。虽然因周王地位最高找不到对等的姻亲王女只能下嫁诸侯,晋文公

---

① 杨伯峻:《春秋左传注》,中华书局2006年9月版,第30页。其文曰:“卫庄公娶于齐东宫得臣之妹,曰庄姜,美而无子,卫人所以为赋《硕人》也。又娶于陈,曰厉妫,生孝伯,早死,其娣戴妫生桓公,庄姜以为己子……公子州吁,嬖人之子也,有宠而好兵。公弗禁,庄姜恶之。”庄姜为齐庄公之女、齐僖公之妹。东宫得臣未得位而死故庶出之僖公继位,言“得臣之妹”而不言“僖公之妹”明其为嫡女也。

② 周振甫:《诗经译注》,中华书局2005年9月版,第81页。其诗曰:“硕人其颀,衣锦褧衣。齐侯之子,卫侯之妻,东宫之妹,邢侯之姨,谭公维私。//手如柔荑,肤如凝脂,领如蝤蛴,齿如瓠犀,螓首蛾眉。巧笑倩兮,美目盼兮。//硕人敖敖,说于农郊。四牡有骄,朱幩镳镳,翟茀以朝。大夫夙退,无使君劳。//河水洋洋,北流活活,施罛濊濊,鳣鲔发发。葭菼揭揭,庶姜孽孽,庶士有朅。”

重耳也曾把自己的女儿赵姬嫁给臣子赵衰,但从历史形成的“下嫁”一词的“下”字上我们就可以看到人们头脑中根深蒂固的等级意识。另外,国之大小也与婚姻的缔结有着莫大的关系,《左传·桓公六年》所记郑太子忽拒绝齐侯提亲的理由就是“齐大非偶”。

如此说来,《硕人》诗中极尽铺排的“齐侯之子”、“东宫之妹”、“邢侯之姨”、“谭公维私”自然旨在揭示庄姜并不是一般意义上的“卫侯之妻”,其婚姻以门当户对为前提与要旨,她在卫国的地位与她在齐国高贵的出身是相对应的,即身为齐庄公嫡女的她将是尊贵无比的国君夫人。客观地讲,一个人的家庭出身对其生活习惯、思维方式和个人修养的形成都有着极其重要的意义。作为春秋时代礼法松弛背景下的诸侯夫人,仅有德或者色是远远不够的,她还要有协助夫君治国安邦的胆识和才能。小家女儿眼中大多只有柴米油盐,公侯之女则无不是见惯政治风云,想成为统领后宫、辅佐国君的“贤内助”,其出身自然不可小觑。至于门户之见在后代拆散了多少有情男女则是另外的问题。

《三礼》对西周及春秋礼俗多有记载,《仪礼·士昏礼》还相当详尽地介绍了所谓“六礼”的详细内容,即“纳采”、“问名”、“纳吉”、“纳徵”、“请期”、“亲迎”。《硕人》诗因写庄姜初嫁,所以虽跳过了前边的“五礼”,却以细致的笔墨在第三四节展现了庄姜自齐国带来的显赫的仪仗抵达卫之农郊等候卫侯亲迎的场景。《鲁诗》训“农郊”为“东郊”,因为“古者迎春耕耤,布农命田,皆在东郊,故东郊谓之农郊”①。《吕氏春秋·孟春季第一》中也有相关记载。另外,齐在卫东,齐女人卫途经东郊是再自然不过的事情。农耕民族的大事在务农,农郊当然是举行大事的地方,庄姜入于东郊除便捷外应当还有颇受重视之意。另外,古礼云:“王后及三夫人

① 雒江生编著:《诗经通诂》,三秦出版社2000年5月版,第155页。

并诸侯夫人皆乘翟车。"①"四牡有骄,朱幩镳镳,翟茀以朝"亦说明庄姜是以夫人即正妻的身份嫁入卫国的,以四马为驾,用野鸡羽毛装饰的华丽的翟车止于农郊,意味着庄姜要在此处等待卫庄公的亲自迎接,然后登堂入室成夫妇之礼。

顾名思义,《士昏礼》中"亲迎"的本义即是"亲自迎娶",但其适应的主要对象是"士"而不是"诸侯"。杨伯峻先生依照《左传》记事判定:"然考之春秋与左传,诸侯出境亲迎,未必为当时之礼。文四年传云:'逆妇姜于齐,卿不行,非礼也。'然则诸侯娶妇,必使卿出境迎迓,然后为礼。"②所以《隐公二年》纪裂繻来逆女传云"卿为君逆也",宣公五年齐高固来逆女传云"自为也",以示区别。"卿为君逆"的礼俗习惯使诸侯的"亲迎"之礼亦相应变为"郊迎",所以也才会有"硕人敖敖,说于农郊"之句。

事实上,"六礼"之外春秋时期的婚姻礼俗还有许多具体的表现方式,如"以昏为期"、"霜降逆女"及上文所提到的"卿为君逆"等等。《礼记·昏义》说:"娶妻之礼,以昏为期,因名焉。"《仪礼·士昏礼》说:"士娶妻之礼,以昏为期,因而名焉。必以昏者,阳往而阴来,日入三商为昏。"二者都说明了婚(昏)礼得名的原因,《仪礼》还进一步以"阳往而阴来"解释了为什么将婚礼的举行时间定在"昏"时,并界定了"昏"的具体时间。"以昏为期"在《硕人》之诗中的表现并不是十分明显,但"大夫夙退,无使君劳"却也约略透露了与昏时有关的文化信息。

因为中国是一个传统的农业社会,天子的春祭与王后的亲蚕都在倡导和要求民人"勿违农时",所以农忙之后举行婚礼已经是一个约定俗成的民间习俗(时至今日许多乡村仍在沿袭)。如《左

---

① 《十三经注疏》整理委员会整理,李学勤主编:《十三经注疏·仪礼注疏》,北京大学出版社1999年12月版,第74页。

② 杨伯峻:《春秋左传注》,中华书局2006年9月版,第228页。

传·隐公二年·春秋经》记“冬十月,伯姬归于纪”,《左传·宣公五年·传》记“秋九月,齐高固来逆女”,庄公二十四年传记“秋,哀姜至”。《硕人》诗庄姜至卫之时,景物描写亦有“葭菼揭揭”之句。“揭揭”为“高举貌”,《传》释为“长也”,可知其茂盛。与《诗经·秦风·蒹葭》之“蒹葭苍苍,白露为霜”进行对比阅读,可知其时天寒。所以《诗经通诂》说:“诗为庄姜初至时作,与古礼‘霜降逆女’合。”[①]而“河水洋洋,北流活活”所显示出的浩大的水势也带有明显的与之相应的季节特征。

二、硕人之贤与娶妻求美

在一个讲求“男女有别”,妇人以“卑顺”为本的社会里,古礼对女子的最高要求恐怕就是“宜其室家”了。而要做到这四个字,就必须做好以“德”、“言”、“容”、“功”为主要内容的嫁前功课。《礼记·昏义》说:“古者妇人先嫁三月,祖庙未毁,教于公宫。祖庙既毁,教于宗室。教以妇德、妇言、妇容、妇功;教成,祭之,牲用鱼,芼之以蘋藻,所以成妇顺也。”接着又为我们解释道:“妇德,贞顺也。妇言,辞令也。妇容,婉娩也。妇功,丝麻也。”

清代章学诚认为古人极重妇学,他对此的理解是:“至于通方之学要于德言容功,德隐难名,功粗易举,至其学之近于文者言容之事为最重也;是妇容之必习于礼,后世大儒且有不得闻也,至于妇言主于辞命,古者内言不出于阃,所谓辞命亦必礼文之所须也,孔子云不学诗无以言,善辞命者未有不深于诗,乃知古之妇学必由礼而通诗(非礼不知容,非诗不知言),六艺或其兼擅者耳。”[②]结合后代对女性“知书识礼”的社会期待和春秋时代蔚为大观的文化

---

① 雒江生编著:《诗经通诂》,三秦出版社 2000 年 5 月版,第 157 页。“霜降逆女”又见于《荀子·大略》、《春秋繁露·循天之道》。

② 转引自郭立诚:《中国妇女生活史话》,百花文艺出版社 2005 年 1 月版,第 129 页。

风气稍作揣想,我们就不难发现章氏之言的精辟,没有悉诗熟礼甚至六艺兼擅,就不会有鲁穆姜的娴雅辞令和许穆夫人的慷慨赋诗,就不会有楚邓曼的运筹帷幄和卫定姜的决胜千里。而作为“齐侯之子”的美女庄姜至少也应该是深通诗礼的。

在实行一夫多妻制的中国传统社会中,人们常说:“娶妻求德娶妾求色。”即“贤妻美妾”之谓是也。方玉润《诗经原始》即认为《硕人》之诗“颂卫庄姜美而贤也”①。庄姜之美我们从诗句中可以很直接地感受得到,至于其贤,方玉润说:“夫所谓硕人者,有德之尊称也。曾谓妇之不贤而可谓硕人乎?”②意即“硕人”即贤。同属《诗经·卫风》且只在《硕人》之前的篇目《考槃》起首之句即是:“考槃在涧,硕人之宽。”其“硕人”即为“有盛德的人”。向熹《诗经词典》也释“硕人”二义,其一义为“高大壮美的人”,另一义即是“大德之人”。③“硕人”一词出现在《卫风》连续的两首诗中我们不能认为它们彼此之间没有意义上的联系。《硕人》诗中“大夫夙退,无使君劳”二句,一般认为是庄姜之语,如所指无误,庄姜之贤当更无异议。

但我们要说的重点是,《硕人》诗中用四分之一的篇幅以工笔之法细细地描绘了庄姜的美貌,除表现了诗人由衷的赞叹外,也反映了具有社会普适性的审美标准和审美要求。《荀子·非相篇》说:“古来桀纣长巨姣美,天下之杰也。”《史记·苏秦列传》说:“后有长姣美人。”“长”、“巨”与“硕”意义相仿,足见先秦之世人们俱以高大为美,此美应该更接近美学中的崇高而非优美。

“手如柔荑,肤如凝脂。领如蝤蛴,齿如瓠犀。螓首蛾眉,巧笑倩兮,美目盼兮。”(《诗经·硕人》)庄姜乃公侯之女,其端庄之美自

---

① 方玉润:《诗经原始》,中华书局2006年2月版,第176页。

② 方玉润:《诗经原始》,中华书局2006年2月版,第177页。

③ 向熹:《诗经词典》,四川人民出版社1986年8月版,第428页。

不殆言。有人认为闺秀派就没有风情,实则不然。“巧笑倩兮,美目盼兮”八个字展现给我们的就不是一个泥塑木雕的“死美人”。“盼”字固然被通训为“眼睛黑白分明”,但其间必然会有眼波的顾盼流动,否则是不会给人强烈的美的震撼并让诗人刻意着笔的。没有这八个字,恐怕就不会有《长恨歌》中杨玉环“回眸一笑百媚生”的颠倒众生,就不会有《西厢记》中张君瑞初逢崔氏女“怎当她临去秋波那一转”的失魂落魄。难怪清人仍会评价这八个字说:“千古颂美人者无出此二语,绝唱也。”①

虽然从典籍上看,春秋社会对女子的“德”、“言”、“容”、“功”有着一致的企盼,但春秋时人却多以娶妻求美为念,为求得美人甚至不惜僭毁礼法。所以《硕人》极写庄姜之美表达的应该是一种时尚观念。庄姜初嫁,作为夫君的卫庄公应该也是喜不自胜的,而美人未能固宠则是后来的事情。

三、无子之痛与收庶为嫡

春秋婚俗有媵妾之制,即所谓“诸侯一娶九女”,女方不但要有同姓之国的女子作为陪嫁,还要以侄娣为媵,也就是要带着自己的侄女和妹妹一起嫁到夫家。但作为“媵”的妹妹一般都不是嫡出,嫡出的姐妹往往都是各自婚嫁。如《硕人》诗中说庄姜是“邢侯之姨,谭公维私”,也就是说庄姜有姐妹分别嫁到了邢国和谭国,她们彼此并没有作为谁的媵共嫁一夫。因此,虽然“庶姜孽孽”,但到卫国充当媵妾的那些衣饰丰盛容颜美好的女子也只能是地位和辈分稍低的姜姓女子。

春秋实行媵制的情形也决不仅此一例。如《大雅·韩奕》在写到韩侯娶妻之时,即云:“百两彭彭,八鸾锵锵,不显其光。诸娣

① 方玉润:《诗经原始》,中华书局2006年2月版,第177页。

从之,祁祁如云。韩侯视之,烂其盈门。”[①]那些随嫁的女弟以“祁祁如云”的场面出现在韩侯面前,缤纷的霓裳和闪烁的首饰簇拥一处,在韩侯的眼中自然是光华耀眼的“烂其盈门”。我们大可以将这几句诗作为“庶姜孽孽”的注解来读。《左传·隐公三年》记卫庄公“又娶于陈,曰厉妫,生孝伯,早死,其娣戴妫生桓公,庄姜以为己子”,即证明卫桓公之生母戴妫的身份亦是其姊之媵。

对于这段历史,《史记》也有记载:“庄公五年,娶齐女为夫人,好而无子。又娶陈女为夫人,生子,早死。陈女女弟亦幸于庄公,而生子完。完母死,庄公令夫人齐女子之,立为太子。”(《史记·卫康叔世家》)《左传》未言完母之生死且是庄姜主动地“以为己子”,《史记》言“完母死”且是“庄公令夫人齐女子之”,庄姜为被动收养。虽然两部书的文字略有出入,但我们至少可以读到三个相同的意思:一是庄姜美而无子;二是“又娶于陈”说明卫庄公并不只有庄姜一个夫人;三是庄姜将庶子完收为嫡子并立为太子。

关于“无子”,古礼自有相关规定。《大戴礼记·本命》说:“妇有七去:不顺父母,去;无子,去;淫,去;妒,去;有恶疾,去;多言,去;盗窃,去。”“《家语》云:‘妇人有七出:不顺父母出,淫辟出,无子出,不事舅姑出,恶疾出,多舌出,盗窃出。’……又案《易·同人》‘六二’郑注云:‘天子诸侯后夫人,无子不出。’”“若其无子不废,远之,后尊如故,其犯六出则废之。然就七出之中余六出,是无德行不堪教人,故无子出。”[②]也就是说普通妇人只要犯了七出之条中的任何一条就可以被“出”,“无子”亦在其中。但天子之后和诸侯夫人并不会因为无子被出或被废,且她们的丈夫仍需“后尊如故”给她们以尊荣,虽然丈夫可以因此“远之”不再亲近她们。

---

① 周振甫:《诗经译注》,中华书局2005年9月版,第480页。

② 《十三经注疏》整理委员会整理,李学勤主编:《十三经注疏·仪礼注疏》,北京大学出版社1999年12月版,第77页。

中国封建制中最为正统的继承人始终是嫡长子,其关键词自然在于“嫡”和“长”。所谓嫡长子指的是正妻所生的第一个儿子,媵妾之子即使年长于正妻之子也没有理所当然的继承权,年长于鲁桓公的鲁隐公只能“摄政”而不能“即位”就是这个道理。但有一种例外,就是正妻无子而将媵妾之子收为己子,媵妾所生的庶子即可因此成为嫡子,不但可以借此提升地位亦可以得立为太子。戴妫所生的卫桓公完就是因为夫人庄姜的收养而有机会成为太子的,到战国时仍有秦国华阳夫人以异人为子并立其为储君,所以才有日后秦始皇嬴政的继位和一统天下。

除《硕人》外,《诗经》中还有《绿衣》与《燕燕》二诗一般被判定事涉庄姜。《毛诗序》认为前者是“卫庄姜伤己也。妾上僭,夫人失位而作是诗也”①,后者是“卫庄姜送归妾也”②。前之“妾”即指州吁之母,母宠而州吁骄;后之“归妾”即指桓公之母戴妫,庄公死后桓公完即位为州吁所杀,戴妫以子被杀被迫归陈,《燕燕》为庄姜相送而作。《绿衣》与《燕燕》均为情感凄恻之作,如所记果系庄姜之事,即可知其自初婚之后几乎事事皆不如意。

《硕人》一诗只写了庄姜初嫁之时所谓大国的赫赫威仪和所谓美人的姣姣之容,《左传》也只在隐公三年给了无子庄姜以寥寥数笔,至隐公“四年春,卫州吁弑桓公而立”之后,可信的典籍中就很难再找到关于庄姜的记载,只能让人对薄命红颜的归路生出无限遐想。而联系此前她对州吁“有宠而好兵”的“恶之”,大致可以推测其晚景的凄凉。但即使仅从上述看似简薄的记录中,我们仍可以透视到春秋婚姻中所蕴涵的许多文化要素,并逐渐认清庄姜的婚姻虽门当户对、六礼皆备、陪嫁丰厚、侄娣如云且处处遵从时俗却从未给她以真正的幸福,而在那样的时代这样的婚姻悲剧决

① 周振甫:《诗经译注》,中华书局 2005 年 9 月版,第 38 页。

② 周振甫:《诗经译注》,中华书局 2005 年 9 月版,第 40 页。

不可能仅仅是她一个人的。

第三节 文姜:《左传》用墨最多的女子

文姜,为齐僖公女、齐襄公与齐桓公妹、鲁桓公夫人、鲁庄公母。因与其兄齐襄公私通而有淫名,并直接导致其夫鲁桓公之死,于齐言之则有丑名,于鲁言之则有罪名。春秋君夫人之称谓有多种情况,但最多见的则是以夫谥加父国之姓,如郑之武姜、卫之定姜;或者是本人之谥加父国之姓,如鲁之哀姜、晋之穆嬴。鲁桓公夫人所以不称"桓姜",大概是因为以其淫而致桓公死,所以后人不愿以此称之。文姜之"文"为其本人之谥号,依《谥法》而言:"经纬天地曰文,道德博闻曰文,学勤好问曰文,慈惠爱民曰文,悯民惠礼曰文,赐民爵位曰文。"无论依从哪一条,"文"都是一个极高的评价。谥号是所谓盖棺论定之语,文姜有淫行而得美谥其原因何在呢? 首先,其子鲁庄公为亲者讳的嫌疑是无法免除的;其次,文姜是不是真的为鲁国作出过什么杰出的历史贡献而使人们不吝给她这样一个评价呢?

一、贞淫之辩

文姜在《左传》中凡出场 15 次,始见于桓公三年,其身份是齐僖公的爱女,鲁桓公的新妇,堂堂的诸侯夫人。但文姜的故事却并非始于此时,而是始于"公之未昏于齐也,齐侯欲以文姜妻郑大子忽"(《左传·桓公六年》)。

郑太子忽就是大名鼎鼎的郑庄公的儿子,其俊美英武在春秋的闻名程度并不亚于文姜的美貌。从政治军事上看,郑与齐分别据守中原的中部和东部,对鲁、卫、宋等国形成夹击之势,可借婚姻之力相辅相成;从儿女之私上看,姬忽与文姜亦是一对璧人,可谓是佳偶天成。即使仅对于姬忽而言,结下这门亲事不但可以抱得美人归,而且可以在日后的国内外政治斗争中得到强齐的支援,何乐而不为呢?但谁都没有想到,姬忽竟然拒绝了齐僖公的美意。“太子忽辞,人问其故,太子曰:‘人各有耦,齐大,非吾耦也。《诗》云:“自求多福。”在我而已,大国何为?’”(《左传·桓公六年》)这句话便是成语“齐大非偶”的出处,表现出了太子忽性情中的刚强自立,也表现出了他在对政治斗争认识上的刚愎与无知,而他在郑庄公死后争位大战中的被迫出奔就是排斥大国婚姻的直接后果。忽的拒绝不能不使人觉得遗憾,就连曾经欢欣鼓舞的郑国人也不无惋惜地作了一首赞美文姜的诗:“有女同车,颜如舜华,将翱将翔,佩玉琼琚。彼美孟姜,洵美且都。有女同行,颜如舜英,将翱将翔,佩玉将将。彼美孟姜,德音不忘。”(《诗经·有女同车》)齐是大国,郑是小国,才貌双全风华绝代的文姜被拒婚后的心情一定是无比灰暗。

有人说,忽是因为听说文姜与兄长诸儿有淫乱之行才拒婚于郑的,所以君子才说他“善自为谋”。可是后来,“及其败戎师也,齐侯又请妻之,固辞。人问其故,太子曰:‘无事于齐,吾犹不敢。今以君命奔齐之急,而受室以归,是以师昏也。民其谓我何?’遂辞诸郑伯”(《左传·桓公六年》)。齐僖公大概是实在太喜欢姬忽了,在文姜被拒的若干年之后竟然又想把另外一个女儿嫁给他,这个大国之君可谓是此心至诚,可是却很没面子地再次遭到了姬忽的拒绝。姬忽再度拒绝齐侯,不肯接受他的另外一个女儿总不能是因为她也系淫荡之人吧?而太子忽后来娶陈妫时的“先配而后祖”(《左传·隐公八年》)证明他也是一个不懂“礼”的人。事实上,忽上一次拒婚在乎的是“结援大国”的诟病,这一次拒婚在乎的仍是解除郑国危难之后“民其谓我何”的虚名,与该女是否为文姜没有任何关系。更何况,当年郑人为文姜所赋之诗是以“洵美且都”和“德音不忘”作结的,褒扬之意毫不隐晦,而“齐襄公故尝私通鲁夫人”(《史记·齐世家》)只是太史公说的,不见于先秦典籍,未知所据为何。

《汉书·地理志》称:“始桓公兄襄公淫乱,姑姊妹不嫁,于是令国中民家长女不得嫁,名曰‘巫儿’,为家主祠,嫁者不利其家。民至今以为俗。”齐地“长女不嫁”之俗始于先秦一直流传到两汉,班固谓其缘于襄公淫乱恐有偏颇之嫌,但此处不作细论,只说“不嫁”。此俗是说家中无兄弟者长女不嫁,且“不嫁”不是不许婚嫁,而是只可招赘婿入门,生子之后承女方之宗祧,今天的某些地方还有这种习俗。[①] 而战国时淳于髡在劝谏齐威王提到齐国的州闾之会时还说“州闾之会,男女杂坐,行酒稽留,六博投壶,相引为曹,握手无罚,目眙不禁,前有坠珥,后有遗簪”,“日暮酒阑,合尊促坐,男女同席,履舄交错,杯盘狼藉,堂上烛灭”,“罗襦襟解,微闻香泽”。(《史记·滑稽列传》)一个地方的风俗当然不是天上掉下来的,而是前代遗习的反映,战国之齐俗尚且如此,春秋之齐俗想必不会相去太远,齐襄公兄妹的淫乱公案也就不难理解。

有学者认为:“《春秋》并无文姜淫乱的信息,《春秋》关于文姜的记载无论从哪个方面来说,都符合《春秋》自身的体例。因此,我们不能从《春秋》本身读出文姜淫乱的‘春秋大义’来。”[②]虽然本文不想对文姜与齐襄公的另类情感多作评析,但《左传》的写作时代与春秋毕竟相去不远,当我们实在拿不出什么证据证明左氏之言有谬的时候,不妨姑且认其为“是”,并就此解读文姜其人。

二、鲁桓之死

因为春秋时国君娶妻不行亲迎之礼,所以桓公三年硕果累累的秋天,鲁桓公的弟弟公子翚前往齐国为兄长迎娶夫人文姜。按

---

① 因为赘婿就婚女家所以地位低下,到秦时仍在“七科谪”之列,具体是“吏有罪一,亡命二,赘婿三,贾人四,故有市籍五,父母有市籍六,大父母有市籍七”。下文所述战国时的淳于髡就曾做过齐国的赘婿。

② 刘金荣:《“文姜之乱”献疑》,《浙江社会科学》,2009年第5期。

照当时的礼法要求,父亲不可以亲自送女儿出嫁,所谓"凡公女嫁于敌国,姊妹则上卿送之,以礼于先君;公子则下卿送之。于大国,虽公子亦上卿送之;于天子,则诸卿皆行,公不自送。于小国,则上大夫送之"(《左传·桓公三年》)。但因为极爱此女,齐僖公竟亲自将文姜送到讙地并在与鲁桓公相会后恋恋不舍地将女儿托付给他。所以《左传》说:"齐侯送姜氏,非礼也。"到了该年冬天,因为文姜的关系,齐国依礼派大夫仲年前来鲁国聘问。

到了桓公六年的时候,"九月丁卯,子同生。以大子生之礼举之,接以大牢,卜士负之,士妻食之。公与文姜、宗妇命之"。因为这个孩子的生日与桓公的生日在同一天,所以为他命名曰"同"。这是鲁桓公与文姜的第一个儿子(他们的第二个儿子是公子季友),是实实在在的嫡长子,所以一出生就行以太子之礼。子同后来即位为鲁庄公,也是鲁国春秋十二公中唯一的嫡长子。从鲁桓公与文姜婚后三年即生有子同和子同之生即"以大子生之礼举之",我们大致可以看出鲁桓公与文姜婚后感情的融洽程度还是可圈可点的。

鲁桓公的厄运发生在他执政的第十八年,也就是他娶了文姜之后的第十五个年头。"十八年春,公将有行,遂与姜氏如齐。申繻曰:'女有家,男有室,无相渎也,谓之有礼。易此,必败。'? 公会齐侯于泺,遂及文姜如齐。齐侯通焉。公谪之,以告。"(《左传·庄公十八年》)

鲁桓公十八年,文姜之兄齐襄公欲娶周王之女续弦为夫人。春秋之俗,天子嫁女必使同姓诸侯主婚,因为鲁与周同为姬姓又与齐相邻,所以按惯例为周齐联姻主婚的是鲁国,鲁桓公如齐之"行"为的就是这件事。申繻反对鲁桓公携文姜同行是于"礼"有据的,只不过他的规劝还算委婉。春秋礼法规定,女子出嫁后如父母在堂则可择期回娘家探视,是为"归宁",《诗经·葛覃》三章中的"归宁父母"即是一例;如父母已故,则只能遣人致问兄弟。而

《春秋》记载“夏,公及夫人姜氏会齐侯于阳穀”(《左传·僖公十一年》),“秋,夫人姜氏会齐侯于卞”(《左传·僖公十七年》)都可视为归宁,因为声姜与所会之齐桓公是父女关系,更何况是“声姜以公故,会齐侯于卞”(《左传·僖公十七年》),是为了谋求被齐国扣留的丈夫鲁僖公早日获释。但文姜是会兄而非会父。《穀梁传》云:“妇人既嫁不逾竟,逾竟非正也。妇人不言会,言会,非正也。”声姜与其父齐侯之会系妇人干政之举,亦可依穀梁之言视为“非正”,但与文姜归齐的“不正”之“会”仍有着迥异的本质。

桓公十八年与丈夫一同赴齐的文姜因为与齐襄公通奸而遭到鲁桓公的责备,满怀忧惧的她把这件事告诉了齐襄公。接下来便发生了一件让人意想不到的事:“夏四月丙子,享公。使公子彭生乘公,公薨于车。”鲁桓公大约在宴会上喝多了,所以齐襄公就抓住了这一难得的机会命公子彭生扶他上车,可是因为彭生这一扶,鲁桓公竟死在车上了。按《公羊传》庄公元年的说法是:“夫人谮公于齐侯:‘公曰同非吾子,齐侯之子也。’齐侯怒,与之饮酒。于其出焉,使公子彭生送之。于其乘焉,胁干而杀之。”《史记·齐世家》说:“齐襄阳公与鲁公饮,醉之,使力士彭生抱上鲁君车,因拉杀鲁桓公,桓公下车则死矣。”《史记·鲁世家》则说:“夏四月丙子,齐襄公飨公,公醉,使公子彭生抱鲁桓公,因命彭生折其胁,公死于车。”无论各处所述有何细微出入,鲁桓公之死都与文姜的“公谪之,以告”密切相关,鲁桓公之死,文姜难辞其咎。但如果把鲁桓公之死仅仅只是理解为“情杀”恐怕还是有些片面,因为鲁齐二国虽为姻亲却也是摩擦不断。如桓公十三年“春二月,公会纪侯、郑伯。己巳,及齐侯、宋公、卫侯、燕人战。齐师、宋师、卫师、燕师败绩”,鲁国打败了齐国。又如桓公十七年“正月丙辰,公会齐侯、纪侯盟于黄”,可刚过了四个月,到了“夏五月丙午”就“及齐师战于奚”。虽然战事起因是“齐人侵鲁疆”,但齐襄公怎能不因鲁国的不肯臣服而对鲁桓公怀恨在心?

鲁桓公死后,齐人杀彭生谢罪,次年子同即位,是为鲁庄公。鲁庄公即位后似乎对父亲的死无动于衷,继续为齐襄公的婚事操劳,为王姬筑馆并嫁之于齐。

鲁桓公生时,文姜是一国之君夫人;鲁桓公一死,文姜就成了诸侯的未亡人,杀死鲁桓公虽然未必是她的主张但她却一定要担负杀夫之责。文姜大约是心怀愧疚与惧罪之心,在庄公元年就"孙于齐"。人们一直对她在桓公死后是否归鲁和"孙于齐"后是否曾经归鲁存在疑问,但从"孙于齐"之"于"和"二年冬,夫人姜氏会齐侯于禚"的"于"看来,她应该是曾经两次归鲁的,只是她与齐襄公的奸情仍在继续。关于她和齐襄公的多次相会,《春秋》亦有多处记载:庄公"二年冬,夫人姜氏会齐侯于禚";"四年春,王二月,夫人姜氏享齐侯于祝丘","夏,夫人姜氏如齐师";"七年春,夫人姜氏会齐侯于防","冬,夫人姜氏会齐侯于谷"。就连庄公六年经文中的"冬,齐人来归卫俘",《左传》也为我们解释说:"冬,齐人来归卫宝,文姜请之也。"无论是亲自会面还是通情达意,文姜与齐襄公的联系都可谓十分密切。他们的非正常交往有着怎样的国际舆论我们姑且不论,仅是《诗经》所载之齐人作品就多有对这兄妹二人的嘲讽,《猗嗟》、《南山》、《敝笱》、《载驱》等诗都是。

三、文姜之能

《左传·庄公八年》记:"齐侯使连称、管至父戍葵丘。瓜时而往,曰:'及瓜而代。'期戍,公问不至。请代,弗许。故谋作乱。僖公之母弟曰夷仲年,生公孙无知,有宠于僖公,衣服礼秩如适。襄公绌之。二人因之以作乱。连称有从妹在公宫,无宠,使间公,曰:'捷,吾以女为夫人。'"庄公八年,齐襄公在位十二年后被公孙无知所杀。这一次的宫廷政变虽然与齐僖公当年的"匹嫡"之举和齐襄公的言而无信有着直接的关系,但是"连称有从妹在公宫,无宠"也是公孙无知"使间之"目的得以实现的一个重要因素。参与叛乱的连称的堂妹是齐襄公的侧妃,“无宠”使她从一个女人的情感上对齐襄公彻底失望,于是成了这场叛乱中一个十分重要的筹码。我们不能判定嫁给齐襄公仅一年就已香消玉殒的王姬之死是否与文姜有关,我们却可以判定齐襄公侧妃连氏的无宠应该与文姜有着千丝万缕的联系,而这也在客观上终结了齐襄公的政治生涯和这对兄妹之间持续近十年的不伦之恋。

如果说此前的文姜赴齐或是在齐鲁交界之处会见齐襄公均是因奸所致,那么此后的文姜就应该安安静静地在鲁国的深宫度过自己的余生。但我们注意到《春秋·庄公十五年》又有一则记载:“夏,夫人姜氏如齐。”此时的齐侯已是庄公九年即位的齐桓公小白,他与文姜也是兄妹却没有任何龌龊之事。我们前边说过,父母不在堂上,女儿的归宁都属非礼之举,文姜探视齐襄公如此,探视齐桓公亦是如此。那么她究竟回齐国做什么呢?联系僖公二十五年的“宋荡伯姬来逆妇”和僖公三十一年的“杞伯姬来求妇”及庄公二十四年的文姜之子鲁庄公迎娶齐桓公之女哀姜为夫人,我们推想此次文姜回齐应该是为子求妇,而求幼女[①]于齐不仅是为了亲上加亲,更是为了鲁国日后的政治安全。想一想这一年恰是齐国的始霸之年,我们就不得不佩服文姜之思的长远与周全。此后的庄公十九年和庄公二十年文姜又曾两次如莒,当然还是为了儿子的江山稳固。莒国虽小却在齐鲁之间,虽非战略要地却与鲁国唇齿相依,文姜所去不为国事又能为何?总不能是为了旅游观光吧!

如果我们能够客观地从此回溯文姜的一生,再结合鲁国自桓公死后的国际处境,就会发现,文姜起到了一个国君未亡人的全部作用,而她与齐襄公的交往也已从男女之情的层面渗透到了政治

---

① 哀姜于庄公二十四年嫁入鲁国,当是其时方到适嫁之龄,足见定亲时尚在幼年。而成亲之年庄公已三十六岁。

层面。文姜之子鲁庄公即位时年仅十二岁,仍是一个懵懂孩童,自然无法担当国家大任,而日后在鲁国危难之际拯救国家的同母弟季友无疑更为年少。此时有资格支撑大局的人当非文姜莫属,更何况,遍翻《左传》我们就会发现,姜氏之女多为英才天纵,为善则能扶大厦之将倾,为恶亦能置国民于水火。我们且看庄公即位后齐鲁之间的势力消长即可知晓文姜的非同寻常:

> 秋,筑王姬之馆于外。
> 王姬归于齐。(元年经)

> 三年春王正月,溺会齐师伐卫。(三年经)

> 夏,夫人姜氏如齐师。
> 冬,公会齐人、宋人、陈人、蔡人伐卫。(五年经)

> 冬,齐人来归卫俘。(六年经)
> 冬,齐人来归卫宝,文姜请之也。(六年传)

> 甲午,治兵。夏,师及齐师围郕,郕降于齐师。秋,师还。(六年经)

> 九年春,齐人杀无知。公及齐大夫盟于既。夏,公伐齐纳子纠。齐小白入于齐。秋七月丁酉,葬齐襄公。八月庚申,及齐师战于乾时,我师败绩。九月,齐人取子纠杀之。冬,浚洙。(九年经)

> 十年春王正月,公败齐师于长勺。(十年经)
> 十年春,齐师伐我。(十年传)

冬,王姬归于齐。(十一年经)

冬,齐侯来逆共姬。(十一年传)

冬,公会齐侯盟于柯。(十三年经)

冬十有二月,会齐侯、宋公、陈侯、卫侯、郑伯、许男、滑伯、滕子同盟于幽。(十六年经)

三十一年夏六月,齐侯来献戎捷,非礼也。凡诸侯有四夷之功,则献于王,王以警于夷。中国则否。诸侯不相遗俘。(三十一年传)

从上面的梳理我们可以看到:鲁庄公执政三十三年间,鲁为齐主婚2次,齐鲁合力与他国作战3次,同盟2次,齐侯甚至非礼"献戎捷"1次,而鲁与齐发生战争仅2次,且均在送公子纠回国与小白发生冲突的前后,齐鲁各胜1次,其余时间大体可视为相安无事。而齐鲁三十余年间的基本平静又怎么可能与文姜在两位齐侯兄长间的斡旋没有关系呢？并且在此期间,文化虽盛却国力软弱的鲁国基本没有遭受外侮的纪录。童教英也曾撰文认为,"春秋经、传皆因文姜与其亲兄齐襄公诸儿私通而贬斥她,但春秋经、传亦无法掩盖齐鲁争强中,文姜在保持鲁国地位、缓解齐鲁矛盾、促使齐鲁共处中之协调作用"[①]。我们甚至可以说闵公元年"秋八月,公及齐侯盟于落姑"实现了"季子来归"的目的也在文姜的预料之中,因为鲁闵公亦是齐女之子即桓公的外孙,而文姜的另一个儿子季友的回国为鲁国日后的安定与发展奠定了牢固的基础。面

① 童教英:《文姜小议》,《宁波大学学报》(人文科学版),1998年第3期。

对史实我们不得不承认，文姜的外交策略是卓有成效的。

儒家坦承“食色性也”，需要剖辩的只是满足欲望的途径是否合于礼法。文姜生前虽有秽行，但在她去世的时候，《春秋》二十一年经云：“秋七月戊戌，夫人姜氏薨。”二十二年经云：“癸丑，葬我小君文姜。”鲁史用语十分恭谨正式，说明鲁国人已经彻底地原谅了她，并给了她一个君夫人应有的尊崇。如果《春秋》果真经孔子之手加以编定而又行文如此，我们是不是也可以从中看到圣人思想从不曾明言的另一面呢？

第四节　息妫：从“息夫人”到“楚夫人”

息妫又称息夫人、桃花夫人，是春秋时期陈国人，生卒年不详。陈国先祖是舜的后人，因为居于妫水之滨，“其后因为氏姓，姓妫氏”（《史记·陈杞世家》），息妫因嫁息侯故称息妫。关于息妫艳如桃花的美貌历来有很多传说，也正因这个女子的美貌，息、蔡、楚三国之间才爆发了三次大的战争，致使息、蔡二国相继灭亡，息妫本人也被楚文王虏入楚宫做了文王夫人。息妫以其曲折而无奈的经历成为后代诗人不断咏写的对象，却很少有人能够真正洞察她心底的隐秘情感。

一、被“物化”的乱世红颜

《左传·庄公十年》记：“蔡哀侯娶于陈，息侯亦娶焉。息妫将归，过蔡。蔡侯曰：‘吾姨也。’止而见之，弗宾。息侯闻之，怒，使谓楚文王曰：‘伐我，吾求救于蔡而伐之。’楚子从之。秋九月，楚败蔡师于莘，以蔡侯献舞归。”这段记述不足百字实在是用笔至为简洁，却以息妫之嫁将三个在四五年间不断打来打去的国家紧密地联系在了一起。

陈国大概是出美女的。《左传·庄公十年》记息妫嫁于息，此前其姊嫁于蔡；十八年“虢公、晋侯、郑伯使原庄公逆王后于陈。陈妫归于京师，实惠后”。息妫姊妹与惠后同为陈女，出嫁时间仅隔八年，三人如非姊妹即是姑侄。小国之女嫁于息、蔡可谓门当户对，能嫁于周王除了占据异姓为婚的优势恐怕也是因为年轻貌美。

从地理位置上讲，息妫的母国陈在北方，向南依次是蔡、息和楚，欲至息国必须经由蔡国。蔡哀侯献舞即位之前一直居住在陈国，所以娶于陈。献舞虽然身居于陈，在蔡国的声誉却很高，所以他的哥哥蔡桓侯死后他就被迎回蔡国立为国君。息妫的姐姐被嫁为蔡哀侯夫人时，息妫很幸运地没有成为媵妾，后来被许嫁给息侯。当她出嫁的仪仗经过蔡国时，蔡哀侯以姨丈的身份请求相见。春秋并无求见姨妹之礼，且此时的息妫仍在出嫁途中尚未到达息国，身份是“女”而不是“妇”，拒绝蔡侯之“见”并不过分，从“止而见之”几个字亦不难读出蔡哀侯的强求之意。蔡侯的先祖蔡叔度为武王的同母弟，息侯的先祖则是文王庶子武王庶弟，在地位上有着很大的差别；就春秋形势看，蔡国虽然不够强大却也是姬姓在南方的最大封国，陈蔡相邻蔡强陈弱，息妫当是不得已而见蔡侯。息妫的美貌闻名春秋，蔡哀侯的“弗宾”应该不是临时的见色起意，而是长期以来的有所蓄谋。蔡侯会见姨妹，其夫人息妫之姊应该也是在座的，看见自己夫君轻佻的举止，且对自己的存在视若无睹，她大约比息妫还要气闷。至于蔡侯的无礼究竟到了什么程度，左氏未言却给了我们极大的想象空间，否则息侯可能心生不满和怨气，却未必一定要“冲冠一怒为红颜”大动干戈与楚合谋伐蔡。须知“祀与戎”都是“国之大事”啊！

《左传》说息侯得知蔡侯无礼的途径是“闻之”，却没有说消息来源是息妫还是息妫的陪嫁之人或是息国的迎亲使臣，也没有说息侯所闻是实事求是还是添油加醋，更没有说将这一令息侯颜面扫地的事件告诉息侯的人是因为胸中不平还是另有所图，比如借此中伤息妫或直接就是为了挑起息蔡之争。历史总有它的模糊之处,《春秋》的"微而显,志而晦"也影响了左氏的书写,不免为后人留下许多困惑之处。总之当息侯有意谋蔡之时,无论息妫有着怎样的聪颖之性和政治敏感,她都不能出言阻止,否则她便会有认同蔡侯不轨之举并甘愿与之苟且的嫌疑。

息侯自知国力不是蔡的对手,于是想到了一个强大的外援——楚国。相传楚之先祖高阳为黄帝之孙昌意之子,即屈原《离骚》中自称的"帝高阳之苗裔兮"。楚地一直为中原文化所排斥,楚人亦常自称"蛮夷"(《史记·楚世家》),但国力日渐强盛,于熊通时自立为王称楚武王。"楚败蔡师于莘,以蔡侯献舞归"是楚文王六年时的事情,当时"楚强,陵江汉间小国,小国皆畏之"(《史记·楚世家》),而楚肯于与息联手自然是因为此战于楚有利,侵其领地是一个方面,树立自己在南方的威信则是另一个方面。

蔡侯能够被美色冲昏头脑从而对另一国家的君夫人做出无礼之举,是典型的"无脑"。较蔡侯而言,息侯却是一个"有脑"者,而且思虑深沉:首先他能想到求助于楚且必能得到楚的慨然应允,其次他能想到使楚"伐我"的绝妙计策,第三他深知蔡侯一定会因为自己的求救而毫不犹豫地前来。也许蔡哀侯是想到了唇亡齿寒或是姻亲相顾,不但肯于出兵而且不惜"御驾亲征"以保全息国,只是他万没有料到息侯的目的就是使自己成为楚人的俘虏。虽然事出有因,但想想息侯的用兵之法和曲折谋略,我们也不难认识他的人品。

从前"无脑"的蔡侯被虏入楚后也渐渐变得"有脑"了,他不但清楚了自己被俘的原因,而且生出了强烈的复仇欲望,他的目的当然也要假楚子之手来实现。好色的蔡侯深知楚文王也是"寡人有疾",于是便大力在其面前夸说息妫的美貌。楚文王此前就有得美女"淫,期年不听朝"(《吕氏春秋·直谏》)的记录,此番为色所动遂以行享礼为借口进入息国,灭其国掳息妫而还。

二、"事二夫"的节义责难

作为一个女子，息妫自陈而至于息是出自父母之命媒妁之言，她经由蔡国而至息国的长途跋涉使自己完成了由"女"而"妇"的人生转折。从息侯勾结楚文王俘获蔡侯献舞到蔡侯引诱楚文王灭息，其间的时间间隔应该不会太长，楚文王参与两次战争的目的当然不会只是为了息侯所请和谋夺一个绝色的女子。但在这里我们要说的是息妫。息妫作为息夫人的时间应该很短，短到她来不及为息侯生育一儿半女，包括《左传》在内的史书上也从未言明息妫与息侯有多么恩爱，人们渲染的只是息妫虽失身于楚王却葆有着内心深处对息侯的忠贞。身在楚宫，息妫却从不主动开口说话。[①]在答楚王所问时，我们听到了她的那句千古名言："吾一妇人而事二夫，纵弗能死，其又奚言？"(《左传·庄公十四年》)贞节的观念在那个时候并没有完全形成，和息妫同时的女子就有鲁之与兄通奸的文姜(见本书文姜专文)、卫之复嫁于先夫之子的宣姜(《左传·闵公二年》)、齐之再婚于先夫之弟的襄公侧妃连称从妹(《左传·庄公八年》)，所以息妫的言行当并非出于社会习俗，而只是出于个人的羞恶之心。在那个以女子为"物"而非"人"的时代，息妫作为因美貌而被侮辱和被争夺的对象真的是无话可说。因为息妫的不快乐，由此女引发的第三场战争爆发了："楚子以蔡侯灭息，遂伐蔡。秋七月，楚入蔡。"(《左传·庄公十四年》)没有当年的"蔡哀侯为莘故，绳息妫以语楚子"，就不会有极其迅速的息之灭国与息妫之辱，亦未必会有文王转念之间的"楚入蔡"。《左传》君子曰："《商书》所谓'恶之易也，如火之燎于原，不可乡迩，其犹可扑灭'者，其如蔡哀侯乎！"但就算蔡之灭国可以消得息妫的心头之恨，她的名节之辱却已成

---

① 传云："楚子如息，以食入享，遂灭息。以息妫归，生堵敖及成王焉，未言。"郑注云："言谓先发口也。"

了不可更改的事实。

也许是人们对息妫的同情和渐次生成的节烈观念的影响,到了刘向的《列女传》中,息妫故事就变成了另外一番模样:

> 楚伐息,破之。虏其君,使守门。将妻其夫人,而纳之于宫。楚王出游,夫人遂出见息君,谓之曰:"人生要一死而已,何至自苦!妾无须臾而忘君也,终不以身更二醮。生离于地上,岂如死归于地下哉!"乃作诗曰:"谷则异室,死则同穴。谓予不信,有如皎日。"息君止之,夫人不听,遂自杀,息君亦自杀,同日俱死。楚王贤其夫人守节有义,乃以诸侯之礼合而葬之。君子谓夫人说于行善,故序之于《诗》。夫义动君子,利动小人,息君夫人不为利动矣。

因为息妫"终不以身更二醮","守节有义",所以刘向将其列入《贞顺传》。而其所作之诗的出处则是《诗经·王风·大车》,其诗曰:"大车槛槛,毳衣如菼。岂不尔思?畏子不敢。大车哼哼,毳衣如璊。岂不尔思?畏子不奔。縠则异室,死则同穴。谓予不信,有如皦日。"表达了一个女子对男子至死无悔的热烈爱情。

春秋之世,"夫人"二字标志的只是一个女子在丈夫妻妾中的正室地位,与她能否赢得丈夫的爱情并无直接关联,也就是说虽为夫妇却未必有爱。其时男子多为女性的美貌竞相争逐,如桓公元年宋华父督见孔父之妻"美而艳",第二年便择机"杀孔父而取其妻";桓公十六年,卫宣公因齐女之美而父娶子妇;宣公九年,陈国君臣同淫于夏姬,成公二年楚之君臣争纳夏姬;文公七年,穆伯兄夺弟妇;襄公二十五年,齐庄公因强行通于崔杼之美妻东郭姜而被杀;昭公元年,徐吾犯因妹美而被迫受两家之聘,后来其妹婿公孙黑亦因娶得美妻而被对手寻衅放逐。上例几乎都是慕色而已,无情可言,亦并未涵盖整个春秋的美色争夺。男子贪恋女子之色,女子就一定会感于男子之情吗?

在息妫短暂的息国时光中,她对息侯究竟有无爱恋,究竟有着多深的爱恋之情,我们在《左传》、《国语》、《史记》中都无从得知。而《左传》中的息侯只是一个性情冲动和不乏诡计的男人,他仅仅因为蔡侯对其新婚妻子的"弗宾"就不计后果地挑动了一场国际战争,并且利用了蔡侯对他的信任与帮助。他与楚谋蔡的举动固然是因息妫而起,但有谁知道他的动机是否仅仅是为了捍卫男人的尊严呢?

南宋词人陆游的结发妻子唐婉曾在被迫另嫁之后写过一首《钗头凤》:"世情薄,人情恶,雨送黄昏花易落。晓风干,泪痕残,欲笺心事,独语斜栏。难,难,难! 人成各,今非昨,病魂常似秋千索。角声寒,夜阑珊,怕人寻问,咽泪装欢。瞒,瞒,瞒!"因为她与陆游有着深厚的感情基础,所以她才会常带泪痕独倚斜栏,所以她才会强携病体咽泪装欢。但息妫自言,她所有的不快乐并非因为牵念前夫,亦并非因为再嫁楚文王所托非人,而只是因为"吾一妇人而事二夫"的节义观念在作祟。

从来美人爱英雄,息妫是个美人,而楚文王恰恰也是个英雄。楚文王即位后采取的第一大战略行动就是迁都于郢①,以便于楚国势力继续向北扩张。文王二年即北上伐申,次年春回军伐邓。《左传》哀公十七年说,文王以俘获的申人彭仲爽为令尹,终于使楚国的边界达到了中原的汝水流域。另外,和氏璧终见天日的故事也发生在楚文王之世,足见其文功武略不同常人。楚文王三年所伐的邓国本是楚文王的舅氏之国②,舅氏之国尚可伐,他国又有何不可? 伐息也好,伐蔡也好,楚文王需要的只是一个借口。但他对息妫却的确是宠爱有加的,息妫入楚即被立为夫人和三年生二

---

① 历来虽有武王迁郢之说,但《史记·十二诸侯年表》记:"楚文王熊赀元年,始都郢。"《后汉书·地理志》江陵注亦云:"故楚郢都,楚文王自丹阳徙此。"

② 《左传》庄公四年云楚武王夫人为邓曼。

子都是椒房专宠不容置疑的证据。那么息妫对楚文王又如何呢?

三、耐人寻味的情归何处

在很多人的记忆中,息妫故事是如《列女传》所记为息侯殉情而死(其实应该是"殉节")或是到为文王生二子就再无下文的。但在《左传》中,她的故事却不止于此,因为发生在文王死后,我们姑且可以称之为"息妫后传":"楚令尹子元欲蛊文夫人,为馆于其宫侧,而振万焉。夫人闻之,泣曰:'先君以是舞也,习戎备也。今令尹不寻诸仇雠,而于未亡人之侧,不亦异乎!'御人以告子元。子元曰:'妇人不忘袭仇,我反忘之!'"(《左传·庄公二十八年》)文夫人即息妫,子元乃文王之弟,时任楚国令尹,可谓权倾朝野。息妫于楚文王六年被掳入楚,楚文王在位十三年而卒,也就是说息妫在与楚文王共同生活七年之后就成了未亡人。在一国之中权势仅次于楚王的令尹大人也可以说是阅美女无数了,但仍垂涎入楚已十几年的息妫,足见此女人到中年却美貌未减风韵犹存。子元为得息妫垂青可谓下了一番工夫,不但特意在息妫居所的旁边"为馆",而且组织人表演声势浩大的万舞使振铎之声达于息妫之宫。从"御人以告子元"看,这一"御人"大概也是子元安插在息妫身边用以察言观色和传递信息的奸细。

杨伯峻《春秋左传注·隐公五年》注云:"万,舞名,包括文舞与武舞。文舞执籥与翟,故亦名籥舞、羽舞,《诗·邶风·简兮》所谓'公庭万舞,左手执籥,右手秉翟'者是也;武舞执干与戚,故亦名干舞,庄二十八年传'为馆于其宫侧,而振万焉,夫人闻之,泣曰:"先君以是舞也,习戎备也"'者是也。万舞亦用于宗庙之祭祀,《诗·商颂·那》'万舞有奕',用之于祀成汤也;《鲁颂·閟宫》'笾豆大房,万舞洋洋'用之于祀周公也。"[①]但要读出子元为

① 杨伯峻:《春秋左传注》,中华书局2006年9月版,第46页。

什么选用此舞来蛊惑息妫,我们就要知道:"'万舞'是先秦时期一种大型舞蹈。从文字学、人类学、民俗学多角度入手探求'万舞'一词的原始含义,可知'万舞'是先民模拟蝎子交配而产生的原始性爱生殖舞蹈。随着社会历史的发展,'万舞'逐渐由单纯的性爱生殖舞演变成了兼具恋爱、军事、祈雨的多功能的舞蹈。"①正因为"万舞"有着如此多的含义,子元才会欲用此舞的原始意义挑动息妫的春心,而息妫则说"先君以是舞也,习戎备也"。

习舞是周代贵族男子的教育内容,"十有三年,学乐诵《诗》,舞《勺》。成童,舞《象》,学射御。二十而冠,始学礼,可以衣裘帛,舞《大夏》,礼行孝弟,博学不教,内而不出"(《礼记·内侧》)。所以子元深谙万舞内涵是其本分,息妫深谙万舞内涵则见其博学。但最关键的问题是我们不但看到了息妫对子元的拒绝,而且看到了息妫"寻诸仇雠"的愿望。闻万舞之音而"泣"见息妫之贞,她的"不忘袭仇"则感染了子元,使他在次年的秋天"以车六百乘伐郑,入于桔柣之间"。而启发子元为文王复仇则说明此念在息妫心里埋藏已久,她早已当自己是真正的楚夫人而不是息夫人。如果她真的是对息侯爱恋深深至死不渝,就会虽为楚妇而如事仇雠时刻恨楚王不能早死,又何能在楚文王逝去若干年后仍旧发出恨不能为其复仇之语?

后代文人以息妫为题材的诗作时有所见,如唐代王维《息夫人》:"莫以今时宠,能忘旧日恩。看花满眼泪,不共楚王言。"杜牧《题桃花夫人庙》:"细腰宫里露桃新,脉脉无言几度春。毕竟息亡缘底事?可怜金谷坠楼人!"清朝邓汉仪《题息夫人庙》:"楚宫慵扫黛眉新,只自无言对暮春。千古艰难惟一死,伤心岂独息夫人。"洪亮吉《题息夫人庙》:"空将妾貌比桃妍,石上桃花色可怜。

---

① 李斐:《"万舞"源流考》,《陕西师范大学学报》(哲学社会科学版),2001年第1期。

何似望夫山上石，不回头已一千年。”纳兰容若《采桑子》：“桃花羞作无情死，感激东风。吹落娇红，飞入窗间伴懊侬。谁怜辛苦东阳瘦，也为春慵。不及芙蓉，一片幽情冷处浓。”文人们对息妫或怜或叹或有切齿之恨（如杜牧）。可是，蔡侯因好色而惹火上身，于息妫何罪？息侯国小势微于妻子尚不能保全，于息妫何罪？文王因慕色而挥军入息使美人落得身事二夫之名，于息妫何罪？

纵观中国历史，美女的命运何曾由自己做过主宰？总有人恨息妫不能身殉息侯，可是息妫为什么要为那个懦弱无能的男人殉葬？想要息妫死的人无非认为女人是男人的财产，她们有义务为男人守节，因为失节不但是女子的恶名更是父兄和丈夫的恶名。更多的人都不曾想，在偶然变故之下的生与死都应该是每个人自己的选择，我们甚至可以设想息妫在楚宫七年里遭遇了自己毕生难忘的爱情，所以她才能在若干年后仍时刻不忘为自己所爱的男人复仇。

虽然这个女子做楚夫人的时间比做息夫人的时间要长得多，虽然她对楚王的感情比对息侯的感情可能要深厚得多，但她总是被称为息妫、息夫人。就如怀嬴和夏姬一样，在更多的时候她们只能有一个名字，而且这个名字总是相关于她的第一任丈夫。这是男权制度对她们的提醒，也是对后代所有女子的提醒甚至是警示，就像历史的暗夜里有人发出的那一声久久不肯消散的冷笑。

第五节 骊姬：一个做错了事的母亲

骊姬又作丽姬，是春秋之世一个响当当的名字，美貌是因由之一，乱晋是因由之二。骊姬本是晋献公五年（即庄公二十二年）晋伐骊戎所得的“战利品”，却因美貌受宠并被晋献公立为夫人。骊姬凭借晋献公对自己的宠爱，欲为儿子奚齐谋求太子之位，不但“诅无畜群公子”造成了“自是晋无公族”的客观局面（《左传·宣公二年》),而且直接导致申生之死和重耳、夷吾之奔,在晋国引发了一场巨大的浩劫,史称“骊姬之乱”。在一定意义上可以说,没有骊姬就没有后来声名赫赫的“晋文之霸”和一般被当做春秋时代终点的“三家分晋”,而春秋的历史也将被大大地改写。

一、夫人之尊与占卜之谶

《左传》女子的出场多与婚姻相关,骊姬也不例外。“晋献公娶于贾,无子。烝于齐姜,生秦穆夫人及大子申生。又娶二女于戎,大戎狐姬生重耳,小戎子生夷吾。晋伐骊戎,骊戎男女以骊姬。归生奚齐,其娣生卓子。”(《左传·庄公二十八年》)从上述文字中我们可以一目了然地看出晋献公婚姻和子女的大致状况:他的元配夫人没有子嗣;他从父亲那里“接管”过来的庶母齐女姜氏曾经很受宠爱,所以其女后来嫁给秦穆公做了大国夫人,儿子申生则被立为太子;他从戎国娶来的两姐妹分别生了后来在晋国颇有人气的重耳和夷吾;最后到来的骊姬和她的妹妹则分别生了奚齐和卓子。

其时诸侯一娶九女,而“晋献公娶于贾”之时大约还在做太子,因此没有将后宫的配额一次用完。骊姬入晋时,晋献公的正妻贾氏已经去世,夫人之位正好空缺,晋献公贪于骊姬之色便想立其为夫人。春秋巫觋之风仍盛,有大事前一般都要进行占卜,出兵要卜,嫁女要卜,立夫人当然也要卜。“初,晋献公欲以骊姬为夫人,卜之,不吉;筮之,吉。公曰:‘从筮。’卜人曰:‘筮短龟长,不如从长。且其繇曰:“专之渝,攘公之羭。一薰一莸,十年尚犹有臭。”必不可。’弗听,立之。”(《左传·僖公四年》)占卜本是出于人们对所谓神明的敬畏之心,因为在人们的心目中神明见多识广,有着凡人所没有的洞察力和预见力。但《左传》的这段补叙对其时的占卜情况已经说得非常清楚:卜法和筮法出现了分歧,一者认为不吉,一者认为吉。那么,接下来的事情当然要由人来决断。晋献公没有听从卜人的劝告和繇辞“一薰一莸,十年尚犹有臭”的警示,一意孤行地立了骊姬为夫人,足见其时起关键作用的已不是天命而是人心,占卜变成了一种形式。而“晋正于秦,五立而后平”(《国语·晋语一·献公卜伐骊戎胜而不吉》)则印证了这一预言。

事实上,人们对占卜神力的怀疑不只出现在这一处。如:“初,晋献公筮嫁伯姬于秦,遇《归妹》之《睽》。史苏占之曰:‘不吉。其繇曰:“士刲羊,亦无衁也。女承筐,亦无贶也。西邻责言,不可偿也。《归妹》之《睽》,犹无相也。”《震》之《离》,亦《离》之《震》,为雷为火。为嬴败姬,车说其輹,火焚其旗,不利行师,败于宗丘。《归妹》《睽》孤,寇张之弧,侄其从姑,六年其逋,逃归其国,而弃其家,明年其死于高梁之虚。’及惠公在秦,曰:‘先君若从史苏之占,吾不及此夫。’韩简侍曰:‘龟,象也;筮,数也。物生而后有象,象而后有滋,滋而后有数。先君之败德,及可数乎?史苏是占,勿从何益?《诗》曰:“下民之孽,匪降自天,僔沓背憎,职竞由人。”’”(《左传·僖公十五年》)上例之筮出现在卜立骊姬的稍晚一些时候,在晋献公的女儿秦穆姬嫁于秦国之前。补叙此事除了能够看出若干年后晋惠公夷吾不思己过的怨天尤人之外,韩简侍之言也已经阐明了“一切事情均赖由人力”的观点,足见人们对天命已经有了否定态度。那么,骊姬带给晋国的影响真的仅仅是由于晋献公未遵天命吗?

作为西戎女子,骊姬身上应该有着不同于中原的风情和野性,而且她又是那样的年轻貌美,晋献公很快便全身心地拜倒在她的石榴裙下,以至愚孝的申生在不辞为父而死时说:“君非姬氏,居不安,食不饱。”(《左传·僖公四年》)晋献公外出田猎时睡不着觉,大夫郤叔虎亦问曰:“床笫之不安邪?抑骊姬之不存侧邪?”(《国语·晋语一·献公伐翟柤》)可见骊姬的存在对晋献公的日常起居意义重大。骊姬是因为战争才来到晋国的,虽然晋人发动战争不是为了得到她,战争却是因为她才得以平息的。

战争中获女以归似乎是个惯例,夏商周三代皆如是:“昔夏桀伐有施,有施人以妹喜女焉”,“殷辛伐有苏,有苏氏以妲己女焉”,“周幽王伐有褒,褒人以褒姒女焉”。(《国语·晋语一·献公卜伐骊戎胜而不吉》)即使在进入东周的春秋之世,这样的例子也屡见不鲜——楚人伐宋救郑后“取郑二姬以归”(《左传·僖公二十二年》),是取所助之国的女子;“狄人伐廧咎如,获其二女:叔隗、季隗,纳诸公子”(《左传·僖公二十三年》),是取所败之国的女子,息妫、夏姬的入楚亦是如此。其时女子的人生依托先在父,后在夫,终在子,所以当她们嫁入曾经的敌国委身于一个男人时,那种敌对意识便已消失殆尽,她们要想的问题变成了“在新的环境中如何生存”。当一个女人有了孩子之后,她的生命重心就会无条件地向此转移,所以无论骊姬做什么事情,她的目的当然不是为了报什么侵国之仇而把堂堂的晋国搅得不得安生,她只是要让自己的儿子成为丈夫之后的下一任晋侯,而且想让他成为一个有作为的晋侯。

二、夺嫡之心与佞贤之用

无论是大国还是小国,后宫里的事情总是惊人地雷同,除了数不清的宫廷秽史就是激烈的夺嫡大战,而夺嫡本身不仅意味着权势、地位和利益,更意味着最基本的生存。发生在晋献公八年(即庄公二十五年)的晋献公“尽杀群公子”就是一个典型的事例,《史记》记为“尽杀故晋侯群公子”(《史记·十二诸侯年表》),也就是说晋献公将自己的兄弟全部杀死,绝了国内夺位的后患。联系当时的实际情况看,各国公子的处境大同小异。对于大多数人来说,即使你不想争夺君位,你的兄弟们也会将你视为假想敌,就算你能够在夺嫡大战中侥幸不被杀死也只能选择弃国出奔。只有当国君解除了对你的安全警戒之后,你才可以在适当的时候被召回国,否则便只能永驻国外成为生命和政治上都无家可归的游子。

在那个母以子贵的时代,母亲会因儿子的政治地位上升而享有殊荣,亦会因儿子的政治地位下降而受到牵连甚至被杀掉。文公十八年鲁国“杀适(同“嫡”)立庶”,来自齐国的夫人哀姜丧子之后只能永远地回到齐国;襄公十九年,齐国争位,太子光干脆杀死了支持弟弟的庶母戎子,并将她的的尸体陈列在朝堂上示众。正因为有众多实例摆在眼前,所以许多母亲,尤其是身为嬖妾的母亲往往不惜铤而走险纵子夺嫡。权力之外,她们或者只是为了保障自己和儿子在丈夫死后最基本的生存权力。骊姬就是她们中的一个,只不过她的心机更重,手段也更加歹毒。

虽然是生长于蛮夷之地,但骊姬决不是一个简单的女人,否则她无法拥有晋献公二十年如一日的专情。如果骊姬不曾得到晋献公的迷恋和宠爱,她和她的儿子只能在后宫日月中如春花秋露般自生自灭,但她偏偏得到了,所以她便有了自己的想法:“骊姬嬖,欲立其子。”(《左传·庄公二十八年》)作为一个身居后宫的女人,她深知自己势单力薄不能不依仗朝中的臣子。只是她选择合作伙伴的方式不能不令人瞠目——她选择唯利是图的小人,也选择德才兼备的君子,前者如二五,后者如荀息。

为了使晋献公疏远那些有可能继承君位的儿子,骊姬首先选择了晋献公的外嬖梁五和东关嬖五。有“外嬖”之名,二五的身份似乎并不光彩,但骊姬不在乎,她“赂外嬖梁五与东关嬖五,使言于公曰:‘曲沃,君之宗也。蒲与二屈,君之疆也。不可以无主。宗邑无主则民不威,疆埸无主则启戎心。戎之生心,民慢其政,国之患也。若使大子主曲沃,而重耳、夷吾主蒲与屈,则可以威民而惧戎,且旌君伐。’使俱曰:‘狄之广莫,于晋为都。晋之启土,不亦宜乎?’”(《左传·庄公二十八年》)

能被人用金钱收买的人当然不会是什么正人君子,而骊姬当真是独具慧眼,正是看到了梁五和东关嬖五唯利是图的小人本性才选中了他们。二五在晋献公面前的说辞真是委婉动人,而且句句切中要害,正因为曲沃和蒲与屈的地位如此重要,晋献公才会被打动并将自己信任的有才干的儿子全部派了出去:“夏,使大子居曲沃,重耳居蒲城,夷吾居屈。”此处我们要格外注意“使言于公”这四个字,这四个字说明,晋献公所领略到的这一番“赤胆忠心”和这一套完美的说辞并非出于二五的头脑,而是来源于骊姬的智慧。[①] 如果能够生为男子,骊姬或许会成为历史上一位光彩夺目的谋士,但她偏偏是一个女子,并且是进了后宫的女子,一切就都不一样了。经过骊姬的一番努力,“群公子皆鄙,唯二姬之子在绛”。这一方面当然是骊姬的目的之所在,另一方面也是因为奚齐和卓子的年龄实在是太小了。[②] 这样的开始正是骊姬想要的,作为一个爱自己的女人和一个爱孩子的母亲,她开始谋划并实施下一步更大的动作。

三、奚齐之死与晋文之霸

当“群公子皆鄙”之后,晋国的都城变成了骊姬更大的舞台,她可以长袖善舞,也可以掩袖工谗——“二五卒与骊姬谮群公子而立奚齐”(《左传·庄公二十八年》)。从紧随其后的“晋人谓之‘二五耦’”几个字中,我们不难读到晋人鄙夷的态度和洞若观火的明慧,但晋献公却被骊姬这片美丽的叶子遮蔽了双眼,不但看不见其他的美女,也看不见她欲谋群公子的事实和真相。《国语·晋语》中有多处文字与骊姬相关,《晋语一》和《晋语二》的诸多篇章勾连一处便是一部骊姬正传,《左传》的记述不如《国语》详细,上述庄公二十八年的事情还要和僖公四年的记载合在一起方是春秋传奇中属于骊姬的重要场次:

> 及将立奚齐,既与中大夫成谋。姬谓大子曰:“君梦齐

① 《国语·晋语一》中说是“优施所教”,如“优施教骊姬远太子”、“优施教骊姬谮”。

② 骊姬于庄公二十二年入晋,至此时仅六年,其子最多当四五岁而已。

姜,必速祭之。”大子祭于曲沃,归胙于公。公田,姬置诸宫六日。公至,毒而献之。公祭之地,地坟。与犬,犬毙。与小臣,小臣亦毙。姬泣曰:“贼由大子。”大子奔新城。公杀其傅杜原款。或谓大子:“子辞,君必辩焉。”大子曰:“君非姬氏,居不安,食不饱。我辞,姬必有罪。君老矣,吾又不乐。”曰:“子其行乎!”大子曰:“君实不察其罪,被此名也以出,人谁纳我?”十二月戊申,缢于新城。姬遂谮二公子曰:“皆知之。”重耳奔蒲。夷吾奔屈。

能与身为晋国重臣的“中大夫”共同商定计策,说明骊姬的势力已经从后宫延展到了朝堂,她的政治触角也已经有了足够的长度和灵敏度。但她的策略仍是迂曲式的,她在太子申生的面前扮演的仍是一个“慈母”的角色,她以献公之梦齐姜为由头,假惺惺地让太子速去晋国宗庙所在地曲沃祭母。按照当时的礼仪规定,臣子祭祀后一定要将祭祀用的酒肉献给国君,太子申生便依臣子之礼将“胙”进献给献公。从“公田”看,骊姬一定是找准了晋献公外出狩猎的机会才遣太子致祭的,而骊姬将申生所献之胙“置诸宫六日”[①]正是为了给自己赢得充足的作案时间和投毒机会。其实,同此前的“进言”相比,骊姬此番的手段并不高明,但她实在是摸透了申生的性情,知道“愚忠”“愚孝”是他必然的选择。而重耳和夷吾之奔也证明了他们与申生在生死与道义面前截然不同的人生抉择,刘向《说苑》卷十七说“晋文霸心生于骊姬”,更是强调了骊姬对重耳的影响。

骊姬是一个聪明的女人,她知道一个君主该如何“有位”,更知道一个君主该如何“保位”。在她的视野里,小人只有一时的价

① 周代贵族有用冰的习俗,即如《诗经·七月》云“二之日凿冰冲冲,三之日纳于凌阴”就是冬天取冰藏于冰室,用以冷藏食物,所以酒肉置于宫中六日亦不会腐败。

值，君子方有一世的意义。她的理想不但是让儿子奚齐成为新一代晋君，而且想让他成为一个能够保有江山并有一番作为的新一代晋君，所以她不可能不看重奚齐的成长，她要寻找一位具有政治背景并当得起帝王之师的人常在儿子的左右照顾他、教育他、提点他，荀息就成了这个十分重要的人物。

荀息是献公时代晋国最为重要的臣子之一，他和士蒍、里克一起作为晋国忠臣良将的代表帮助献公打江山、定江山。荀息过人智谋最完美的体现莫过于“假虞灭虢”之计（《左传·僖公二年》），仅以“屈产之乘与垂棘之璧”这一马一璧就灭了虢和虞，虽有“宫之奇谏假道”（《左传·僖公五年》）这一同样充满智慧的阻挠，亦未能改写荀息在政治和军事上的辉煌。当晋献公有了欲立奚齐的打算之后，“使荀息傅奚齐”（《左传·僖公九年》）就更有了别样的意味，我们不难从中看出晋献公对荀息的信任，这其中当然也有骊姬对荀息的认可与期望。晋献公病重之时曾召见荀息并对他说：“以是藐诸孤，辱在大夫，其若之何？”荀息稽首回答说：“臣竭其股肱之力，加之以忠贞。其济，君之灵也；不济，则以死继之。”晋献公又问他什么是忠贞，荀息回答说：“公家之利，知无不为，忠也。送往事居，耦俱无猜，贞也。”（《左传·僖公九年》）从这一场景中我们完全可以想象荀息平日对奚齐的教导以及他对晋国的一派忠耿之心。但奚齐之立终究为更多的人所反对，荀息终于未免殉之而死，骊姬的如意算盘也终于打丢了章法。

骊姬对晋国的影响验证了晋伐骊戎之前“胜而不吉”（《国语·晋语一·献公卜伐骊戎胜而不吉》）的占卜，但我们还是要说这终是人力而非天命。《左传》只记晋国之乱却并未言及骊姬的人生终结，司马迁也没有说，但《国语》中说：“于是杀奚齐、卓子及骊姬。”（《国语·晋语二·里克杀奚齐而秦立惠公》）刘向则说：“奚齐立，里克杀之。卓子立，又杀之。乃戮骊姬，鞭而杀之。”（《列传·孽嬖传》）从两处记载的语序上看，骊姬应该是在经历了丧子之痛后才被杀（鞭）死的，回想自己二十年间在晋国为夺嫡所做的一切，不知她是会有内心无限的追悔，还是会有功败垂成的遗憾。“没在材料说明奚齐本人有政治的欲望，当灾难降临的时候，他应该还是小小少年，是母亲的政治野心把他卷进了风暴的中心。献公则爱屋及乌，明知奚子‘年少，诸大臣不服，恐乱起’，还是坚持要把权力交给他。这就把这个小小少年置于虎口之中了。”[①]奚齐是骊姬全部的爱、全部的梦想与希望，为了儿子的前程她曾经很有耐心地把谋立奚齐的战线拉得很长，在长达十四五年的光阴里，她时刻不忘使献公疏远申生，而且时刻防备献公情感的天平向重耳和夷吾倾斜。骊姬活得很累，申生于新城自缢而死之时骊姬一定想不到奚齐活在这个世上的时间竟然只有十几年那么短暂，而自己为儿子寻找的道路也未必那么明智。

骊姬的私欲导致了晋国近二十年间从申生到奚齐的太子废立，导致了晋国从献公到奚齐到惠公夷吾到怀公子圉又到文公重耳五世数十年的动荡不安，其罪可谓大矣！但她也在客观上促成了晋文公重耳的成长，使之从一个胸无大志溺于安乐的公子变成了志向远大见识卓著的诸侯，并一手缔造了日后的“晋文之霸”。而重耳二十年流亡路上所遇到的女子，如狄女季隗、齐女姜氏、秦女怀嬴，甚至曹国大夫僖负羁的妻子都无不是机敏睿智的女子，如果仅论这一层面，骊姬与她们可谓不相上下，但青青史册上的流芳与遗臭则是出于她们自身不同的人生抉择。

第六节 怀嬴：尊严至上的个性女子

《左传》中的怀嬴是一个身份特征和性格特征都很不寻常的

---

① 张立新：《“骊姬之乱”的文化内涵和悲剧意味》，《云南民族大学学报》，2009年第1期。

女性。在身份上，她是一个典型的再嫁之妇，先嫁为妻后嫁为妾，且是先嫁给侄子后嫁给叔父身负颠倒伦常之责的女子，始终生活在父国与夫国、先夫与后夫的夹缝之中；在性格上，她既有纵夫(晋怀公)逃归的大义抉择(《左传·僖公二十二年》)，又有力争自我的凛然之举(《左传·僖公二十四年》)，但终究难免世俗道德之下的闲言碎语(《左传·文公六年》)。怀嬴知时务、识大体，能成全怀公之义又能遏制文公之骄，与他们相处时既有中肯之言又有犀利之语，虽然“为二君嬖”是时人对她的贬斥之源，却也彰显了她作为一个女人在婚姻中最大的胜利。

一、听命初嫁显纵夫之勇

怀嬴是谁？她的身份在典籍记载中似乎十分明晰又相当模糊。明晰之处在于，研究者一致公认，她是秦国宗室之女，曾先后嫁给晋怀公子圉与晋文公重耳，曾为怀公夫人，后来改嫁给晋文公并为其生有公子乐；模糊之处在于，有人认为她是秦穆公之女即晋文公夫人文嬴，[①]有人则认为她并非秦穆公之女，且只是文嬴之媵、重耳之妾。[②]

《史记》说重耳至秦，秦穆公“妻以故子圉妻”，又说“文公夫人，秦女也”(《史记·秦本纪》)，还说“重耳至秦，缪公以宗女五人妻重耳，故子圉妻与往”，重耳复国后“迎夫人于秦，秦所与文公者卒为夫人”(《史记·晋世家》)，但未明言文公夫人是五名秦女中的哪一个，所以殽之战后谓襄公曰“秦欲得其三将戮之”的“文公夫人秦女”也不知确系何人。看来此女在司马迁笔下亦是一段避而不书

---

① 王璇:《试论〈左传〉中的婚姻观》,《经济与社会发展》,2003 年第 4 期。“晋公子重耳流亡过秦国,秦穆公‘纳女五人’,将同宗族的五个女子嫁给了她,其中包括秦穆公的女儿怀嬴。”

② 崔德明:《先秦政治简表》,《烟台大学学报》,1998 年第 4 期。又见于陶易:《怀嬴、辰嬴与文嬴》,《皖西学院学报》,1999 年第 1 期。

的悬案。但如依《国语》所记,则怀嬴为秦穆公嫡女无疑,因为“秦伯归女五人,怀嬴与焉”之后穆公自言:“寡人之适,此为才。子圉之辱,备嫔嫱焉,欲以成婚,而惧离其恶名。非此,则无故。不敢以礼致之,欢之故也。公子有辱,寡人之罪也。唯命是听。”于是重耳“乃归女而纳币,且逆之”(《国语·晋语四·重耳婚媾怀嬴》)行了正式的媒聘之礼。但《左传》中的怀嬴到底是不是秦穆公的嫡女重耳的嫡妻文嬴呢?

怀嬴其人始见于《左传》是在《僖公十七年》:“夏,晋大子圉为质于秦,秦归河东而妻之。”圉所妻之秦女即为怀嬴,怀嬴之称为“夫之谥号+父(母)国之姓”。怀嬴再见则已是僖公二十二年:“晋大子圉为质于秦,将逃归,谓嬴氏曰:‘与子归乎?’对曰:‘子,晋大子,而辱于秦,子之欲归,不亦宜乎?寡君之使婢子侍执巾栉,以固子也。从子而归,弃君命也。不敢从,亦不敢言。’遂逃归。”怀嬴的丈夫公子圉为晋国太子,是晋国留在秦国的人质,当晋惠公病重时,他为能顺利即位选择了逃归晋国。临行前,他并没有将自己的计划隐于心底而是询问怀嬴是否与之俱去。春秋之时,为一己利益或所谓理想抛妻弃子者多矣,潜行者亦多矣,公子圉此一问足以证明他与怀嬴之间的伉俪情深。但在夫妻情与家国义之间,怀嬴在以中肯之言深入分析后选择了后者,因为她明白自己婚姻“以固子”的政治使命,所以她不能放弃秦女的尊严“弃君命”,是故曰“不敢从”。怀嬴虽然选择了留在秦国,却在言辞之间对丈夫的举动表示支持,“辱于秦”之“辱”与“不亦宜乎”之“宜”就是她至为鲜明的态度。怀嬴选择留在秦国,就是和齐姜选择醉遣重耳一样,以牺牲自己的夫妻名分和闺帏之情为代价,将自己所爱之人的政治前途放在了自己人生价值的第一位,是故又曰“不敢言”。正因为这“不敢从”和“不敢言”,怀嬴在道义与责任上于父于夫都并非是毫无瑕疵的,纵夫逃归不言于父是于父不义,留守父国与夫仳离是于夫不忠,她的人生中始终没有改变过的“二难”局面也恰恰是从公子圉逃归的这一刻开始的。

关于公子圉之逃归与怀嬴的态度,《史记》亦有两处记载:“二十二年,晋公子圉闻晋君病,曰:‘梁,我母家也,而秦灭之,我兄弟多,即君百岁后,秦必留我,而晋轻,亦更立他子。’子圉乃亡归晋。二十三年,晋惠公卒,子圉立为君。”(《史记·秦本纪》)“十三年,晋惠公病,内有数子。太子圉曰:‘吾母家在梁,梁今秦灭之,我外轻于秦而内无援于国。君即不起,病大夫轻,更立他公子。’乃谋与其妻俱亡归。秦女曰:‘子一国太子,辱在此。秦使婢子侍,以固子之心。子亡矣,我不从子,亦不敢言。’子圉遂亡归晋。十四年九月,惠公卒,太子圉立,是为怀公。”(《史记·晋世家》)司马迁写作《史记》以擅长材料剪裁而著称,此事以详文见于两处足见太史公对其有着足够的重视,或者因其关乎晋文之霸,或者因其关乎怀嬴一生。而公子圉为君位而归晋与“重耳爱齐女,毋去心”(《史记·晋世家》)在夫妻情意上是有差距的,也证明后来成为晋怀公的公子圉比当初的重耳更具政治野心。

二、从父再嫁展言辩之利

当公子圉成为晋怀公后,怀嬴并没有被迎至晋国,或者是怀公觉得不便,或者是秦国不许,总之史书没有记载。“秦怨圉亡去,乃迎晋公子重耳於楚”(《史记·秦本纪》),“重耳至秦,缪公以宗女五人妻重耳,故子圉妻与往。重耳不欲受,司空季子曰:‘其国且伐,况其故妻乎!且受以结秦亲而求入,子乃拘小礼,忘大丑乎!’遂受。缪公大欢,与重耳饮”(《史记·晋世家》)。这应该是怀嬴再嫁重耳时的背景表述,秦人嫁怀嬴于重耳恐怕不外乎这样几重因素:一是怜女之少寡,二是欲立重耳故结交之以求日后之利,三是借此羞辱晋怀公。重耳之“不欲受”最主要的原因除了怀嬴已非处子之身而系再嫁之妇外,更多的应该还是出于其与晋怀公之间的叔侄伦理关系的考虑,所以其从人才会从对内的“其国且伐,况其故妻乎”和对外的“结秦亲而求入”两个方面劝其接受。重耳智囊的政治头脑的确比他们的主人清醒得多,不拒怀嬴使重耳赢得了“缪公大欢”的理想结局,也为日后入晋奠定了良好的基础。

“一女不嫁二夫”的观念在怀嬴生活的春秋早期并不盛行,包括诸侯在内的人们也不以娶二嫁之妇为耻。息君夫人息妫二嫁为楚文王夫人,后其子继位为成王;卫宣公夫人宣姜二嫁公子昭伯,其子为卫公其女为诸侯夫人。不但嫁不受限,子女的地位亦不因母亲系再嫁之妇而受损。但人们的伦理观恐怕已经相对完善了,不然就不会有重耳不欲受怀嬴的犹疑,就不会有司空季子“其国且伐,况其妻乎”有的放矢的规劝。如此而言,重耳的心理相当可以理解,而待嫁之怀嬴的焦灼怕是更为强烈,毕竟她与前夫相处时也是琴瑟和谐其乐融融,即使没有所谓守贞之念,曾经的美好怕也不会轻易忘怀,但她的婚姻永远不能自主,嫁公子圉如此,嫁重耳亦如此。那么,满腹曲折心事的怀嬴嫁给重耳之后又会怎样呢?

《左传》记重耳到了秦国之后,“秦伯纳女五人,怀嬴与焉。奉匜沃盥,既而挥之。怒曰:‘秦晋匹也,何以卑我!’公子惧,降服而囚”(《左传·僖公二十三年》)。怀嬴是与其余四个女子一起被秦穆公送给重耳的,可见不是正式的聘娶,更何况此前重耳至少已经娶了季隗与齐姜。“奉匜沃盥”,按《仪礼》的解释是新妇之媵为新郎沃盥[①],则怀嬴为媵明矣,马宗琏亦持此观点。文公六年赵孟一句“辰嬴(即怀嬴)贱,班在九人”进一步证明了怀嬴的媵妾身份。足见僖公二十四年晋文公立秦女为嫡妻无疑,但“晋侯逆夫人嬴氏以归”的“嬴氏”不是怀嬴,僖公三十三年“请三帅”的“文嬴”也不是怀嬴,怀嬴只是随文嬴来到晋国的陪嫁之女,而文嬴是否即是当年被母亲秦穆姬所携登台履薪的简璧(《左传·僖公十五年》)我们也不得而知。

---

① 参见《仪礼·士昏礼》。

当再嫁重耳的怀嬴依礼为其“奉匜沃盥”之时，这位已经六十二岁的老新郎洗过了手却很不礼貌地“挥之”，于是二者之间爆发了一场极具碰撞力的后堂之争。请注意，这里的怀嬴不是“嗔”、“怪”或是“不悦”之类较为温和的不满，而是“怒”了。并且，她的怒并没有压抑在心底，也没有只是停留在神色上，怀嬴有话要说：“秦晋匹也，何以卑我！”怀嬴的话很短，只有一句八个字，却有理有据，观点明晰，语气强硬。

春秋是一个很讲究辞令的时代，其时的行人辞令也就是我们今天所说的外交辞令几乎可以说是一种美到极致的艺术语言的典范。怀嬴身为秦国宗室之女，自然从小受到良好的文化教养，能够嫁给相邻大国晋国的太子为妻也证明她不但在秦国宗室中有着相对较高的地位，也有着相对较高的胆识与能力，因为嫁公子圉时她是储君的夫人，而公子圉即位之时她就会一跃成为晋国的君夫人，也便成了秦国安插在晋国的护佑宗族的一支无可替代的有生力量，如果她不够“强”，秦国的计划就终会落空，所以秦穆公在圈定这一人选时不可能不是煞费了一番苦心的。况且，仅从公子圉逃归时她的一习谈话，我们就可以知道这决不是一个等闲女子。

公子圉逃归之后不久，在秦穆公的主持之下，怀嬴从晋太子之妻降为重耳之妾。“妻者，何谓？妻者，齐也，与夫齐体，自天子下至庶人其义一也。妾者，接也，以时接见也。”(《白虎通义·嫁娶》)妻与妾的地位极为悬殊这是尽人皆知的，可是当为妾的怀嬴面对重耳“既而挥之”的无礼时，她选择了铿锵有力的反问句式，申明了自己反对“卑我”的观点，并且以“秦晋匹也”作为至为有力的前提。将后堂之礼上升到国家之礼是她的智慧，句式的选择则表现了这个女子性格中强悍的一面，我们可以看到怀嬴要的不仅是国家的尊严、家族的尊严，更是自我的尊严，她没有因为自己是媵妾而放弃对自己人格的捍卫。也正因为她将后堂之私上升到了国家的高度，才会有“公子惧，降服而囚”的主动认错。

三、"为二君嬖"陷尴尬之境

怀嬴在《左传》及其他典籍中又被叫做"辰嬴",人们普遍认为"辰"是她的谥号。[①]《说文解字》云:"辰,震也。"《广雅疏证》云:"辰,振也。"二者都认为"辰"有震动之义,只是我们尚不能推详此字是否直接来源于怀嬴当年的"一言而使重耳惧"。男权世界的主导者们看惯了乖巧温顺的女性,眼前突然出现一个如此伶俐而富有个性的女子又怎能不为之倾倒,怀嬴能"为二君嬖"当然毫不奇怪。怀嬴因为与众不同的性情受到晋文公的喜爱,并生有公子乐,可以说是后半生也有了依靠。但我们却不能不猜想怀嬴的生命中是否也有独属于她的苦闷无法宣泄。

《左传·文公六年》:"八月乙亥,晋襄公卒。灵公少,晋人以难故,欲立长君。赵孟曰:'立公子雍。好善而长,先君爱之,且近于秦。秦,旧好也。置善则固,事长则顺,立爱则孝,结旧则安。为难故,故欲立长君,有此四德者,难必抒矣。'贾季曰:'不如立公子乐。辰嬴嬖于二君,立其子,民必安之。'赵孟曰:'辰嬴贱,班在九人,其子何震之有?且为二君嬖,淫也。为先君子,不能求大而出在小国,辟也。母淫子辟,无威。陈小而远,无援。将何安焉?杜祁以君故,让偪姞而上之,以狄故,让季隗而己次之,故班在四。先君是以爱其子而仕诸秦,为亚卿焉。秦大而近,足以为援,母义子爱,足以威民,立之不亦可乎?'使先蔑、士会如秦,逆公子雍。贾季亦使召公子乐于陈。赵孟使杀诸郫。"

这是晋襄公死后晋人因"欲立长君"而引发的一场不大不小的争端。我们且不说最后即位的仍是襄公的儿子晋灵公,而只说从此番唇舌之战中暴露出来的怀嬴的尴尬处境。因为身系文嬴之媵,所以怀嬴在晋文公九位妻妾的礼法排序中"班在九人",属地

---

① 杨伯峻:《春秋左传注》,中华书局2006年9月版,第551页。

位最为低下者，所以赵孟说"辰嬴贱"。在等级社会的观念里这一点不容置疑。可是，接下来，赵孟是因为她曾先后嫁了两个丈夫就断定了她的"淫"，还是因为她先后嬴得了两任君主的宠爱才断定了她的"淫"呢？赵孟没有细说。怀嬴的两次婚姻都是身不由己，与公子圉的夫妻情笃可以说是践行周礼的理想结果，不但不宜贬斥而且应该加以褒奖。而在后一段婚姻中，以她和公子圉此前深厚的感情和她自身强烈的尊严意识，恐怕很难放下身段用些狐媚的手段刻意讨好重耳，所以这个"淫"字实在应该是妄加给怀嬴的欲加之罪。可是没有人出来反驳赵孟的话，也说明其对于怀嬴"贱"且"淫"的评价是为多数人所认可的。人们对怀嬴的偏见不会只产生在她过世之后，她活着的时候自然也要面对各种各样的非议与歧视。如此，我们就不难体会怀嬴再嫁之后的难堪心境。

本来，怀嬴与公子圉是一对由秦穆公主婚的少年夫妻，如果事情按照正常的轨迹发展她就会成为晋国日后的君夫人。从公子圉欲与之俱逃和怀嬴未曾告密来看，这对夫妻也是情意相投恩爱有加的，怀嬴所以选择"不敢从，亦不敢言"只怕还有为公子圉之逃归打掩护的目的。怀嬴再嫁重耳的前夜，她的心头会不会浮现出公子圉的面貌？她会不会对已经做了晋君的他说：你为什么不来接我啊？为什么要让我面对这样不得已的婚姻？来到重耳身边，她不但要学会面对老迈的新夫，面对妻妾之间的倾轧，还要面对周边舆论连绵不断的诋毁之意，更要面对公子圉和重耳夺位之争时的前夫之死。公子圉做晋君的时间实在是太短了，短到他一定没有时间册立新的夫人，所以他在秦国娶的这个女子才有资格享有他晋怀公的谥号，在所有的史书中在更多的时候她都被称做"怀嬴"。

在那个礼法还不是特别谨严、贞节观念还不是特别强烈的时代，怀嬴却早早地遇到了一个再嫁之妇的生存难题。从"妻"到"妾"的巨大落差是她必须接受的，"淫贱"的骂名是她不可抗拒的，即使在她为晋文公重耳所"嬖"的看似甜蜜的岁月里，恐怕她也难免会有午夜月冷之时的低回之叹。重耳死后，她的处境更是可想而知。好在公子乐被杀已是她的身后之事，她已感受不到一丝一毫的失子之痛，否则我们真的无法估量她会痛何如哉！

怀嬴的一生在屈辱与委曲中结束了，但女人的悲剧远没有就此终止。唐代的时候，玄武门事变之后，李世民纳了四弟巢王李元吉的妻子杨氏为妃，生了曹王李明。《新唐书》载："曹王明，母本巢王妃，帝宠之，欲立为后，魏征谏曰：'陛下不可以辰嬴自累。'乃止。"①从唐太宗哑口无言的"止"上，我们就可以发现，"不可以辰嬴自累"是一句多么深沉的劝诫！

第七节 许穆夫人：永远的女儿，永远的《载驰》

许穆夫人是春秋卫国人，因嫁为许穆公夫人，故世称许穆夫人。她是人所公认的中国文学史上第一位女诗人，她所赋的《载驰》充满着急切的爱国热诚和奋不顾身的勇气，她本人和该诗也因为这一独特气质而被后人千古传颂。许穆夫人在《左传》中的出场仅见于闵公二年不足十个字的叙述，但她的出现却关系到了卫国的生死存亡，在一定程度上起到了救卫国于水火的作用。同时，她的人生光彩也是在卫宣公无耻的新台之行和卫懿公无稽的好鹤亡国的灰暗背景之下展现出来的。

一、特异的出身

许穆夫人的母亲宣姜出身高贵，是齐僖公之女，齐襄公之妹，与鲁桓公夫人文姜是春秋早期一对十分美艳的姐妹花。但在那个

① 《新唐书》卷八十列传第五，中华书局1999年版，第2919页。

女性被物化的时代,美貌并不能给她们带来真正的幸福。文姜因与其兄齐襄公通奸致鲁桓公枉死而被钉在了历史的耻辱柱上,宣姜的命运则更见几分无奈与波折。

待嫁之年的宣姜被卫国聘为太子急子(《史记》写作“伋子”)的正室夫人,却因为貌美如花被本应成为公爹的卫宣公娶为夫人,故史称宣姜。因为有这样奇特的事情发生,所以后人说“齐有二女,文姜淫于兄,宣姜淫于舅”,但卫宣公却并非许穆夫人的父亲。关于宣姜入卫的史实,《左传·桓公十六年》有着明确的记载:

> 初,卫宣公烝于夷姜,生急子,属诸右公子。为之娶于齐,而美,公取之,生寿及朔,属寿于左公子。夷姜缢。宣姜与公子朔构急子。公使诸齐,使盗待诸莘,将杀之。寿子告之,使行。不可,曰:“弃父之命,恶用子矣!有无父之国则可也。”及行,饮以酒,寿子载其旌以先,盗杀之。急子至,曰:“我之求也。此何罪?请杀我乎!”又杀之。二公子故怨惠公。

夷姜本为卫宣公庶母,被宣公所烝后生急子。卫宣公父娶子妇即是《诗经·新台》一诗所刺之事,而卫宣公的新台之行不仅造成了夷姜的愤而自缢,也在若干年后导致了夷姜的儿子急子与宣姜的儿子寿的双双死去,宣姜的另外一个儿子朔凭借嫡出身份顺理成章地成为了后来的卫惠公。但是因其得位不正,即位当年便有“十一月,左公子泄、右公子职立公子黔牟。惠公奔齐”之事发生,惠公朔直到十四年后才得以重返卫国。

春秋之时,父夺子妻的事情并不鲜见:“蔡景侯为大子般娶于楚,通焉”,结果是“大子弑景侯”(《左传·襄公三十年》);楚平王为太子建聘妻于秦,至楚而自娶之(《左传·昭公十九年》),第二年太子建奔宋。可见被夺妻者通常还是有所反应的,但在卫国,我们见到的只是急子与晋国申生相类似的软弱与愚忠。有趣的是,同是一母所生,不知为什么,宣姜二子公子寿与公子朔的性情却极不相类:寿是至善,时刻不忘以兄弟之心推于急子;朔则至恶,构陷急子不惜致其于死地,毫不顾念手足之情。可是急子的存在又会对宣姜和朔构成什么样的威胁呢?借夺储位来巩固儿子和自己在未来的地位,这是春秋和后代许多身在宫廷的母亲的惯常做法,可是除了这一与历史上并不鲜见的夺嫡之争、夺储之战相同的因由,这母子二人是不是还有什么其他的原因呢?

《左传》与《史记》均未记卫宣公的出生年,亦未记急子与寿和朔的出生年,但卫宣公十八年即有太子与寿争死,卫宣公十九年后便已经是惠公元年。[①] 且从《左传·闵公二年》记"初,惠公之即位也少"来看,惠公即位时最多只是一个十几岁的少年,那么"宣姜与公子朔构急子"这一事件的主导者应该是宣姜而不是朔。那么,宣姜为什么非要除掉急子而后快呢?

如果没有卫宣公的见色起意,宣姜便是急子的夫人,他们应该是一对才貌相当的人生佳侣,共享人生韶华同偕鱼水之欢,并会在日后波澜不惊地成为卫国的国君和君夫人。这当然是一幅至为理想的人生图景,但她却阴差阳错地成了卫宣公的夫人,本应成为公公的人成了她的丈夫,本应成为丈夫的人也因之成了她人生的隐痛。

事实上,我们无法判定青春年少的宣姜与卫宣公在一起更幸福还是与急子在一起更快乐。宣姜至卫时,卫宣公并不如《新台》诗中所说的如癞蛤蟆般又老又丑,据《史记·卫康叔世家》[②]推断,此时卫宣公应该只有三十几岁,正是一个男人最富有魅力的时候,

---

① 参见《史记·十二诸侯年表》。

② 《史记·卫康叔世家》记:"庄公五年,取齐女为夫人,好而无子。又取陈女为夫人,生子早死。陈女女弟亦幸于庄公,而生子完","二十三年,庄公卒,太子完立,是为桓公"。桓公十六年,州吁杀桓公自立,同年石碏与陈侯杀州吁,立桓公弟晋为宣公。"为太子取齐女"言宣姜至卫时宣公已即位。宣公十八年,伋子与寿争死。

又处在国家权力的巅峰，他对宣姜产生强烈的性和性以外的吸引力都是极为可能的。然而，无论宣姜对自己的婚姻生活是否感到幸福和满意，她由子妇而至父妻的经历都是人们的笑柄，也都会是她自己每一次碰触时无法避免的心痛与屈辱。是卫宣公与急子这对父子的存在造成了她身份上的尴尬，只有他们当中的一个消失掉，她的心理压力才会得到稍稍的缓解，而卫宣公已经成了她的丈夫和她儿子的父亲，那么她的目标就只能是急子。她的行为是一种对自我和尊严的找寻，只不过她找错了方向。

从相关史书的记载上看，对卫宣公的新台之行，宣姜本人和她背后的齐国都没有一丝一毫的反抗。也许是人们面对既成的事实实在也想不出比默认更好的办法，也许这只是春秋时代的惯例，与政治、军事相关，或者与民俗、文化相关。但我们绝没有理由相信宣姜是春秋历史上一个以隐忍而沉默的女性，构陷急子是其一，卫宣公死后的再嫁是其二。

《左传·闵公二年》记："齐人使昭伯烝于宣姜，不可，强之。生齐子、戴公、文公、宋桓夫人、许穆夫人。"关于春秋的婚制，除了奉行"六礼之婚"与"奔者不禁"的习俗之外，见于上述引文的"烝"和《左传》他处另见的"报"、"因"等字眼已被学者们确认并非通奸关系，而是其时某种特殊的婚姻形式[①]，且这种婚姻并不影响子女的地位，宣姜与昭伯所生的三子中的二子先后被立为卫君，二女皆嫁往他国成为君夫人就是有力的证据。《左传·庄公二十八年》"晋献公娶于贾，无子。烝于齐姜，生秦穆夫人及大子申生"亦是一例。

---

① 陈筱芳的《烝、报、因：非春秋时期公认的婚制》（《西南民族学院学报》1998年第4期）和吕亚虎的《东周时期"烝"、"报"婚现象考辨》（《人文杂志》2006年第2期）均认为"烝"、"报"、"因"是春秋婚制，只不过人们的认可程度有异而已。高兵的《君权对春秋转房婚的干预作用》（《贵州民族学院学报》2005年第3期）则认为这些两性现象是人类婚姻历史上典型的"转房婚"。

昭伯是卫宣公的庶子，急子之弟，卫宣公死后，齐人强迫并不情愿的昭伯娶了宣姜。尚秉和先生认为，这次婚姻的成立是因为“齐人怜其女寡，以势力强使再嫁于昭伯，兼植党也”①。“不可”是昭伯公子顽的态度，“强之”是齐人的态度。但事实上，宣姜的儿子朔已经做了卫君，她完全可以不再嫁，春秋时夫死而不更嫁的君夫人亦比比皆是。即使再嫁，可选择的对象也并不唯一，所以此处齐人的态度应该就是宣姜的态度，齐人的“强之”应该就是宣姜的“强之”，昭伯就是她为自己的人生选定的理想归宿，所以她不但不会轻易放手，而且一定要借助母国的势力不达目的誓不罢休。我们由此可以看出，宣姜在个人的情感生活中并不是一个逆来顺受者，而是有着一定的主动性，或者说是占据着一定的强势地位。从育有五名子女的情形上看，昭伯最终还是从情感上接受了宣姜，使她充满波折的婚姻经历有了一个圆满的结果。而正因为有这样一个历经波折且大胆果断的母亲，我们才不难理解许穆夫人在日后所表现出来的坚毅与执著。

二、难得的智慧

身为卫国贵族的许穆夫人自幼在卫都朝歌长大，据传她十分喜欢在淇水边垂钓荡舟，淇河边至今留有许多“许穆夫人钓鱼处”。从日后的婚嫁情况看，父母的婚姻形式并没有对她的闺阁生活形成负面影响，而她也理所应当地遗传了母亲的美貌。可是许穆夫人是怎么成长为一个诗人的呢？

就外在而言，春秋是中国历史上文风极盛的一个时代，几乎所有形态的智慧都在这一时期发育成熟，而最为完备地保存了周代文化的文质彬彬的鲁国又是卫的近邻，文化影响不可低估；就内在而言，卫本是周武王之少弟康叔的始封之国，卫国本身的文化即带

---

① 尚秉和：《历代社会风俗事物考》，中国书店2001年版，第237页。

有典型的周文化的特征,兼之所封之地又是文化相对发达的殷商故地,文化底蕴自然较为深厚,《诗经》所收卫国民歌数量相对较多且多有名篇也是例证之一。进一步就卫国宗室而言,相传《硕人》一诗即是许穆夫人嫡祖母庄姜的傅母所作,而《绿衣》、《燕燕》、《日月》、《终风》也被《毛诗序》认为是庄姜本人的作品。虽然该说未能得到学界确信,却足以证明卫国的文学风气颇为浓郁。

诗人除文才之外还要有思想,被记述在刘向的《列女传》中许穆夫人少女时代的一则逸事亦可证明这一点。《列女传·仁智传》记载:

许穆夫人者,卫懿公之女,许穆公之夫人也。初,许求之,齐亦求之,懿公将与许。女因其傅母而言曰:"古者诸侯之有女子也,所以苞苴玩弄,系援于大国也。言今者许小而远,齐大而近,若今之世,强者为雄,如使边境有寇戎之事,维是四方之故,赴告大国,妾在不犹愈乎?舍近而就远,离大而附小,一旦有车驰之难,孰可与虑社稷?"卫侯不听,而嫁之于许。其后翟人攻卫,大破之,而许不能救,卫侯遂奔走,涉河而南,至楚丘。齐桓往而存之,遂城楚丘以居。卫侯于是悔不用其言。当败之时,许夫人驰驱而吊唁卫侯,因疾之而作诗云:"载驰载驱,归唁卫侯。驱马悠悠,言至于漕。大夫跋涉,我心则忧。既不我嘉,不能旋反。视尔不臧,我思不远。"

我们姑且忽略刘向文字中关于许穆夫人身世的舛误,只看她的清醒思考。对春秋女性而言,婚姻中最重要的附加值决不是个人的幸福,而是家国的利益。自幼长于贵族之家又有着那样独特身世的许穆夫人早就明白这一点,并早已时刻准备着为国家作出相应的奉献与牺牲。许穆夫人的智慧在于,她清楚地知道诸侯间缔结婚姻的主要目的在于"系援于大国","舍近而就远,离大而附小”实在是最不明智之举。仅从这一论断我们就可以看出，许穆夫人虽是一介女子却着实有着不让须眉甚至远胜过卫侯之类须眉男子的远见与卓识，对政治和军事亦有着非凡的洞察能力。

历史证明，许穆夫人未嫁时的预言竟成了若干年后不幸的事实。《左传》闵公二年也就是公元前660年狄人的军队冲向了卫国：

> 冬十二月，狄人伐卫。卫懿公好鹤，鹤有乘轩者。将战，国人受甲者皆曰：“使鹤，鹤实有禄位，余焉能战！”公与石祁子玦，与宁庄子矢，使守，曰：“以此赞国，择利而为之。”与夫人绣衣，曰：“听于二子。”渠孔御戎，子伯为右，黄夷前驱，孔婴齐殿。及狄人战于荧泽，卫师败绩，遂灭卫。卫侯不去其旗，是以甚败。狄人囚史华龙滑与礼孔以逐卫人。二人曰：“我，大史也，实掌其祭。不先，国不可得也。”乃先之。至则告守曰：“不可待也。”夜与国人出。狄入卫，遂从之，又败诸河。
>
> 初，惠公之即位也少，齐人使昭伯烝于宣姜，不可，强之。生齐子、戴公、文公、宋桓夫人、许穆夫人。文公为卫之多患也，先适齐。及败，宋桓公逆诸河，宵济。卫之遗民男女七百有三十人，益之以共、滕之民为五千人，立戴公以庐于曹。许穆夫人赋《载驰》。齐侯使公子无亏帅车三百乘、甲士三千人以戍曹。归公乘马，祭服五称，牛羊豕鸡狗皆三百，与门材。归夫人鱼轩，重锦三十两。

宣公之时因为父夺子妇而使卫国遭受的祸乱还只是其时常见的宫闱之争，且远没有形成晋国骊姬之乱那样惨烈的后果，但卫惠公之后卫懿公执政时的狄人来犯就已经不是内忧而是外患了。随着天下形势的变化，狄人早已不甘心居于一隅。当年犬戎能够杀周幽王于骊山之下,狄人当然也不甘示弱,希望能够冲击中原所谓的正统势力并抓住一切机会扩张自己的力量。在伐卫的上一年,他们就开始试着攻伐卫的近邻邢国,只是由于齐国的干涉才以失败收场。因为卫懿公好鹤种下的恶果,战争的形势当然不利于卫国,"狄入卫"几乎成了必然的结局。就算立戴公于曹也只是偏安的小朝廷,人们面对的只能是覆巢之下难有完卵的岌岌可危的局面,卫之存亡仍旧朝不保夕。直到齐桓公出兵,局面才得以控制,进而才有《左传·僖公二年》所记:

> 僖之元年,齐桓公迁邢于夷仪。二年,封卫于楚丘。邢迁如归,卫国忘亡。
>
> 卫文公大布之衣,大帛之冠,务材训农,通商惠工,敬教劝学,授方任能。元年革车三十乘,季年乃三百乘。

卫戴公即位之年即死而文公继之,卫文公勤俭治国,励精图治,国力大增,后又吞并邢国,使卫国呈现出复兴之势。后卫成公为避狄人侵扰,再迁帝丘(今濮阳西南),经百余年休养生息,重又呈现出繁荣景象。进入战国,卫成为最后灭亡的周代封国。

《左传》所述"许穆夫人赋《载驰》"虽然只有短短的七个字,却与"齐侯使公子无亏帅车三百乘、甲士三千人以戍曹"形成了至为鲜明的因果关系,从而彰显了《载驰》之诗无限的情感力量。

三、爱国的赤诚

许穆夫人是文学史上公认的"中国最早的女诗人"。白寿彝《中国通史·妇女》中认为:"《诗·国风》里有不少歌咏妇女的诗,也可能有不少为妇女自己所做。但一直到现在,可确认女作者姓名的诗,以许穆夫人所赋《载驰》为唯一的诗篇。如单以做诗的时间而论，许穆夫人的《载驰》要比屈原的《离骚》早三百几十年。”①不但如此，她比西方第一个女诗人萨福（约公元前630年至公元前612年）也还要早几十年。

《毛诗·鄘风·载驰序》云：“《载驰》，许穆夫人作也。闵其宗国颠覆，自伤不能救也，卫懿公为狄人所灭，国人分散，露于漕邑，许穆夫人闵卫之亡，伤许之小，力不能救，思归唁其兄，又义不得，故赋是诗也。”

> 载驰载驱，归唁卫侯。驱马悠悠，言至于漕。大夫跋涉，我心则忧。
>
> 既不我嘉，不能旋反。视尔不臧，我思不远。
>
> 既不我嘉，不能旋济？视尔不臧，我思不閟。
>
> 陟彼阿丘，言采其虻。女子善怀，亦各有行。许人尤之，众穉且狂。
>
> 我行其野，芃芃其麦。控于大邦，谁因谁极？
>
> 大夫君子，无我有尤。百尔所思，不如我所之。

朱熹认为此诗是许穆夫人动身往漕，途中遇许国大夫的劝阻，被迫返许而作②，说法与《毛诗序》相似。王先谦《诗三家义集疏》与今之一些学者则认为此诗当为许穆夫人到达漕邑后所作。事实上，无论此诗作于何时有几个重要的问题都是值得我们进行深入思考的：第一，许穆夫人为何执意要“归唁卫侯”；第二，她的行为为何会致使“许人尤之”；第三，她“控于大邦”的目的是如何达到的；第四，许穆夫人日后在许国的生活情形又会是怎样的呢？

---

① 白寿彝主编：《中国通史》（第四卷），上海人民出版社2002年版，第1453页。

② 朱熹：《诗集传》，上海古籍出版社1980年版，第33页。

当卫国为狄人所破的时候，玩物丧志的卫懿公多少还表现出了一些国君的气节，能够“不去其旗”。他的使者当然要快马加鞭地赴告各个相关国家，或为通告，或为求援。此时最先有所反应的便是有姻亲关系的宋国，因为许穆夫人的姐姐是宋桓公夫人的缘故，于是便有了“及败，宋桓公逆诸河，宵济”的及时救援，并立卫戴公于曹（漕）。宋是卫的邻国，这也正印证了许穆夫人关于“诸侯嫁女不宜舍近求远”的观点的正确性。

当卫国灭亡的消息越过郑国传到相对遥远的许国时，我们可以想象许穆公与他来自卫国的夫人发生了怎样的争执。时刻心怀卫国的许穆夫人面对国破家亡的惨景难免心潮澎湃，她必然会请求许穆公在第一时间出兵救卫，但胆小怕事畏惧狄人的许穆公一定以国力不济、路途遥远（这也确是实情）为由拒绝了她。因此伤心欲绝、气愤不已的许穆夫人才毅然决然地在诗中表示要“载驰载驱，归唁卫侯”，她是要回去亲自看一眼残破的家园，也是要表达对许穆公无动于衷的强烈抗议。

按照那个时代的礼法，当父母已不在堂时出嫁的女儿就再没有归宁的机会，因为姊妹终归要陆续出嫁，兄弟则早是那个“男女七岁不同席”时就已被分隔开的“外人”。许穆夫人就是这样一个已嫁之女。这就意味着，在礼法身份上，她将永远不必也无法再回到卫国。但在国破家亡之际，一个“礼”字已无法阻止许穆夫人胸中“情”的浪潮，所以她想要义无反顾地踏上回国之路。许人之“尤”固然有利地持有着礼法上的依据，却难以掩饰他们害怕惹火上身的真正意图。

我们说春秋女性往往对母国有着异乎寻常的情结，秦穆姬如此，晋文嬴亦如此。那么许穆夫人能够例外吗？《诗经》中有两首被毛诗认为写“卫女思归”的诗，通常被部分学者认为也是许穆夫人的作品，一首是《卫风 · 竹竿》，一首是《邶风 · 泉水》。兹录二诗如下：

藋藋竹竿，以钓于淇。岂不尔思？远莫致之。

泉源在左，淇水在右。女子有行，远兄弟父母。

淇水在右，泉源在左。巧笑之瑳，佩玉之傩。

淇水滺滺，桧楫松舟。驾言出游，以写我忧。

毖彼泉水，亦流于淇。有怀于卫，靡日不思。娈彼诸姬，聊于之谋。

出宿于泲，饮饯于祢。女子有行，远父母兄弟。问我诸姑，遂及伯姊。

出宿于干，饮饯于言。载脂载辖，还车言迈。遄臻于卫，不瑕有害？

我思肥泉，兹之永叹。思须与漕，我心悠悠。驾车出游，以写我忧。

两首诗中都写到了淇河与泉水，都以“驾言（车）出游，以写我忧”作结，前者怀恋少女时代的悠然与自得，后者表达无由归宁的渴想与期盼。二诗均以忧烦为底色，且颇类一人之声口，无论是否为许穆夫人所作都表达了外嫁之女强烈的思乡之情，从《载驰》中更为强烈的情感因素来看，即使这两首诗的著作权不属于许穆夫人，蕴于其间的脉脉之情却可以是属于她的。人虽在许，她的心却没有一刻不怀想着她的卫国，她热烈的爱国之情最终在《载驰》中爆发就是那么的理所当然。

“许穆夫人赋《载驰》”之后终于有了齐桓公救卫，齐国的举动固然有唇亡齿寒之忧，有姻亲相顾之情，有一展霸主风采之欲，却也实实在在地亦有为《载驰》动容之心。只不过《载驰》之诗并不是专为求救于齐而作的，在男女不得私相授受的时代它闻于齐侯也不可能是以书信的方式送达，而只能是得益于民间的传诵，是民众的感动触发了齐桓公的感动。齐侯所遣的公子无亏就是著名的公子武孟,齐桓公为什么派他来协助戍曹呢？很重要的一个原因恐怕就是因为他的母亲也是卫国的女儿。①

从《左传》记述看,这个后来在某种意义上拯救了卫国的许穆夫人应该是宣姜最小的女儿。而宣姜是在惠公元年之后嫁给昭伯的,惠公即位三十一年而亡,其子懿公执政九年而亡②,也就是说赋《载驰》之时的许穆夫人最多只是三十出头的年纪,有此气度着实不凡。

可是,当年鲁迅问"娜拉出走之后会怎样",如今我们要问的却是"许穆夫人返许之后会怎样"。作为已经嫁出的女儿,卫国没有她的容身之地,她的人生归宿只能在许国。而她在救卫之事上与许穆公所发生的矛盾恐怕不会是很好解决的。那是一个多妻的社会,"诸侯一娶九女",多妻制背景下的夫人只是有她看似尊贵的地位,却从不意味着她会因此得到丈夫的宠爱。如果说楚武王还欣赏邓曼的智慧、卫定公还需要定姜的扶助,那么许穆夫人的才情与胆识恐怕都不是许穆公这样胆怯的男人所需要的。我们几乎可以断言,回到许国的许穆夫人将生活在凄凉与悲惨之中,怀抱复兴卫国的梦想最终死去。临终前,她的眼前或许仍会出现淇水的钓竿、姊妹的欢颜,但也只能是仅此而已。

第八节　夏姬:"淫妇"之名的背后

夏姬出身于一个带有神秘色彩的诸侯之家,她的父亲名字叫

---

① 杨伯峻:《春秋左传注》,中华书局2006年版,第267页。"无亏即公子武孟,其母为卫姬。"

② 参见《史记·十二诸侯年表》。

做“兰”[1];她曾与至少八个有名有姓的男人发生过肉体关系[2],所以历来被视为春秋恶名流传最远的淫妇荡娃。她在陈国的时候就与一君二卿同时通奸,被掳入楚后又引得楚国君臣竞相争逐,后嫁之夫连尹襄老战死后又被其子黑要“烝之”,终于落得个“杀三夫,一君,一子,而亡一国、两卿”(《左传·昭公二十八年》)的名声。但这远不是夏姬艳史的全部和终结,与楚国重臣申公巫臣私约逃晋并携手终老成就了她历尽坎坷的人生中最后的圆满。夏姬的一生就是挣扎在爱欲与情欲之间的一生,所幸的是申公巫臣这个迟到的男人力挽狂澜般拯救了她无奈的沉沦。

一、丧夫之变与淫乱之名

春秋之世,众多国君的女儿尤其是美貌如花的女儿大多不是嫁给了周王就是嫁给了诸侯或是诸侯的儿子,可夏姬偏偏是个例外。夏姬本是郑穆公姬兰的女儿,为其少妃姚子所生,虽是庶出却也贵为一国的公主。按说郑穆公本身就是其父郑文公的贱妾所生,他应该不会歧视这个同样庶出的女儿,可不知为什么他就是把这个女儿嫁入了一个比郑还小的国家陈国,并且是嫁给了陈国一个普通的大夫夏御叔。我们不知是该为夏姬庆幸终于做了大夫的元配正室,还是替她遗憾没有成为诸侯后宫虽地位低下却有机会凭借美貌扶摇直上的媵妾,因为其时女性的心田上还没有真正生长出那株名叫“自我”的小苗,做大夫的正室还是做诸侯的宠姬全

① 事见《左传·宣公三年》:“初,郑文公有贱妾曰燕姞,梦天使与己兰,曰:‘余为伯鯈。余,而祖也,以是为而子。以兰有国香,人服媚之如是。’既而文公见之,与之兰而御之。辞曰:‘妾不才,幸而有子,将不信,敢征兰乎。’公曰:‘诺。’生穆公,名之曰兰。”

② 这八个人分别是子蛮、夏御叔、陈灵公、孔宁、仪行父、襄老、黑要、巫臣。其中子蛮身份多有争议,有人说是夏姬初嫁之夫,有人说是郑国宗室之子或夏姬之兄与夏姬未婚而通。

在她们多元价值的一念之间,并无所谓是与非。

郑国和与之相邻的卫国本是殷商故地,文化较为发达,音乐也有自己的特色,从《诗经·国风》的诗作数量和风格上都可以看出其民风的活泼和大胆,其歌咏男女爱情的篇章更是不胜枚举,孔子亦曾说过“恶郑声之乱雅乐也”(《论语·阳货》)这样的话,并提出过“放郑声”的主张,而郑卫之音也渐渐成了靡靡之音的代名词。《礼记·乐记》也曾记魏文侯问于孔子的弟子子夏说:“吾端冕而听古乐,则惟恐卧;听郑卫之音,则不知倦。敢问古乐之如彼,何也?新乐之如此,何也?”从此即可以看出,朴雅的古乐和以郑卫之音为代表的新乐在艺术风格上的差异何其巨大!夏姬就生长在郑国这样自然、热烈的文化土壤之上,她会成为一株什么样的花朵我们是大可以尽情展望的。

夏姬初到陈国的日子应该是平静而幸福的,她与夏御叔应该是郎才女貌相得益彰,但是不久夏御叔便亡故了。关于夏御叔的死因史无所载,虽然后来的野史和小说都说他死于夏姬的采战之术,但这未免都是由夏姬后来的淫乱生活所附会出来的无稽之谈。除了家业,夏御叔还给夏姬留下了两样财产,一个是儿子夏征舒,一个就是“夏姬”之名。孔子最讲究的事情之一就是“正名”,可春秋女子大多没有留下自己的名字,《左传》所记女子之名也只有有限的几个,如秦穆公女简璧、楚平王之女畀我和夏姬的祖母燕姞等。《礼记》说“妇讳不出门”(《礼记·曲礼上》),也就是就说春秋女子在闺中本是有名字的,但出嫁以后这名就不再追随于她,因为她不再是她自己,而只能是谁的妻、谁的母。而史书在追记夏姬、怀嬴、宣姜等再嫁的女性的生平时,赋予她们的称谓往往只相关于她们的第一个丈夫,这当然是一种身份上的提点和警示,当然也不排除侮辱和蔑视。因为夏征舒后来为楚人所杀,“夏姬”二字就成了夏御叔留给妻子的最恒久耐用的遗产。“君死、官死、父死,都意味着一体化关系的永久或暂时解除,也可以缔结新的一体化关系,唯独夫死不影响夫妻一体化关系的存在，女性仍要向亡夫负责。负责者为‘节妇’‘烈女’。”[1]虽然夏姬不是这样的节妇烈女，但两千多年，提到这个女子的时候，我们真的不知道除了这两个字还可以怎样称呼她。

夏御叔活着的时候夏姬应该是一个知足而快乐的贵妇，大夫之家也已足够她养尊处优，让她可以一边哄着年幼顽皮的征舒，一边在自然的阳光下舒展自己的天生丽质或是在轻拂的帷幕内保养自己吹弹可破的肌肤。每个女人都不可能天生就是一个淫乱的胚子，夏姬也不例外。可是，夏御叔死后，她就有了情夫。如果说她只是因为寡居女子的生理欲望无法宣泄而寻找到一条隐秘的路径，人们或者多少还可以原谅其礼法下的无奈，可是人们不能容忍的是她竟然同时拥有三个情夫，是“三个”，而且是“同时”。

说起来，夏姬这三个同时存在的情夫可是颇有来头的，他们是陈国最有权势、最有地位的一君二卿。关于这段秽史《诗经·陈风·株林》曾经有过毫不隐讳的表述：“胡为乎株林？从夏南兮？匪适株林，从夏南兮！驾我乘马，说于株野。乘我乘驹，朝食于株。”株林是夏南也就是夏征舒的封地，夏姬平日就居住在那里，她的三个情夫也就频繁地往来此处与夏姬幽会。《左传·宣公九年》记载：“陈灵公与孔宁、仪行父通于夏姬，皆衷其衵服以戏于朝。泄冶谏曰：‘公卿宣淫，民无效焉，且闻不令，君其纳之。’公曰：‘吾能改矣。’公告二子，二子请杀之，公弗禁，遂杀泄冶。”泄冶无疑是陈国少见的一个赤胆忠心的臣子，对君王能陈利害且敢陈利害，但终于在陈灵公的阳奉阴违和佯装不知中被两个无耻小人所杀。如果说“陈灵公与孔宁、仪行父通于夏姬”尚可作为三人和更多人心照不宣的情形存在，那么大家都穿着夏姬的贴身内衣“以戏于朝”的不以为耻反以为荣就只能是正人君子“是可忍孰不

---

① 欧阳洁：《女性与社会权力系统》，辽宁画报出版社 2000 年 2 月版，第 45 页。

可忍”的无耻行径，所以泄冶才会勇于站出来直陈己谏。那么，这样的一幕在夏姬眼中又意味着什么呢？

二、失子之痛与楚人之争

夏御叔死后的夏姬与征舒成了名副其实的孤儿寡母。人们从来就说“寡妇门前是非多”，更何况夏姬又是一个名声在外的美艳寡妇。比夏姬生活时间稍晚的襄公二十五年，齐棠公死后，其美艳的遗孀棠姜被前来吊唁的崔杼看在眼里，遂不避同姓不婚之礼和繇辞之凶而娶之。棠姜虽嫁于崔杼却无法防范“庄公通焉”的企图，齐庄公不但经常到崔杼家里行淫乱之事，还狂妄地把崔杼的帽子赐给别人。棠姜是有夫之妇，丈夫崔杼又身为齐国重臣，但她仍无法抗拒齐庄公对美色的觊觎。推此情形于夏姬，当她嫁于陈国后她就不再是郑国的公主（更何况她只是一个庶出的公主），当一个大夫的未亡人面对以贪淫好色闻名的陈灵公和他的两个权重一时的卿士时，身为一介弱女子的夏姬为了保全自己和夏氏的血脉，除了慑服于他们的淫威又能如何呢？人们只道株林是夏姬的风流快活之地，却未曾想这里更有可能是她愁肠百转临风洒泪的伤心之地。

人都是有尊严的，淫妇应该也不例外，更何况夏姬也未必是一个心甘情愿的淫妇。面对这样一群寡廉鲜耻可以穿着同一个女人的亵衣在朝堂上戏谑取乐的男人，连最基本的人格尊重都得不到实现的夏姬与他们的肉体关系，谁能相信会是出于自愿？与一君二卿同时私通，也许是夏姬出于无奈，也许无奈之中她也会偶尔相信他们的甜言蜜语与信誓旦旦，也会沉溺于肉体的欢乐用以麻醉自己不能自主的神经，但当她通过三个人“皆衷其衵服以戏于朝”这样一个细节洞悉了自己身为“玩物”的本质后，她又怎能不为自己的人生处境心痛如割？无论夏姬与多少个男人在暗夜的光影下发生过情愿或不情愿的肉体关系，但她首先是一个人，是一个有着

"被尊重"的需要的人。而对于因她而起的泄冶之死,夏姬的心上恐怕也会有恻恻的浅痛。

宣公十年,"陈灵公与孔宁、仪行父饮酒于夏氏。公谓行父曰:'征舒似女。'对曰:'亦似君。'征舒病之。公出,自其厩射而杀之。二子奔楚"。一切都仿佛来得很快,似乎只是因为一句玩笑就有了陈侯被杀二子奔楚的结局。其时的征舒已经成年,夏姬与三人的淫行只是发生在夏御叔过世之后,征舒的身世不存在任何疑问,但他竟因为一句"征舒似女(汝)"而动了弑君的念头,应该说只是为了尊严,为了自己,也为了母亲的尊严。

母亲与他人的淫乱举国皆知,甚至列国皆知,征舒又怎能不知道?但他是陈侯的臣子,身为人臣他并不能够真的做些什么。他内心的痛苦一定是隐忍了许久的,因为他了解母亲的处境,了解自己的处境。射杀陈侯只是因为那一刻他急火攻心到了忍无可忍的地步。也许有人会说征舒弑君不是为了尊严而是为了权势,但只要看看"二子奔楚"的结局,看看陈国的二卿没有在逃出株林之后联合同僚起来对抗征舒而是匆匆忙忙地选择了出奔,就知道大夫征舒在陈国的势力已经有多大,他的所为有多么的得人心。如果只是为了权势,夏征舒大可借母亲之力将陈侯软禁于株林,而不必担负弑君的罪名。

征舒弑君之后,夏姬的心情一定是极度灰暗至为恐慌的,但她不是因为担心儿子将会讨伐她的淫行,而是担心儿子的命运。果然,第二年的十月,楚人便入陈杀死了夏征舒,而不情愿的陈人也被迫重新接纳了孔宁和仪行父这两个奸恶之徒。但夏姬却在承受着失子之痛的同时结束了她的陈国岁月,她被楚庄王带入了楚国的都城。征舒是夏姬唯一的孩子,是夏御叔死后她唯一的梦想和希望所在,如果不是为了保全征舒,夏姬也许不会落到万人唾骂的地步,但征舒之死又的确是因她而起。正所谓"我不杀伯仁,伯仁因我而死",面对征舒之死,夏姬怎能不有万箭攒心的痛楚?楚人入陈的理由是“讨有罪”，“有罪”者就是弑君的夏征舒。但夏姬与陈国戡乱有何干系？杀死征舒又带走夏姬，楚人的醉翁之意当然绝不仅仅在于一个酒字。

“楚之讨陈夏氏也，庄王欲纳夏姬，申公巫臣曰：‘不可。君召诸侯，以讨罪也。今纳夏姬，贪其色也。贪色为淫，淫为大罚。《周书》曰：“明德慎罚。”文王所以造周也。明德，务崇之之谓也；慎罚，务去之之谓也。若兴诸侯，以取大罚，非慎之也。君其图之！’王乃止。子反欲取之，巫臣曰：‘是不祥人也！是夭子蛮，杀御叔，弑灵侯，戮夏南，出孔、仪，丧陈国，何不祥如是？人生实难，其有不获死乎？天下多美妇人，何必是？’子反乃止。王以予连尹襄老。襄老死于邲，不获其尸，其子黑要烝焉。”（《左传·成公二年》）入楚之后的夏姬又成为楚国君臣争逐的对象，从国君到公子无不对其垂涎欲滴，最终获得这件“战利品”的襄老战死后，他的儿子黑要又在父亲尸骨尚未回归故国之时便毫不忌讳顶着“不孝”之名迫不及待地强迫夏姬顺从自己的淫欲。如果说在陈的夏姬还有值得怀疑的主动的“淫欲”，那么入楚后的夏姬的一举一动就已经失去了自主，甚至在还没有摆脱丧子之痛时就要被迫接受又一次莫名其妙的婚姻，而且是被当做礼物一样赏赐于人。而襄老死后，夏姬似乎又不可避免地落入了黑要的掌控。

但此时，一个人的出现让夏姬完成了自己人生最华丽的转身，让她从此与淫乱的生活绝缘，让她从此可以享受岁月的静好，让她从此找到了人生最温暖的怀抱。这个人就是此前曾经在楚国君臣面前极力诋毁她的申公巫臣。

三、巫臣之约与迟到之爱

巫臣出身于楚国宗族，又名屈巫，字子灵，曾为楚国申县的地方官，故曰“申公巫臣”。《左传》中巫臣与夏姬的关联始于楚讨陈夏。夏姬入楚后庄王欲纳之，巫臣反对说攻打陈国是为了讨伐有罪的人，而一旦纳了夏姬就变成贪图美色，对君王的名声不利。公子子反流露出相同的意思时，巫臣又以“是不祥人也”的立论打消了虽好色却更惜命的子反娶她的念头。史书上找不到巫臣与夏姬在此前是否曾经相识的依据，在此后也看不出二人相爱的因由，但两心相许后漫长的等候和历经艰难相聚后宁静的相守让我们有理由相信他们之间存在着美好的爱情。

当夏姬出现在楚国的朝堂之上时，她必定是素面朝天身着孝服，因为她的儿子刚刚被处以极刑，这是她应有的表现也是她无言的愤恨。但越是没有脂粉的染渍、越是没有簪环的掩映，她越是仪态娴雅、艳光四射，越是让人记起她曾是受过良好闺训的郑国公主，她的美只能让朝堂上下一片哗然。在众多男人为她心旌摇荡之时，仿佛只有一个人是例外的，那就是巫臣。巫臣说她是个不祥的人，说子蛮、御叔、灵侯、夏南之死和孔宁、仪行父之奔甚至陈国的覆灭都应归罪于她，他好像丝毫不为她的美色所动。也许他说的是真心话，那时的他真的认为这个美丽的女子就是一潭深不见底的祸水，不但杀夫克子还会导致国家的覆亡；也许他说的不是真心话，而是以一见钟情的方式爱上了这个不得已任人摆布的不幸女子，他的话只是在情根深种的状态下以雄辩之辞为自己未来可能的婚姻排除劲敌。

襄老死后，“巫臣使道焉，曰：‘归！吾聘女。’又使自郑召之，曰：‘尸可得也，必来逆之。’姬以告王，王问诸屈巫。对曰：‘其信！知䓨之父，成公之嬖也，而中行伯之季弟也，新佐中军，而善郑皇戌，甚爱此子。其必因郑而归王子与襄老之尸以求之。郑人惧于邲之役而欲求媚于晋，其必许之。’王遣夏姬归。将行，谓送者曰：‘不得尸，吾不反矣。’巫臣聘诸郑，郑伯许之”(《左传·成公二年》)。巫臣谋娶夏姬的第一个步骤是要让她摆脱楚人的控制，而夏姬居然也就听信了他的话，可是他给夏姬的只是一个简单的承诺：“吾聘女。”虽然《礼记·内则》云“聘则为妻”，也就是说巫臣承诺要给夏姬一个夫人的名分，他对她的态度比从前的许多男人都更加郑重，但对夏姬这样一个阅人多矣且声名狼藉的女子来说，礼法的约束已失去了最基本的力量，婚姻的拯救也不再具备原始的意义。襄老死后，如果只是为了下一桩婚姻或是寻一个男人共享衾间枕上的余生，她完全可以留在黑要的身边，绝没有必要接受巫臣的建议以冠冕堂皇的理由返回阔别多年早已陌生的郑国，并在非女非妇的忐忑中等待他的迎娶。

"及共王即位，将为阳桥之役，使屈巫聘于齐，且告师期。巫臣尽室以行。申叔跪从其父将适郢，遇之，曰：'异哉！夫子有三军之惧，而又有《桑中》之喜，宜将窃妻以逃者也。'及郑，使介反币，而以夏姬行。将奔齐，齐师新败，曰：'吾不处不胜之国。'遂奔晋，而因郤至，以臣于晋。晋人使为邢大夫。"(《左传·成公二年》)《左传》未记夏姬归郑的具体时间，但总归与襄老之死相去不远。从宣公十二年(前597年)襄老战死到成公二年(前590年)巫臣与夏姬终于聚首，这中间相隔了七年之久，夏姬至少等了巫臣四五年是没有问题的。那个时候他们有爱吗？他们为什么会爱？我们都不得而知，我们只知道巫臣在寻找机会，而夏姬在静静地等待。以人们对夏姬的态度，如果这期间她的生活中有任何相关于男人的风吹草动，史家之笔是无论如何都不会放过的。此时的夏姬刚刚步入中年，其风韵自然较少女更盛，只要她想，钻穴逾墙之徒应该不会太少，但是她的生活中却似乎再也没有出现过风化问题。从夏姬盛年的定力推想从前，她在陈国君臣樊篱之下的无奈岂不是愈发地昭然若揭？

巫臣没有食言，他向郑国行聘，也得到了郑国的应允，但他不能立刻就娶到夏姬。巫臣在等待一个合适的时机，而且他知道，如果他真的娶了夏姬，曾经阻止楚庄王和公子子反娶夏姬的他就再也回不到楚国了。当若干年后，身为楚国重臣的巫臣践履前言带上全部家产借聘齐之机为夏姬弃官逃国私奔入晋时，连仅是路遇的申叔跪都发现他眉宇间闪烁着隐藏不住的“桑中之喜”，毕竟爱情是无法掩饰的！巫臣义无反顾的抉择与文公八年放弃世位奔于莒国追随所爱之人的穆伯是何其相似啊！

楚庄王是“五霸”之一，其才识胆略自然不可小觑。但他能认真听从巫臣之劝谏，遇事亦“问于屈巫”，足见他对巫臣才能的倚重。楚共王即位之初即派巫臣“聘于齐”这个北方大国，也表明他对巫臣才能的认可和信任。巫臣进入西方强国晋国之后即被封为邢大夫亦标志着晋人对他的看重。巫臣对楚国可谓有大功，正如楚共王所评价：“其自为谋也则过矣，其为吾先君谋也则忠。”①他与楚国本也可以就这样再不相关，但成公七年子重子反却挟私杀了巫臣的族人并分其室家，于是巫臣通使于吴，教之以兵法，并遣子狐庸为吴之行人，其目的十分明确，就是在于借吴国的势力以报复楚国，而吴国也由此强大起来。② 这样一个才智过人的春秋名臣怎么可能只是为了一个“色”字就处心积虑若许年，冒着族人被戮的危险弃国逃家呢？而再嫁巫臣后的夏姬似乎更安于相夫教子的生活，春秋史籍中也从此失去了她艳丽妩媚的身影。这一让人

---

① 以上内容皆见于《左传·成公二年》。

② 《左传》成公七年：“楚围宋之役，师还，子重请取于申、吕以为赏田，王许之。申公巫臣曰：‘不可。此申、吕所以邑也，是以为赋，以御北方。若取之，是无申、吕也。晋、郑必至于汉。’王乃止。子重是以怨巫臣。子反欲取夏姬，巫臣止之，遂取以行，子反亦怨之。及共王即位，子重、子反杀巫臣之族子阎、子荡及清尹弗忌及襄老之子黑要，而分其室。子重取子阎之室，使沈尹与王子罢分子荡之室，子反取黑要与清尹之室。巫臣自晋遗二子书，曰：‘尔以谗慝贪婪事君，而多杀不辜。余必使尔罢于奔命以死。’巫臣请使于吴，晋侯许之。吴子寿梦说之。乃通吴于晋。以两之一卒适吴，舍偏两之一焉。与其射御，教吴乘车，教之战陈，教之叛楚。置其子狐庸焉，使为行人于吴。吴始伐楚，伐巢、伐徐。子重奔命。马陵之会，吴入州来。子重自郑奔命。子重、子反于是乎一岁七奔命。蛮夷属于楚者，吴尽取之，是以始大，通吴于上国。”襄公二十六年：“子反与子灵争夏姬，而雍害其事，子灵奔晋。晋人与之邢，以为谋主。扞御北狄，通吴于晋，教吴叛楚，教之乘车、射御、驱侵，使其子狐庸为吴行人焉。吴于是伐巢、取驾、克棘、入州来，楚罢于奔命，至今为患，则子灵之为也。”

多少有些瞠目结舌的妖姬余响，如果不用“爱情”两个字作答，恐怕是没有人能够解释清楚的。

“千百年来，人们习惯于用‘淫’来总结夏姬爱欲纠葛的一生，事实上，如果从‘名’与‘实’的角度来考虑，会发现这是有失偏颇的。申公巫臣在劝楚庄王放弃夏姬时曾为‘淫’下过定义，认为‘贪色为淫，淫为大罚’。公正地说，夏姬并不是贪男人之‘色’而与之‘淫’，其自身的依附地位决定了她不能、也不敢说‘不’！她的爱情婚姻对象，完全不能自主，嫁给谁，与谁保持性关系都不可能由她决定。在郑国为公主时，为政治的原因‘联姻’到弱小的陈国；在陈国为夏御叔寡妻时，陈灵公与孔宁、仪行父二卿以‘共享’的形式占有她；被掳至楚国后，庄王、子反、屈巫都虎视眈眈地想占有她。在男权为中心的社会历史条件下，男子贪‘色’视为理所当然；女子受辱反被冠以‘淫’之罪名，这是夏姬的悲情命运。”①

当年巫臣曾对子反说：“天下多美妇人，何必是？”但他自己却偏偏用行动向我们证实：世上纵有百媚千红，我独爱你这一种！如果说后来的夏姬还有什么不称心之事的话，那应该就是叔向之母给她的评价。《左传·昭公二十八年》记当初叔向欲娶巫臣和夏姬的女儿时，叔向之母说：“子灵之妻杀三夫，一君，一子，而亡一国、两卿矣。可无惩乎？吾闻之：‘甚美必有甚恶，’是郑穆少妃姚子之子，子貉之妹也。子貉早死，无后，而天钟美于是，将必以是大有败也。昔有仍氏生女，鬒黑而甚美，光可以鉴，名曰玄妻。乐正后夔取之，生伯封，实有豕心，贪婪无餍，忿类无期，谓之封豕。有穷后羿灭之，夔是以不祀。且三代之亡，共子之废，皆是物也。女何以为哉？夫有尤物，足以移人，苟非德义，则必有祸。”这一评价与当年巫臣的断语如出一辙，但这两个人一个成了夏姬的丈夫，一个成了夏姬的亲家。这世事的结局是何其耐人玩味！而后来果然

① 阮丽萍：《夏姬现象说》，《重庆工学院学报》，2005年第2期。

是如叔向之母所说,夏姬的外孙杨食我导致了叔向家族羊舌氏的灭亡,但这些都已经与夏姬无关。走到生命的终点时,在她的纤纤素手中盈盈成握的有巫臣给她的爱怜与温暖,对一个受过太多伤害的女人而言,这迟来的涓涓之爱已经足够了。

第九节 定姜:享有玉德的母仪者

在春秋较晚时候(成襄年间)出场的定姜的身影在《左传》中只出现了四次,分别见于《成公十四年》、《襄公十年》和《襄公十四年》,但她的思想、她的才干、她的胆略、她的才辩和她的知人之能全部显露无遗。除了以妇人身份干预政务与其时礼法相悖以外,定姜的身上绝无任何道德瑕疵,才美外见而德行居内,堪称是春秋女性中一块并不多见的无瑕白璧,其言行、识见更可作为现代女性的人生教材。

一、冷静周全纳有罪之臣

定姜是卫定公的夫人,《左传》行文并没有说她嫁自何处。虽然春秋时姜姓之国并不唯一,但从卫庄公夫人庄姜和卫宣公夫人宣姜均为齐女,且卫文公女弟嫁为齐桓公夫人的齐卫通婚情况来看,定姜也极有可能和庄姜、宣姜两个大美女一样出身于齐侯的后宫,并且和她们一样美艳动人。但无论定姜是不是来自繁华的临淄,这个不见容貌却见性情的女子都是《左传》书写中的一个典型,而她一生的荣辱哀痛都与三个男人息息相关,这三个男人就是卫定公、卫献公和孙林父。卫定公是定姜的丈夫,卫献公衎是定姜的庶子,定公死后继位为卫君,那么孙林父又是什么人呢?

孙林父(谥为"文",故又称"孙文子")出于卫之孙氏,孙氏为卫之重臣,出自卫武公,世代以戚地为食邑。孙氏的政治活动在《左传》中有多处表现,《文公元年》即记有孙昭子,《僖公二十八年》和《哀公二十六年》即记有孙庄子,而记得比较详细的则是孙良夫、孙林父、孙蒯祖孙三人。孙良夫曾多次代表卫君出使他国,极有可能是卫国的首席执政大臣。《左传·成公七年》记:“卫定公恶孙林父。冬,林父出奔晋,卫侯如晋,晋反戚焉。”《左传》没有说卫定公为什么不喜欢孙林父,但他的情绪表达一定十分明显甚至激烈,所以孙林父才会选择出奔并以采邑入晋。而卫定公则一定是与晋国进行了一番交涉之后,才使晋人返还了戚地的所有权和管辖权。这一事件当然更加激化了君臣二人的矛盾,所以才会有七年后成公十四年的事情发生:

> 十四年春,卫侯如晋,晋侯强见孙林父焉,定公不可。夏,卫侯既归,晋侯使郤犨送孙林父而见之。卫侯欲辞,定姜曰:“不可。是先君宗卿之嗣也,大国又以为请,不许,将亡。虽恶之,不犹愈于亡乎?君其忍之!安民而宥宗卿,不亦可乎?”卫侯见而复之。

卫之孙氏与晋国卿大夫的关系极为亲密,晋甚至多次率列国在孙氏的采邑戚地举行盟会,所以孙林父出奔时也理所当然地选择了晋国。晋国是威仪赫赫的大国,又紧邻卫之西陲,可随时与卫国兵戎相见,所以才能在使卫定公“强见孙林父”不成的情况下,干脆采取更加强硬的办法“使郤犨送孙林父而见之”。卫定公对孙林父的厌恶大概已经到了极点,对晋国的插手更是深恶痛绝,所以孙林父到了家门时卫定公仍旧“欲辞”。

当一个人的处境受到强力挤压进而心有不平时,他一定会找一个人来倾诉甚至是求援,而这个人应该是选择的结果,应该是他的智囊或是知己,而不是随便的一个什么人。卫定公选择了定姜。定姜的话是在从两个方面帮助卫定公分析形势:第一,孙林父是“先君宗卿之嗣”,不许他回国于情于理都说不过去;第二,“大国又以为请”是让卫定公充分意识到晋之强大，一旦不许其请则可能有大兵压境之忧，其结果便极有可能是国之“亡”。所以卫定公最好的选择只能是隐忍，以一己之忍耐“安民而宥宗卿”。当一场卫定公与孙林父之间的君臣争端演变为卫与晋之间的国际争端时，火药味儿已经愈来愈浓，定姜及时的出面调停和因势力导不但避免了更激烈的冲突的发生，而且着实让我们见识了这个女子的大局意识，而寥寥数语之中，其思维的敏捷与清晰，其表达的入情与入理不能不让人佩服。卫定公的主张和她比较起来，则似乎更加孩子气，也似乎更加像是所谓“妇人之见”。

孙林父得以重新回到卫国并被恢复封地和职位，在某种程度上可以说是全赖定姜之力，但我们丝毫看不到这背后的私人感情和利益纠葛。而卫定公毫无异议地听取了定姜的建议，足证了他对夫人智谋的认可。而发生在同一年的另一件事让我们发现，信任定姜之言的人决不仅仅只有卫定公。成公十四年：

> 卫侯有疾，使孔成子、宁惠子立敬姒之子衎以为大子。冬十月，卫定公卒。夫人姜氏既哭而息，见大子之不哀也，不内酌饮。叹曰：“是夫也，将不唯卫国之败，其必始于未亡人！乌呼！天祸卫国也夫！吾不获鱄也使主社稷。”大夫闻之，无不耸惧。孙文子自是不敢舍其重器于卫，尽置诸戚，而甚善晋大夫。

卫定公之所以使孔成子、宁惠子立太子而不使孙林父，当然是因为情感和政治上的亲疏有别。卫定公之所以立敬姒之子衎为太子，是因为定姜之子不成而亡，无嫡可立只好立庶。而定姜对太子的不满也不是因为他系敬姒之子而把女人之间争宠的心思用在了子辈的身上。“吾不获鱄也使主社稷”将定姜的遗憾和慨叹表露无遗，从这句话中我们可以看出定姜心里早就有了理想的君位继承人,只是她对继位的人选有着与卫定公不同的想法,而鲊就是下文将要提到的子鲜,他是敬姒的另一个儿子,远比衎要贤明得多。

“大子之不哀”使定姜心下大为感伤,于是“不内酌饮”连水都不肯喝。定姜的感伤、叹息甚至可能还有愤怒应该主要来源于两个方面,一是太子“父亡而不哀”缺失了最基本的人伦之情必将“失道寡助”,二是对于父亲尚能如此淡漠对于臣子将更加刻薄寡恩是故将有“卫国之败”。至于“其必始于未亡人”只是定姜一种清醒的预测,其“叹”是为卫国的前途而决不是为一己的命运。从没有人说过定姜是一个出语灵验的预言家,但“大夫闻之,无不耸惧”,孙林父更是为自己做好了随时逃离的准备,所有这些反应都是定姜之言的直接结果,而一定是还有许多我们所不知道的事情,让卫国的大夫们对定姜和定姜的判断深信不疑。

二、审时度势追穷途之兵

虽然当年定姜预言卫献公执政后卫国将有乱发生,但在最初的十几年间国事还算正常,军事上也和列国一样,常有主动或被动的战争发生。襄公十年:

> 六月,楚子囊、郑子耳伐宋,师于訾毋。庚午,围宋,门于桐门。晋荀罃伐秦,报其侵也。卫侯救宋,师于襄牛。郑子展曰:“必伐卫,不然,是不与楚也。得罪于晋,又得罪于楚,国将若之何?”子驷曰:“国病矣!”子展曰:“得罪于二大国,必亡。病不犹愈于亡乎?”诸大夫皆以为然。故郑皇耳帅师侵卫,楚令也。孙文子卜追之,献兆于定姜。姜氏问繇。曰:“兆如山陵,有夫出征,而丧其雄。”姜氏曰:“征者丧雄,御寇之利也。大夫图之!”卫人追之,孙蒯获郑皇耳于犬丘。

晋与楚是当时的两个大国,在列国间各有派系,宋、卫、晋是同盟之国,楚与郑则是联袂作战。楚郑联合伐宋,晋因恰与秦作战分身乏术,卫国便出兵救宋。关于是否就此伐卫,郑国内部产生了不同的意见,最终人们认为,伐宋已得罪于晋,此刻若再不伐卫就连一同出兵的楚国也得罪了,把两个大国都惹恼了就会亡国,还不如始终与楚结成统一战线,于是决定与卫作战。

"国之大事在祀与戎",在人们最基本的认识中,"戎"这样的大事显然与女子无干。但孙林父却将战前占卜所得的繇辞献给定姜,请她定夺是否追击郑国的军队,不亦怪哉?由天命观使然,周人作战之前通常要进行占卜,以测吉凶,但对繇辞的解释却总是如"赋诗断章"般为我所用,也就是说天命最终还是要取决于人的意志。因为古代汉语的多义性和不确定性,繇辞的解释可以说是一门特殊的学问。古代的文化通常掌握在巫史的手中,如果不是饱读诗书的人是无法解释繇辞的,不是有特殊地位和身份的人则是无权解释繇辞的。庄公二十二年"初,懿氏卜妻敬仲,其妻占之",说明春秋时代有些女性仍旧保持着与上天沟通的权力和能力,不知定姜是否也被赋予了这种身份。

但无论如何,执政大臣"献兆于定姜",首先说明在这件事上经历过无数重大事件洗礼的孙林父拿不定主意或是无权决定,其次孙林父不去找国君卫献公而是来请示定姜说明定姜在卫国的政治军事上有着举足轻重的意义。如上文所见繇辞"有夫出征,而丧其雄"虽有主语却没有所属方,我们既可如定姜般认为所丧之雄是对方的首领,也可将其理解为我方的元帅。所以我们有理由认为熟悉天下大势的定姜作出放手一搏的决断并不是系命于天的莽撞举动,而是审时度势之后作出的正确判断。

春秋时期,男子所受教育以"六艺"为主,是所谓"礼、乐、射、御、书、数"是也。女子虽被排除在系统的社会教育之外,但其时蔚然成风且蔚为壮观的文化风习却使女性受到必然的濡染。我们前面说过穆姜妥帖大方的赋诗言志,也说过许穆夫人急切自然的书写《载驰》,而定姜本人也是传说中的歌诗作者。[1] 但我们要说的是文辞雅言之外,《左传》中的部分女性人物也有武艺在身,如成公十七年“厉公田,与妇人先杀而饮酒,后使大夫杀”及哀公十一年记“初,晋悼公子慭亡在卫,使其女仆而田”。妇人在君王狩猎时与其同“杀”,虽系非礼之举却可知其不但有武艺而且有马上功夫;在打猎时以未嫁女子身份为父亲驾车(“仆”)着实非同凡响(就是已嫁也一样非同凡响),难怪太叔懿子一眼就取中了这个与孔子有着相同的“御”之专长的女子[2],“遂聘之,生悼子”。但真正在军事活动中上阵杀敌的春秋女子,我们在《左传》中却还未有所见,《左传》女子实际的军事能力往往与她们出色的洞察力和特殊的交际身份密切相关。

桓公十三年的春天,“楚屈瑕伐罗,斗伯比送之。还,谓其御曰:‘莫敖必败。举趾高,心不固矣。’遂见楚子曰:‘必济师。’楚子辞焉。入告夫人邓曼。邓曼曰:‘大夫其非众之谓,其谓君抚小民以信,训诸司以德,而威莫敖以刑也。莫敖狃于蒲骚之役,将自用也,必小罗。君若不镇抚,其不设备乎?夫固谓君训众而好镇抚之,召诸司而劝之以令德,见莫敖而告诸天之不假易也。不然,夫岂不知楚师之尽行也?’楚子使赖人追之,不及。”到了庄公四年的春天,“王三月,楚武王荆尸,授师孑焉,以伐随。将齐,入告夫人邓曼曰:‘余心荡。’邓曼叹曰:‘王禄尽矣。盈而荡,天之道也。先君其知之矣,故临武事,将发大命,而荡王心焉。若师徒无亏,王薨

---

① 有人认为《诗经·燕燕》一诗的作者为庄姜,也有人认为作者是定姜,如《列女传》即记:“卫姑定姜者,卫定公之夫人,公子之母也。公子既娶而死,其妇无子,毕三年之丧,定姜归其妇,自送之,至于野。恩爱哀思,悲心感恸,立而望之,挥泣垂涕。乃赋诗曰:‘燕燕于飞,差池其羽,之子于归,远送于野,瞻望不及,泣涕如雨。’送去归泣而望之。又作诗曰:‘先君之思,以畜寡人。’君子谓定姜为慈姑过而之厚。”

② 《论语·子罕》记:达巷党人曰:“大哉孔子!博学而无所成名。”子闻之,谓门弟子曰:“吾何执?执御乎?执射乎?吾执御矣。”

于行,国之福也。'王遂行,卒于樠木之下。令尹斗祁、莫敖屈重除道梁溠,营军临随。随人惧,行成。莫敖以王命入盟随侯,且请为会于汉汭而还。济汉而后发丧。"从屈瑕之趾高气扬看出他的轻敌和必败,邓曼的见识竟高于在春秋享有英名的楚武王。虽知将有"王薨于行"的结局,却更明白出兵作战一鼓作气的道理,在爱丈夫的同时更以国家大义为重,邓曼不但可以说是一个女性军事家,更可以说是一个千古侠女。而僖公二十二年"郑文公夫人劳楚子于柯泽",以一国夫人之身份越礼会见娘家的兄弟则是以亲情巩固军事联盟的典范。而有了如上的背景,定姜的出现也就显得毫不突兀了。

三、激愤斥子忧家国之数

定姜关于卫将有乱的预言在卫献公执政的第十八个年头被不幸证实,卫献公被迫出奔于齐,而迫使卫献公出奔的罪魁祸首就是当年自晋归国的孙林父。

孙林父得以归国自然有赖于定姜对卫定公的劝谏,但依当时情形看,定姜之言有理有据,如果不纳孙林父卫国当时便已岌岌可危,其乱亦不必等到二十余年之后,而在这二十年间孙林父对卫国也算得上是有功之人。有战事发生时虽有孙林父"献兆于定姜",卫献公出奔时虽然定姜也认定其有罪,却从没有人说定姜与孙林父是政治上的同谋,两千年读史的人都没有非议,已足证定姜的清白。所以卫国虽有孙氏之乱,定姜却算不得引狼入室之人。赶走献公另立新君的孙林父虽有恃势自大、轻慢君主的表现,但卫献公本人对于卫乱也有着不可推卸的责任。

从成公十四年的"大子不哀"上我们就可以对卫献公的为人有个初步的印象,而他与孙氏宁氏的冲突也起源于他对孙林父和

宁殖的傲慢无礼,以及对乐师的暴虐。[1]《左传·襄公十四年》记:

> 子鲜从公,及竟,公使祝宗告亡,且告无罪。定姜曰:"无神何告?若有,不可诬也。有罪,若何告无?舍大臣而与小臣谋,一罪也;先君有冢卿以为师保,而蔑之,二罪也;余以巾栉事先君,而暴妾使余,三罪也。告亡而已,无告无罪。"

春秋的出奔"遣人告庙"是基本的礼法要求,所以卫献公也这样做了,但他同时要告诉列祖列宗的是他"无罪"。定姜的言辩之词和愤慨之心再度得到彰显,她先说明"鬼神之不可诬"的道理,然后便条分缕析地历数了卫献公的三条罪责,一是与小臣谋事,二是不敬师保,三是待身为嫡母的自己刻暴若婢妾,也就是说卫献公为君不正为子不正为人亦不正,于国有罪于家亦有罪,而将虐待自己之罪放在最后则说明定姜始终是将国家利益放在首位的,她想的更多的是卫国的命运。

关于卫献公如何对待定姜的事情史无所载,我们当然也就无所见。但定姜身为卫定公夫人,也就是卫献公的嫡母,按照古人"父母一体"的孝道观念卫献公应该对她侍奉甚恭,至少要像对待生母敬姒一样,但很明显他没有做到。一个父亲去世都不会哀伤的人怎么可能善待一个没有任何血缘关系的嫡母呢?成公十四年,明于事理的定姜已经预见到了自己可能会有的处境,而十几年后的襄公十四年,把"不孝"当做卫献公的罪状诉于人前时,已经忍受了那么久的定姜该有着怎样的痛心和无奈啊!而就在四年

---

① 《左传·襄公十四年》:"卫献公戒孙文子、宁惠子食,皆服而朝。日旰不召,而射鸿于囿。二子从之,不释皮冠而与之言。二子怒。孙文子如戚,孙蒯入使。公饮之酒,使大师歌《巧言》之卒章。大师辞,师曹请为之。初,公有嬖妾,使师曹诲之琴,师曹鞭之。公怒,鞭师曹三百。故师曹欲歌之,以怒孙子以报公。公使歌之,遂诵之。蒯惧,告文子。文子曰:'君忌我矣,弗先。必死。'"

前,面临战事,她还在为他分担着国事,还在替他护佑着卫国!

卫献公根本不懂为君之道,其为人的贪愎自用、自以为是及其倨傲、势利皆是史有所载。《左传·襄公二十六年》,“卫献公使子鲜为复,辞。敬姒强命之。对曰:‘君无信,臣惧不免。’敬姒曰:‘虽然,以吾故也。’许诺”。当出奔在外的卫献公请求自己的同母弟公子子鲜帮助自己回国执政时,竟被子鲜拒绝了,而“君无信,臣惧不免”就是亲弟弟的理由。与宁喜谋划此事的太宰穀在见到献公后则对宁喜说:“君淹恤在外十二年矣,而无忧色,亦无宽言,犹夫人也。若不已,死无日矣。”但由于母亲的强命子鲜帮助了献公,由于父亲的遗命宁喜和太宰穀也按计划迎回了献公,孙林父则以戚入晋背叛了卫国。

献公回国之时“大夫逆于竟者,执其手而与之言。道逆者,自车揖之。逆于门者,颔之而已”,其小人性情显露无遗。也正是因为如此,第二年迎献公有功的宁喜和太宰穀就为其所杀,子鲜愤而出奔于晋,虽“不乡卫国而坐”却终身不仕始终不肯“立于人之朝”,显示了一个卫国公子和忠臣应有的气节。《左传》没有说此时定姜是否还在人世,如果还在,她承受的一定是双重的痛苦,一是纳孙林父于卫却没有很好地限制他的权力,二是没能以一己之力为子鲜争得君位为卫国赢得宁静与安康。但卫献公衎与其弟子鲜的表现更证明了定姜当年的识人之能。

刘向《列女传》将定姜收入《母仪传》,在列举上述诸事时分别评价定姜说:“君子谓定姜能远患难”、“君子谓定姜能以辞教”、“君子谓定姜达于事情”,最后又说她“聪明远识,丽于文辞”[1]。东汉许慎《说文解字》说:“玉,石之美者,有五德。润泽以温,仁之方也;䚡理自外,可以知中,义之方也;其声舒扬,专以远闻,智之方也;不挠而折,勇之方也;锐廉而不忮,洁之方也。”春秋女性之中,

① 参见《列女传·母仪传》。

定姜或者可以说是五德皆备者，虽然在她的生命中未能免除孙林父之憾，但她始终将卫国的利益放在自己生命的首位，并在拯救卫国的过程中尽了一个女性的全部力量。作为一个女性楷模，定姜有理由被后人更好地记得，不是因为动人的美貌，而是因为高贵的品格和出众的才华。

第十节　南子：直面孔子的佳人

南子是春秋晚期卫国君主卫灵公的夫人，其生活时代大致与孔子同时，但晚生于孔子几十年，史学家给她的最常见的评价是“美而淫”。南子在《左传》中的出场主要见于定公十三年、十四年和哀公二年，而《论语》和《史记》中相关于“子见南子”的史料对我们了解和理解这个人物则起着格外重要的作用。

一、美女的品行名声与政治介入

南子是春秋史上著名的美女，其美貌想来应该与庄姜、息妫、夏姬等人不相上下只是各具春兰秋菊之秀，但关于她的出身除了“宋女”之外却没有更多更确切的记载。按照春秋国君婚配的礼法要求，人们推断南子出身于宋国贵族，即使不是宋君之女也是宋国宗室之女且极有可能是嫡女，否则她是很难成为卫灵公的“夫人”的。我们先来看一下《左传》中与南子有关的重要段落：

> 及文子卒，卫侯始恶于公叔戌，以其富也。公叔戌又将去夫人之党，夫人诉之曰：“戌将为乱。”（《左传·定公十三年》）

> 卫侯为夫人南子召宋朝，会于洮。大子蒯聩献盂于齐，过宋野。野人歌之曰：“既定尔娄猪，盍归吾艾豭。”大子羞之，谓戏阳速曰：“从我而朝少君，少君见我，我顾，乃杀之。”速

曰:“诺。”乃朝夫人。夫人见大子,大子三顾,速不进。夫人见其色,啼而走,曰:“蒯聩将杀余。”公执其手以登台。大子奔宋,尽逐其党。故公孟彄出奔郑,自郑奔齐。(《左传·定公十四年》)

夏,卫灵公卒。夫人曰:“命公子郢为大子,君命也。”对曰:“郢异于他子。且君没于吾手,若有之,郢必闻之。且亡人之子辄在。”乃立辄。(《左传·哀公二年》)

从定公十三年的文字看,南子不但干预卫国政治,而且有自己的党羽,她对卫灵公所进的“戍将为乱”四字之言不仅是为了投和卫灵公之所好,也是为了驱除异己保存自己的政治势力,其直接结果就是定公十四年的公叔戍出奔于鲁,其党羽赵阳出奔于宋。即使仅从这一事件的成功性上着眼,我们就不难发现南子有能力也有方法取得卫灵公的信任并与反对自己的朝臣相抗衡,从而达到左右卫国政权的目的。

定公十四年的“召宋朝”事件是春秋笔法中的“微而显”,直接暴露了南子的淫荡,明证两千年来人们对她的指责并非无中生有,至于卫侯为何甘戴绿帽亲自“为夫人南子召宋朝”则是我们后面要讨论的问题。因南子之淫而有野人之歌,因野人之歌而有蒯聩之羞,因蒯聩之羞而有戏阳速之意图行刺南子。与其说南子成功逃生在于戏阳速的一念之悔,不如说是得益于她自己在特殊环境下察言观色的能力和在卫灵公面前超常的表演能力,而成功地瓦解太子蒯聩的势力并使之出奔再一次显示了南子过人的智慧或者说是作为一个阴谋家的良好素质。

哀公二年的事情是在卫灵公死后发生的,南子所说的“命公子郢为大子,君命也”也并不是虚妄之言。“初,卫侯游于郊,子南仆。公曰:‘余无子,将立女。’不对。他日,又谓之。对曰:‘郢不足以辱社稷,君其改图。君夫人在堂,三揖在下。君命只辱。'"这是同在哀公二年补叙的前事。子南就是公子郢,卫灵公庶子,卫灵公所说的"余无子"指的是蒯聩出奔后自己已没有嫡子。因为公子郢与吴季札一样"守节"避让君位,所以他才会否认南子的说法。而公子郢当初对卫灵公所说的"君夫人在堂,三揖在下"证明南子有权在立储之事上和卿、大夫、士一样参与意见,灵公死后的"夫人曰"也印证了这一点。

从以上分析我们不难发现,南子不但没有因为自己的淫荡而被丈夫卫灵公疏远甚至废黜,反而时时能够得到他及时的呵护、援助与信赖,而这些进一步成就了南子,助长了其在卫国的政治势力的进一步壮大。因此,"子见南子"才会由一种历史可能演变成为一种历史必然。

二、"子见南子"的历史公案

孔子与南子相见的时间大概在孔子 57 岁时第二次进入卫国的公元前 494 年,距今 2500 余年。相关于此的最初史料见于《论语·雍也》:"子见南子,子路不说。夫子矢之曰:'予所否者,天厌之!天厌之!'"后代多数论者的观点也是就这一句话而生发的。另外一则更加详细的史料则见于《史记·孔子世家》:

> 灵公夫人有南子者,使人谓孔子曰:"四方之君子不辱欲与寡君为兄弟者,必见寡小君。寡小君愿见。"孔子辞谢,不得已而见之。夫人在絺帷中。孔子入门,北面稽首。夫人自帷中再拜,环佩玉声璆然。孔子曰:"吾乡为弗见,见之礼答焉。"子路不说。孔子矢之曰:'予所否者,天厌之!天厌之!'"

除最后一句与《论语》所载完全相同以外,《史记》还为我们补充了了见南子的原因和会面时除交谈内容之外的大致情况。

“子见南子”的历史公案在《左传》中并没有相关表述，但这又的确是实实在在发生在南子身上的重要事件，对我们理解这一人物意义重大。从《史记》表述看，“子见南子”的主导者并不是孔子，而是南子，但却因之引发了无数人对孔子的种种猜想，甚至包括情色猜想。我们不妨不避掉书袋之嫌在此略举几例：汉人王充说：“南子，卫灵公夫人也，聘孔子，子路不说，谓孔子淫乱也。孔子解之曰：我所为鄙陋者，天厌杀我！”①三国何晏则称：“孔安国等以为南子者卫灵公夫人，淫乱，而灵公惑之。孔子见之者，欲因而说灵公使行治道。矢，誓也。子路不悦，故夫子誓之。行道既非妇人之事，而弟子不悦，与之祝誓，义可疑焉。”②至唐人刘知几其言曰：“睹仲由之不悦，则矢天以自明……圣人设教，其理含弘，或援誓以表心，或称非以受屈。岂与夫庸儒末学，文过饰非，使夫问者缄辞杜口，怀疑不展，若斯而已哉！”③然而最有趣的当莫于过朱熹面对学生提问的回答：“此是圣人出格事，而今莫要理会它。向有人问尹彦明：今有南子，子亦见之乎？曰：不敢见。曰：圣人何为见之？曰：能磨不磷，涅不缁，则见之不妨。”④

到了现代，这一情节仍时常被人提起。著名作家林语堂在1928 年创作了独幕话剧《子见南子》，该剧在鲁迅和郁达夫主编的《奔流》月刊1 卷6 号上刊出后大受欢迎，南京、上海各地学校竞相排演。但设在孔子家乡曲阜的山东省立第二师范学校在 1929 年6 月演出该剧时却引发了孔氏族人的不满，进而吃了官司，控告

---

① 北大历史系：《论衡注释 · 问孔篇》，中华书局 1979 年版，第 522 页。

② 何晏等注：《论语》，中华书局 1998 年 12 月版，第 201—202 页。

③ 刘知几撰，浦起龙释：《史通通释 · 惑经》，上海古籍出版社 1982 年 10 月版，第 397 页。

④ （宋）黎靖德编：《朱子语类》，中华书局 1982 年版，第 838—839 页。

书通过孔祥熙直达蒋介石，蒋立命教育部“严办”。[①] 几十年后，台湾学者柏杨还在《君子和小人》一文中写道：

> 南子，美人也，孔丘先生见了她，不知道搞了名堂没有，归来后身轻如燕，神色有异。被仲由先生看出苗头，问了一句。做贼的人，心情都虚，孔子先生当时面红耳赤，赌起咒来曰：“天厌之，天厌之。”

到了近年，因讲述《论语心得》而一炮走红的于丹女士则这样理解：

> 南子面南而坐，孔子向北叩头行礼。因隔着帷帐看不清南子的容貌，只听到南子还礼时，身上佩带的金银玉器互相碰撞得叮当响。南子原以为当今圣人是一位相貌堂堂的美男子，没想到竟是一位身材高大，神态安详却透出威严的老者，立时没了兴趣，只是随便问了些无关紧要的话题，便草草收场了。

柏杨先生的意思不难理解，于丹女士所说的南子的“兴趣”何在倒是相对难懂，是需要略作思忖才能明白的。既然众说纷纭，我们倒要回过头去仔细看看史迁的记载。

从南子“使人谓孔子”和“孔子辞谢”看来，这一次历史性的会晤对孔子来说真的是“不得已而见之”。既然君夫人南子已向孔子发出外交照会，来自异国的访客孔子就应该欣然应邀前往，他为什么要“辞谢”呢？有学者认为其时有拜见“寡小君”之礼，若果真

---

① 详情参见鲁迅《集外集拾遗补编》之《关于〈子见南子〉》。见《鲁迅全集》，人民文学出版社 2005 年 11 月版，第八卷，第 316 页。

如此，深谙礼法处处依礼行事的孔子就不可能执意“辞谢”。在孔子熟知的礼法中，“男女有别”是赫然摆在那里的条款，更何况南子的淫妇之名列国周知，“敬而远之”方是孔子最好的选择；在孔子个人的人生词典里，“唯女子与小人为难养也”应该是令他得意的睿智评断，他又怎么会主动亲近一个是非颇多的美女呢！他的辞谢应该还在于他不知道南子的邀约究竟有没有色诱的意味，甚至可能对自己是否能够坐怀不乱也有着一定的怀疑。那么，孔子又为什么最终还是去见了南子呢？简单地说：在一定程度上，南子借着卫灵公的手在掌控着卫国，而孔子想在卫国有所作为虽不至于沦落到要走女人捷径的地步，却不得不提防来自于女人的负面影响，所以当南子想见他时他就只能赴约，他别无选择。

当然，我们在这里要讨论的重点并不是孔子而是南子。关于南子为什么要见孔子，清儒刘宝楠的《论语正义》提出了另一种解释：“南子虽淫乱，然有知人之明，故于蘧伯玉、孔子皆特致敬。其请见孔子，非无欲用孔子之意，子路亦疑夫子此见为将屈身行道，而于心不说。正犹公山弗扰、佛肸召，子欲往，子路皆不说之比。非因南子淫乱而有此疑也。”可是除此之外，南子是不是还会有什么别的一定要见孔子的原因呢？

三、女性主义的性灵追求

直到今天，除了至为极端的女性主义者之外，绝大多数女人仍旧需要婚姻和情感的庇护，2500 年前的南子也不例外。甚至我们可以说，在那个女性被作为“物”和“附庸”并不能享有真正权力的时代，在经济和人格上都无法自立的她们对婚姻和情感的需求会比今天的女性更为强烈，否则《左传》中也不会出现那么多为性爱而不惜付出一切的贵族女子。

南子与卫灵公是典型的“老夫少妻”型婚姻组合，这样的婚姻是否幸福我们似乎也无法一上来就妄下断言，毕竟我们今天多样化的价值观也可能出现在古人身上。但至少我们可以断定南子和卫灵公不是因为爱而结合的,她最初的爱人应该是在宋国时候就私通款曲的公子朝。南子与公子朝的联系始终存在,否则就不会有卫灵公亲自促成的定公十四年的洮地相会,就不会有卫太子蒯聩的无奈出奔。

《史记·孔子世家》还记有这样一件事,就在子见南子之后:

> 居卫月余,灵公与夫人同车,宦者雍渠参乘,出,使孔子为次乘,招摇市过之。孔子曰:"吾未见好德如好色者也。"于是丑之,去卫,过曹。

当时间到了汉代,当汉成帝欲与班婕妤同辇之时,班婕妤尚且辞谢说:"观古图书,圣贤之君皆有名臣在侧,三代之末,主乃有女嬖。今欲同辇,得无似之乎?"[①]足见卫灵公与夫人同车招摇过市实属越礼之举,而孔子"丑之,去卫"的决断也有着理论上的支撑,但卫灵公对南子的宠爱之心也因为这次招摇而成了众人的眼中所见。作为女人,有宠如此,南子生理和心理都需要的那个男人其实也可以是卫灵公。可是,你听说过"断袖分桃"的典故吗?"断袖"之典出自汉哀帝与董贤的不伦之情[②],"分桃"之典则出自卫灵公与弥子瑕的同性之恋。

《韩非子·说难》云:"弥子名瑕,卫之嬖大夫也。昔者弥子瑕有宠于卫君。卫国之法:窃驾君车者刖。弥子瑕母病,人间往夜告弥子,弥子矫驾君车以出。君闻而贤之,曰:'教哉!为母之故,亡

---

① 郑晓霞、林佳郁编:《列女传汇编》,北京图书馆出版社2007年7月版,第七卷,第580页。

② 《汉书·董贤传》云:董贤"常与上起卧。又尝昼寝,偏藉上袖,上欲起,贤未觉,不欲动贤,乃断袖而起"。

其刖罪。'异日,与君游于果囿,食桃而甘,不尽,以其半啖君。君曰:'爱我哉!亡其口味以啖寡人。'及弥子色衰爱弛,得罪于君,君曰:'是固尝矫驾吾车,又尝啖我以馀桃。'"弥子瑕亦是《左传》中实有之人,《定公六年》即记:"二月,公侵郑,取匡,为晋讨郑之伐胥靡也。往不假道于卫;及还,阳虎使季、孟自南门入,出自东门,舍于豚泽。卫侯怒,使弥子瑕追之。"足见弥子瑕并不是卫灵公的"专职男宠",他还是卫国有价值的臣子,只不过卫灵公对他的任用是"色"字当前的。虽然常见于女性的色衰爱弛的一幕也在弥子瑕的身上上演了,但卫灵公对他宠爱有加的时候会置夫人南子于何地呢?卫灵公性取向上的"双性恋"特征足以让我们判定南子的婚姻生活并不幸福。卫灵公与弥子瑕如胶似漆之时的南子是不是已成了卫国宫廷中一个身心俱闲的美丽的摆设呢?如果卫灵公的心里也有歉疚之意,那么定公十四年"卫侯为夫人南子召宋朝,会于洮"就不难理解了。

《左传》杜注说:"南子,宋女也。朝,宋公子,旧通于南子,在宋呼之。"[①]从年龄上看,《左传》载昭公二十年通于灵公嫡母襄夫人宣姜的公子朝应该不是他。那么公子朝是凭什么打动南子的呢?我们能看到的大约只是他的美貌,甚至连孔子也在《论语·雍也》中说"不有祝鮀之佞,而有宋朝之美,难乎免于今之世矣"。宋朝之美与南子之美一样闻名春秋,卫灵公固然是打着"为夫人南子"的旗号而召宋朝,可是这样的美男子到了有龙阳之好的卫灵公的地盘上会发生什么事情,好像是我们无法想象的,好像又是我们不难想象的,更何况卫灵公手中还有他与南子私通的把柄。私通当然是与性有关,那么于情呢?南子还会像从前那样爱公子朝吗?爱那个同时也是卫灵公之男宠的公子朝?再加上弥子瑕与南子和卫灵公之间说不清的关系我们还敢妄谈南子的爱情吗?

---

① 杨伯峻:《春秋左传注》,中华书局2006年9月版,第1597页。

宋国本是殷商故地，有着浓厚的文化气息，而卫又是武王少弟康叔的封国，周代礼乐文化的影响自然不可小觑。南子的贵族身份决定了她必定熟知诗书礼乐，那么，像南子这样一个貌美如花、性情聪慧，甚至连政治都能大大地插上一手的女人，她能不为自己的畸形人生感到困惑和尴尬吗？她能对自己天下皆知的狼藉声名无动于衷吗？于是，碰巧来到卫国的孔子难免被她当成了良药与仙丹。

孔子是春秋有名的智者与贤人，有弟子三千贤人七十二，有教无类是他的教育原则，他的教化如同春风化雨。还有，他不是说自己“十有五而志于学，三十而立，四十而不惑，五十而知天命”嘛，那么，除了怪力乱神，很多问题他应该都能够解答也愿意解答。再说了，孔子是什么人？如果他能以九尺六寸的长人身躯来到南子的门前俯身拜见，南子岂不正好可以借此遮蔽自己所有道德和礼法上的瑕疵吗？再者，如果连年近六旬的孔子见了她这个美艳不可方物的天生尤物都会心旌摇荡，南子便又可以实实在在地为自己的美貌陶醉一回。所以南子一定要见孔子！她要让孔子接受她美色的考验，她要让这个“万世师表”面对面地为她答疑解惑，告诉她追寻情爱和权力到底是不是女人的错误。

司马迁为我们省略了这场会见的细节，但他还是说了二人相见隆重的礼数，孔子是“稽首”，南子是“再拜”，他也隐约地告诉我们在帷幕之中“环佩玉声璆然”的南子是盛装前来的，虽然孔子只能一睹她绰约的身姿却未必能看清她的脸。我们最关心的当然还是他们谈了些什么，但司马迁没有写。是时隔已远找不到相关的史料，还是他有意为我们布下了一个千古谜局？但孔子的到来一定让南子失望了，他回答不了她的问题，解决不了她的欲望，他的圣人光芒不但没有掩蔽南子的“淫妇”之名还为自己招来了万人揣想的种种情形。

卫灵公在位 42 年死后，在公子郢的谦让之下，卫灵公的孙子、蒯聩的儿子辄成了卫出公。而卫出公继位后,他在外逃亡的父亲蒯聩又回国与之争夺君位,孔子的弟子子路就死于此次内乱。后来又经过一番父子争斗,卫出公再次夺回君主之位,卫国方才稍显安定。没有南子的淫行就没有蒯聩的出奔,卫国的历史自然也会是另外一番模样了。

第四章　人性诉求与性别角色的礼法冲撞

虽然社会礼法给了女性较男性更多的禁锢与局限，但女性身上与生俱来的人性诉求却不会因此蛰伏，更不会在礼法的高压下归于寂灭，这些天然的欲望一定会以春笋抽芽的必然吐露出蛱蝶破茧的勇气。

人性是人的共同本性，没有所谓性别差异却具有不同个体的共性需求。人性诉求是通过不同的欲望形式得以体现的，而"欲望是对某种已知的可以带来愉悦或满足的事物的渴求。欲望起源于对某种存在物的缺位的认识，即确认某种事物是令人舒适、愉快、激动、满意的，而这一存在物（有）现在是缺乏的（无），于是便导致追求这一事物的动机。欲望本身包含着某种对象的缺乏感"①。在许多情况下，用来调整人与人之间以及人与社会之间关系和行为规范的礼法道德与个体人性的欲望追求存在着必然的冲撞。

从某种意义上讲，《左传》女性和今天的女性并没有太大的区别，因为她们的人生主题永远比男性更接近婚恋。对大多数女性而言，婚恋状况比其他因素更能决定她的幸福程度和人生意义。

① （美）波利·扬－艾森卓：《性别与欲望：不受诅咒的潘多拉》，中国社会科学出版社2003年版，第93页。

《左传》女性大都已完成从“闺阁”到“室家”的转变，考察她们对“礼”的践行与悖逆，恐怕还需要在“人之大伦”的婚姻伞盖之下分解出“爱情”与“性”这两个或许有些不合时宜的女性生活的要素。而多数时候只有男人争来夺去打打杀杀的政治祭坛，既决定着女性的婚恋实质，也决定着女性的生存状态。

第一节　婚姻：从政治交易到“非礼”抗争

春秋时代对婚姻极为重视，是所谓“君子重之”(《礼记·昏义》)。人们不但视婚礼为“万世之始”(《礼记·郊特牲》)，而且明确其意义为“将合二姓之好，上以事宗庙，而下以继后世也”(《礼记·昏义》)。也就是说婚姻的重大意义在于它能够合二姓之好并生育子嗣延续对祖先的祭祀。

在《左传》人物关系的交代中，关于男人和女人，最为显在的不是父女、母子、兄妹(姐弟)、主仆等关系，而是以婚姻为基础的夫妻关系。《左传》女性为妻可以说是各有体悟、各有表现。她们之中有秉从六礼的媒娶之妻，也有孟僖子妻之类的奔来之妇；有颇具妇德十分谦让的赵姬，也有心怀嫉妒一心求宠的骊姬；有谨守礼法恭顺无为的宋共姬，也有大胆反抗不安于室的向姜；有频频出场的诸侯夫人，也有一闪即逝的臣下之妻；有守贞之女再嫁之妇，也有不守妇德的生人妇与亡人妻……而这样切近的身份交代自然有利于我们看清春秋时期为人妇者的生存状态。

透过“秦晋之好”这个成语看《左传》，我们可以毫不讶异地发现那一时期的婚姻大多在缔结的同时做了国与国之间的政治筹码。昭公元年，楚公子围率众至郑要求入城亲迎新妇，子产甚至担心对方迎亲是假攻城是真。而秦晋之间的关系也绝不像人们想象的那样美好，发生在僖公十五年和僖公三十三年两国互为姻亲期间的两场大战就是最好的证明。汉唐两代盛行的“和亲”策略在

《左传》中也可以找到标本，如襄公二十六年晋卫之战中卫侯被俘，虽经齐郑两国代为求情，却仍是在数月之后“卫人归卫姬于晋”卫侯才得以获释归国。“一个家庭不管出于什么样的动机，把女儿半送半嫁给另一个家庭，都会受到今天道德舆论的谴责，因为他们侵害了那个女子的权力”，“一个人可以为了更崇高的国家利益牺牲自己的个人利益，但是，无论什么人都不应该以任何崇高的名义牺牲另一个人的利益”。[①] 可那时的女子很少有所谓的“权力”，因此齐僖公才会在欲嫁文姜于郑太子忽但被他以“齐大非偶”为由推辞掉了之后，又在数年后提出以其他女子与之结亲，足见此女与彼女没有什么不同，都无非是巩固政治联盟的工具而已。

重耳之妻季隗与赵衰之妻叔隗本就是狄人伐廧咎如的战俘，书中明明白白地用“获”与“献”说明了她们的来历。当丈夫为所谓的复国大计离开后，她们所面对的就只能是漫长的等待。叔隗与季隗的无奈产生于婚姻诞生之后，另外一类女性的悲剧却早在婚姻发生之前就已经被写就。隐公七年鲁叔姬归于纪是因为她早就被确定要以媵的身份和姐姐伯姬一道去往同一个国家侍奉同一个男人，伯姬出嫁在五年之前，叔姬因为年纪太小才没有同往，但她的幸福早就被命运无情地画上了休止符。

《左传》所记婚姻多为周王室与诸侯国或是诸侯国与诸侯国之间合于六礼的异姓婚姻，鲁昭公与吴孟子之婚的非礼在于同姓而婚，郑太子忽与陈妫之婚的非礼在于“先配后祖”，都是极为罕见的。但《周礼·地官司徒·媒氏》中也说：“中春之月，令会男女，于是时也，奔者不禁。若无故而不用令者，罚之。”《左传》时代正是“躬行六礼”与“奔者不禁”两种婚俗杂糅存在的时代，所以野合、私奔式的婚姻也时有所见，前文提到的泉丘人之女、庚宗妇人、邴子之女都以这种方式使自己的婚姻“终成正果”。《礼记》中早

① 孙绍先：《英雄之死与美人迟暮》，社会科学文献出版社2000年版，第137页。

就说过“奔则为妾”的话，也算是给了这类女性一个在大家稳稳居于妾位的依据。但这种“非礼”之婚也不是没有牺牲品，声伯之母就是因为“不聘”而在生下声伯之后被无情地“出之”。“吾不以妾为姒”，妯娌穆姜对她的遭遇非但没有丝毫同情，似乎还起到了推波助澜的作用。

婚姻中被出的并不仅是类似声伯之母的奔来之妾，《左传》所载鲁国国君之女嫁为诸侯夫人者九人，其中被出者就有子叔姬、杞叔姬、郯伯姬、齐子叔姬四人，而前两人又是被杞桓公相继遗弃的。[①] 鲁为礼义之邦，是对周礼继承和遵循得最好的国家，所嫁之女因违礼被出的可能性极小，那么究竟是什么原因使她们的婚姻不得存续呢？采用男权话语叙事的《左传》没有说，但推想可知此间被无情离弃的女性会有多少，在绝婚两个月之后就死去的子叔姬似乎也不可能是唯一的一个。

多数婚姻之中的女性都希望与丈夫相亲相爱白头偕老，但现实常常不是想象中的那般美好。首先，她们必须面对的是丈夫的多妻，“诸侯一娶九女”的古制和庄公二十八年所言晋献公诸妻妾事及僖公二十三年所言重耳诸妻妾事就足以证明这一点。多妻的绝非只是晋侯，管中窥豹的妻妾征伐使女性的家庭生活充满凶险与未知。其次，如《礼记》所载：“子甚宜其妻，父母不说，出。子不宜其妻，父母曰‘是善事我’，子行夫妇之礼焉，没身不衰。”(《礼记·内则》)这样说来婚姻就不单纯是夫妇之间的事情，有时赢得舅姑的欢心反倒比讨得丈夫的喜爱更为重要，而此时的女性势必陷入更加复杂的家庭生活。

但《左传》女性最大的痛苦似乎莫过于处在父国与夫国，甚至干脆就是父与夫的夹缝中无所适从。在父与夫的争斗中郑雍姬为维护父亲的利益导致了丈夫的死亡，虽有母亲“父一而已，人尽可

---

① 杨伯峻：《春秋左传注》，中华书局2000年版，第162页。

夫”的劝诱,可是面对丈夫的死谁能相信雍姬真的会无动于衷呢?在军事格局发生重大变化的时候,秦穆姬与晋文嬴不约而同地站在了父国的一边。当后来嫁给重耳的怀嬴还是为质于秦的晋太子圉的妻子时,圉欲说服怀嬴与自己一起逃归晋国,怀嬴虽然以不能“弃君命”为由留在了秦国,却是牺牲了父国的利益没有阻止圉的行动更没有告密。

如果说在父国与夫国的二难选择中充满了人性的矛盾,那么同时又勇于牺牲自己的女性就只能以豁达和磊落赢得人们的尊重。重耳之妻齐国姜氏曾为国家大业将丈夫“醉而遣之”,她的立场与怀嬴不肯同圉逃归晋国又有所不同。怀嬴是“纵之”而姜氏是“遣之”,怀嬴之“纵”是无奈之举,姜氏之“遣”是有意之为。因为对重耳怀着深厚的感情,姜氏不仅为他的大业牺牲自己的国家立场,而且牺牲了自己永远不再的青春岁月和房帏之欢。与此同时,深受礼法教育的她只顾着为重耳设计做一个顶天立地“大丈夫”的美好前程(或者还有造福于晋国的百姓),却唯独没有想到维护自己的权益,让他只安安心心做一个温暖室家的“小男人”。以己为地,以夫为天,正因如此,“礼”与“非礼”才在姜氏的身上真正成为了一个“矛盾统一”的整体。

除了那些在婚姻中逆来顺受或是将自己当做美好祭品的女性,《左传》中还有这样一群努力发现自我的婚姻叛逆者。隐公二年的向姜实在是全书中独一无二的人物,竟然敢在出嫁后“不安莒而归”,虽然后来莒人入向又以武力把她带了回去,“此志未酬”的她却仍然是一个浑身散发着异样光彩的女性主义先行者。庄公八年的连称从妹因为得不到齐襄公的宠幸,加之听信了公孙无知“捷,以汝为夫人”的许诺便与之勾结参与作乱,对自身婚姻的失望也许是造成这一桩由爱生恨而及无义的怪事的根本原因。

声伯之母再嫁后所生的女儿也和母亲一样是个不幸的女人。她本来已经嫁给施孝叔,待晋郤犨来聘时声伯又逼她另嫁。临行之前她曾恳求施孝叔说："鸟兽犹不失俪，子将若何？"施氏竟冷酷地以"吾不能死亡"为托词拒绝了她。郤氏去世后晋人将她送还给施氏，谁知过黄河的时候施氏竟将她为郤氏所生的两个孩子活活淹死。她的愤怒终于全面爆发："已不能庇其伉俪而亡之，又不能字人之孤而杀之，将以何终？"认清了施孝叔残忍、冷酷、自私、狭隘的真实面目，她再也不肯做他的妻子。婚姻之于她留下的只是一场又一场伤心破碎的记忆，难怪她的性格也会从最初的委婉哀求变成后来的火山喷发。

第二节　爱情：从礼法防范到情不自禁

只在乎婚姻大义的《左传》从没有把女性当做生活的主角，更不会观照女性有异于男性的情感需求。从《左传》或简约或丰赡的文字叙述中我们看不到"爱情"的字样，一部近二十万字的《左传》似乎也没有为爱情留下一分一毫的立足之地。但只要用心去发现，许多事件的背后其实都隐藏着这个温暖的词汇。

在现代心理学的需要层次研究中，最具影响力的马斯洛学说认为人有五种最基本的需要，即生理的需要、安全的需要、归属与爱的需要、尊重的需要、自我实现的需要，它们由低向高依次排列。需要是人的行为的原动力，满足需要既是一个人行为的出发点，又是行为的最终归宿。其中生理的需要是人类最基本的需要，具有自我和种族保存的意义，包括食、衣、住、行和性的需要。"归属与爱"的需要排在仅次于生理需要和安全需要的第三个层次。也就是说，在满足了前两个基本需要的基础上，感情需要就会油然而生。春秋之礼虽然也讲"发乎情"，但接踵而至的"止乎礼义"一语却标明了它扼制情感的实质。《礼记·内则》说："夫妇之礼，唯及七十，同藏无间。"不到七十岁的时候，丈夫都不可以经常在妻子的房间与之亲密共处，为的是什么？无非是防止爱情的产生。而

《礼记·檀弓下》所记更为有趣:“穆伯之丧,敬姜昼哭;文伯之丧,昼夜哭。孔子曰:‘知礼矣。’”丈夫死了只在白天哭、儿子死了白天晚上都哭怎么就是知礼的表现呢?首先,此时的“哭”已不是内心情感的外在表现,而只是一种礼仪的化身;其次,寡妇夜哭不但使夫君有“好内”的嫌疑,不利于他的清名传扬,而且会被视为对床笫之事的怀念,是极不应该的。

古礼始终都视爱情如洪水猛兽,《红楼梦》中贾母给予贾珍、贾琏这些皮肤滥淫的孙辈是对“馋嘴猫”的理解,对大观园里纯洁的爱情却采取棒杀的态度就是典型的一例。“男女双方的性行为和性目的如果是为了合法地生育后代,是纯粹的动物本能,那么,中国传统的性道德文化是鼓励的。中国性首先设防的男女私情主要是防止人产生‘非生育目的’以外的感情,比如‘爱情’”,“因此在中国传统的道德观念中,不论是伦理道德还是‘性道德’都不存在‘独立的个人’,‘自我’,‘爱情’之类的观念”。[①] 但有男女两性的地方就会有爱情的存在,《左传》中的非礼之婚大致具有一定的爱情基础,而婚姻之中与婚姻之外的某些蛛丝马迹也可以被判定为现代意义的爱情。

僖公三年,“齐侯与蔡姬乘舟于囿,荡公,公惧,变色,禁之,不可。公怒,归之,未之绝也”。透过这一事件我们不难看出,蔡姬定是一个年少顽皮的女子,而她之所以敢于故意摇晃小船惊吓桓公无外乎恃宠而骄,也正因如此齐侯才虽怒而“归之”却“未之绝也”。待齐侯欲重新召回蔡姬之时才知道蔡人已匆匆地将她再次嫁掉了,于是便有了僖公四年的“齐侯以诸侯之师侵蔡”。如果没有爱情,齐侯怎么会有“复召”之念,又怎么会“冲冠一怒为红颜”?

昭公二年齐女少姜嫁于晋平公为侧室,仅几个月之后便“有

① 北野:《中国文明论——中国古代文明的本质与原理》,中国社会科学出版社2001年版,第182—183页。

宠而死”。少姜归晋时，晋平公因送亲使者陈无宇地位较低，以为对本国有所侮辱便将其扣留并“执诸中都”。此时不但因少姜曾为之求情而决定开释陈无宇，更决定仍旧续娶于齐并立新妇为正室夫人。爱屋及乌的系列举动自是由少姜而起，也即由情而起。

哀公十一年卫太叔疾在强大的政治压力下被迫出妻续娶，却“使侍人诱其初妻之娣，置于犁，而为之一宫，如二妻”。正如桓公十八年辛伯所说：“并后、匹嫡、两政、耦国，乱之本也。”太叔疾的岳父季文子虽然最终在孔子的劝说下放弃了攻打太叔疾的计划却怒气冲冲地领回了自己的女儿。人们常说“五步之内必有芳草”，但太叔疾却偏偏只钟情于初妻之娣。面对权高势炽的第二任岳父季文子时，太叔疾应该不会想不到“如二妻”会带来什么样的后果，但他还是这样做了，我们认为非“情”必不至于如此。

文公七年穆伯与莒女己氏的人生遇合更是与常人不同。先是为弟聘妇于莒，兄长穆伯见色起意而“自娶之”，以致兄弟反目。在外人的调停之下莒女被遣送回国，兄弟如初。但刚到第二年，穆伯就“如周吊丧，不至，以币奔莒，从己氏焉”。放弃了自己的社会地位和政治使命携款潜逃竟然只是为了“从己氏”，穆伯的人生抉择居然是这样的不可思议！如果说当初的兄夺弟妇还只是贪图美色那么简单，那次年的出奔恐怕就有了更加丰富的情感内容。

美貌绝伦的夏姬历来以“淫”为人所诟病，但在“爱情”义项之下我们或许可以对她多一些理解。如果不是因为爱，申公巫臣大可不必弃国逃家自楚之晋，夏姬也大可不必从此便改头换面“宜其室家”，并且再没有生出任何负面舆论。因此我们有理由说，是爱情使夏姬这个在男人的旋涡中起伏不定的女人终于有了人生中最踏实的依靠和最真实的归宿。

由男人和女人构成的世界从来都少不下两性的接触和交往，对有些人来说最值得珍藏和宝贵的爱情，对有些人来说却是一生都无法企及的高度。晋祁胜与邬臧通室，齐庆封与卢蒲嫳易内饮酒,他们的快感来自至为卑俗的肉欲,他们的人生体会不到精神的醇美。

周襄王欲立狄女为后时,富辰曾说:"女德无极,妇怨无终,狄必为患。"(《左传·僖公二十四年》)如果说这是富辰对狄人的有意诋毁,那么后来却果然有隗后与王子带私通引发的国家之乱。但我们不可以忽略的是,周襄王所以娶狄女为后只是出于对狄人的"德"而不是出于对隗后的"爱",王子带却在叛乱之后仍与狄女不离不弃相依相守。"爱情是一种社会现象,因为它归根到底是会产生社会后果的。"①某一特定个体对自身生命方向的追问并不能够等同于一个民族的善恶本真,但周的内乱的确就是相关于爱情的社会后果,权欲的满足是一个重要的原因,爱欲的满足就应该是另一个重要的原因。

在后世附会的《赵氏孤儿》中,赵庄姬无疑是一个勇气与贤德并存的女性,但《左传》中的赵庄姬却心狠手辣毒如蛇蝎,因为姘夫赵婴被其兄弟赵同、赵括以公心逐出晋国便诬陷二人有作乱之意,直欲借晋侯之手杀之而后快。赵庄姬与赵婴是否有肉体之外的情感关系从文字与故事中都看不大出,但她之所以谗杀赵同、赵括却实在是缘于赵婴的被逐。而我们前面提及的息妫,因美貌为息侯带来灭国之灾,入楚之后虽生二子却从来不主动说话。面对楚王的诘问,她的回答是:"吾一妇人,而事二夫,纵弗能死,其又奚言?"由其言可辨,她的"未言"并非是源于对息侯的爱恋和对楚王的憎恶,而只是出于"一女事二夫"的知耻之心。

襄公二十二年,郑游眅夺人新妇,后其夫攻而杀之,"以其妻行"。以如此方法雪报夺妻之恨在古时并不少见,已失身于人的女性重新回到前夫家里的命运多半也是可以揣测的,而前夫不惜以性命相搏也要将她们带回来的勇气,多半也不是出于爱情而只

---

① (保)瓦西列夫:《情爱论》,赵永穆等译,三联书店1984年版,第34页。

是为了满足夺回自己“财产”的强烈愿望。

第三节 性:从“敦伦”到寡居女子的性宣泄

“饮食男女”被古礼推重是因为这两项活动都是建立在伦常基础之上的“人之大欲”,非“饮食”不足以续命,非“男女”不足以繁衍,所以夫妻间的性事也因之被命名为“敦伦”。“敦伦”就是说性行为的诱因不应该是生理欲望或情感需要,而只能是为了履行天降于斯的伦理责任。与之相应的,性行为的目的也不应该是为了得到生理快感或是抵达灵肉契合的美妙境界,而只能是为了满足产育子嗣的生殖需要。不只国人如此,就连时钟的指针指向18世纪之时,欧洲还在讨论良家妇女是否拥有性快感的问题。

“在男人的生活中,好德与好色从来都是两个平行共存的愿望。社会赞许好德,故诗篇的解释者公开宣扬女人的美德。好色一贯受到指责,故成为潜伏在心中的欲念。《毛诗序》说得很明确,表彰妇德是为了‘风天下而正夫妇’,因为父权社会的大厦建筑在‘正夫妇’的基础上。所以,自古以来,讴歌婚姻和妇德的诗篇始终被尊为正声。”①可是无论道学家们将性解释得多么神圣或多么枯燥,性都在人类前行的道路上带来过许多不可避免的骚动甚至震荡。

一夫多妻的婚姻制度在中国延续了几千年,非但王室妻妾环绕,普通士人也在尽可能地为自己谋求齐人之福。在这样的婚姻背景之下,无论一个男子有多么强大的性能力,都无法普遍满足身边女子的性欲望。更何况,《左传》文公十四年的经文说“叔姬无宠,舍无威”,也即“母无宠,子无威”。在多妻的丈夫不可能做到雨露均沾的大前提之下,容貌、性情、女红等集团因素之外的以性

---

① 康正果:《风骚与艳情》,上海文艺出版社2001年版,第4—5页。

邀宠就成为女性满足生理欲望和稳固自身及子女地位必不可少的手段。

当骊姬取得晋献公的宠幸让他言听计从时便求为夫人,虽卜之不吉,有“一薰一莸,十年尚犹有臭”的繇辞之警,晋献公仍一意孤行,骊姬枕席之上的魅力自然不可小视。而晋文公死后,晋国大臣在讨论由谁来继位的时候,有人说辰嬴(怀嬴)“为二君嬖”,即其先后受到晋怀公子圉和晋文公重耳的宠爱,提议立她的儿子为晋君,但赵孟立刻站出来反对说:“辰嬴贱,班在九人,其子何震之有?且为二嬖,淫也。”作为文嬴的随媵之妾,辰嬴在重耳九名妻妾中的地位是最为低贱的,即所谓“班在九人”,但其“淫”是从何说起呢?无非因为她系再嫁之女。既合乎人性又合乎礼法的“性”却让自己备受非议,这一定是辰嬴没有想到的。

《左传》中还有几种颇耐后人寻味的发生在家族内部的性现象,如“烝”、“报”、“因”等。今人的研究或者认为它们是当时约定俗成的婚姻制度,或者确定它们是一种出现于社会转型期的特殊的婚姻个案,或者认为它们并非婚制而只是属于个人伦理道德范畴内的非社会性行为。无论人们的研究赋予它何种性质,“性”都是它得以存在的核心要素。

前两种性关系中的女性大多面目模糊,如被秦穆姬托付给夷吾的申生之妃贾君,在“晋侯烝于贾君”这句经文背后我们实在看不出贾君的意愿。另一句“晋献公烝于齐姜,生秦穆夫人及大子申生”同样看不出齐姜的态度,但我们却可以发现她一女一子的社会地位并没有因为这种性关系而受到丝毫影响。

卫宣公死后,“齐人使昭伯烝于宣姜,不可,强之。生齐子、戴公、文公、宋桓夫人、许穆夫人”。这句陈述中的疑问就多了些:齐僖公为什么一定要“强”把自己的女儿改嫁给昭伯呢?是因为心疼女儿青年寡居还是为了加固邦国友好?昭伯初时又为何“不可”呢?从后文的育有五名子女的事实看,昭伯应该不是厌恶宣姜，那是因为对“礼”的认知使昭伯觉得此举不妥吗？宣姜的态度仍然没有说，但也或者僖公的态度就是她的态度。同样是卫国，在更早些时候，“卫宣公烝于夷姜，生急子，属诸右公子。为之娶于齐，而美，公取之”。面对宣公的新台之行，曾经被“烝”的夷姜愤而自缢，她的控诉不但是为儿子的也是为自己的，而这里所娶的齐女就是上文的宣姜。

鲁宣公三年，“郑文公报郑子之妃，曰陈妫，生子华、子臧。子臧得罪而出。诱子华而杀之南里，使盗杀子臧于陈、宋之间”。自己是在那样一个尴尬的身份上与曾经的公爹郑文公发生的关系，儿子长大后又死于亲生父亲之手，做母亲的其痛何如！而在这样谈不上感情只是因性而性的两性关系中，最终等待女性的往往只是不可言喻的悲哀。

文公十六年，“公子鲍美而艳，襄夫人欲通之，而不可，夫人助之施。昭公无道，国人奉公子鲍以因夫人”。公子鲍是宋襄夫人的孙辈，居孀的嫡祖母却可以因为他的“美而艳”而动了私通的念头。虽然二者并没有直接的血缘关系，但伦常之念在中国人的心中始终占据着十分重要的位置。然而，有趣的是在祖母帮助孙子施利于国人的情况下，“国人”竟因政治的原因主动“奉公子鲍以因夫人”成就了一段旷世未见的祖孙姻缘。

将视线掠过这种介于“礼”与“非礼”之间的两性关系，我们还会发现《左传》中总是不时出现“某夫人与某通”或是“某姬通于某”的字样。“‘奸淫’和‘通奸’是两个含有十分浓厚的道德上的罪的字眼，因此，当我们使用这两个词时，我们的头脑很难保持清醒的认识。”①很难并不等于不能。首先，这种表述并不意味着其时的人们不介意禽兽之行而以推翻礼法为乐；其次，只要稍作推究我们就可以发现，所谓“淫妇”，除了鲁桓公夫人文姜和卫灵公夫

① （英）罗素：《婚姻革命》，东方出版社1988年版，第41页。

人南子等少数几个人之外，她们的通奸行为大都发生在丈夫去世之后，如宋襄夫人、赵庄姬、哀姜、穆姜、声孟子等，而这一现象的出现也正说明了不甘寂寞的人性在强大礼法压迫下的必然反弹。而此类婚外性行为的发生至少可以引起我们对《左传》时期礼法道德和两性关系的一点思考。

《左传》时期也不乏妇女再嫁的例子，如声伯之母与晋怀嬴，亦如息夫人与东郭姜，但她们再嫁之后却很难保障自己的社会地位，同时我们在《左传》中看到更多的却是居孀守寡的女性，国君夫人与卿大夫之妻更是难以胜数，足见针对贵族女性的限制再嫁之礼已形成一定的社会共识。《左传》记载的婚外性关系中，男性地位通常低于女性，更有很大一部分是家臣僮仆之类，如范宣子之女栾祁通于家宰、鲁季公鸟之妻季姒通于饔人、孔悝之母通于孔氏之竖浑良夫，其他如诸侯未亡人与大臣的私通也有社会地位的尊卑之别。如果仅从年龄上看，陷于这种关系的女性似乎不都是鸡皮鹤发只能借权力和地位满足性欲的垂垂老妇。虽然并不排除个别女性被身边男子胁迫的可能，但更有说服力的答案则是寡居女子因为性的饥渴而采取了主动。正因为这样一种以满足生理欲望为首要目的的“非礼”关系的存在，因“性”而导致家国内乱的事例在《左传》中并不少见。

鲁国季公鸟之妻季姒与家里掌管饮食的饔人私通，因为惧怕事情泄露而让侍妾鞭打自己，以苦肉计诬陷知情的家臣夜姑调戏自己，并最终导致了夜姑的被杀；卫侯为夫人南子召宋朝于洮相会，太子蒯聩听到山野之人满含讽刺的歌曲想到南子带给卫国的耻辱便起了杀心，在刺杀南子未遂之后蒯聩只好弃国奔宋；鲁庄公夫人哀姜通于自己的小叔公子庆父，竟想谋篡大位立庆父为君，此举虽然失败却引起了鲁国的政治震动；齐声孟子先通于叔孙侨如又通于庆克，因与庆克奸情败露便诬害忠臣；齐棠姜在嫁给崔杼之后不得已与好色的国君齐庄公通奸，导致了崔杼弑杀庄公的结果，并在不久之后使崔氏惨遭灭门;卫公子朝通于襄夫人,因惧而作乱,最终襄夫人被杀,公子朝出奔;人都说"虎毒不食子",但范宣子之女栾祁在夫死之后与家宰私通,因为怕儿子栾盈知情后会讨伐自己竟进虚妄之言致栾盈不得已而出奔,并最终导致了栾盈之死。

曾经通于叔孙侨如的鲁成公之母穆姜,因伙同奸夫作乱而被迁于东宫。住进去的时候在占卜中得到了《随》卦,史官曰:"《随》其出也,君必速出。"但穆姜自己却说:"今我妇人而与于乱。固在下位而有不仁,不可谓元。不靖国家,不可谓亨。作而害身,不可谓利。弃位而姣,不可谓贞。有四德者,《随》而无咎。我皆无之,岂《随》也哉?我则取恶,能无咎乎?必死于此,弗得出矣。"(《左传·襄公九年》)"羞愧感是人在背离神圣生命陷入罪的沦落之中后对自己存在的破碎的直接感悟,确认自己本然生命的欠缺和有限性。"[①]穆姜对《随》卦的这段解释虽非临终之言,却也算得上是对自己一生充满愧悔的总结,而最后在软禁中凄凉地死去也和她的性欲得到非礼满足之后权欲的膨胀有着十分直接的关系。这也不由得让我们思考:如果作为社会秩序和社会道德的"礼"能够为寡居女子最基本的生理需求留下一条合理的泄导途径,那么这些由"非礼"之性引起的纷扰应该就会极大程度地减少,而由此发动的干戈与征伐就可以趋于消亡,所有人的生活都会变得更加宁静和美好。

可以说,为人母者是家庭的重要基石,她们有着对子孙无条件的爱的给予,同时也有着自我权利和人性欲望的追求,当所有这些东西掺杂一处并与家国利益相勾连时,她们的生活与性情就变得异常复杂,并从中显现出她们的非凡的手腕与鲜明的弱点。

---

① 刘小枫:《拯救与逍遥》,上海三联书店 2001 年版,第 157—158 页。

第四节 政治:从阴谋与母权到女性政治家

叔本华说:"只需看一看女性形成的道路,便可了解女人并不意味着必须担负沉重的劳动,无论是精神的抑或体力的劳作。她并不是以自己的辛劳,而是以自己遭受的痛苦,以生儿育女的艰难和对丈夫的顺从来偿还生命的债务。"①从隐公元年武姜的偏疼少子到庄公二十八年骊姬的处心积虑,从文公七年穆嬴怀抱太子的日日而啼到文公八年宋襄夫人的冲冲怒气,从成公十六年穆姜的咬牙切齿到昭公二十三年楚太子之母的开城迎敌,我们看到《左传》中少有真正快乐的母亲。那么是什么让她们终日忧心忡忡呢?答案当然是政治。

政治一贯对女性持排斥态度,但女性一直都没有放弃对男性政治风头的抢夺。《左传》女性多为贵族,其中更不乏国君的夫人与姬妾,她们与政治的距离比民间女子更为切近,与政治的关联也比民间女子更为复杂。她们相关于政治的出场虽有直接和间接之别,所造成的结果也有良性与恶性之分,但从严格的礼法角度上看却都是"非礼"的,因为她们违背了"男主外,女主内"的家庭训导和"女子不得干政"的社会法则。

《左传》与女性相关的纷争大多发生在诸侯的后宫,许多异常激烈与凶险的政治变动也都生成于家庭的帐幕之下,并常常因此而多了些隐蔽与诡秘。就连芮伯万的母亲因为嫌恶其宠姬过多而动用铁腕把他赶到魏城去,在后人的猜测里也未必不是一个掩护政治缘由的借口。在一夫多妻的社会中,有君王与后妃就会有邀宠与夺嫡,如郑穆公妾宋子与圭妫那样相互亲近连彼此儿子的关系也十分亲密的例子极为罕见,如崔杼继室东郭姜因不肯让前妻

① 《叔本华论说文集》,商务印书馆2004年版,第477页。

之子得到极具政治意味的领地而致家族内乱的事件却绝不少有。

《礼记·内则》曰:“妻将生子,及月辰,居侧室。”正是因为礼有所据才会有昭公二十九年所记的异事:“公衍公为之生也,其母偕出。公衍先生,公为之母曰:‘相与偕出,请相与偕告。’三日,公为生,其母先以告,公为为兄。”可以说公为的母亲处心积极虑地谋划这件事,不只是为了使儿子取得长子的自然身份,更是为了得到政治继承人的头衔,而这一阴谋也的确曾一度得逞。如我们前文说过的“母无宠,子无威”大概也是骊姬一类女性努力固宠并进而加害群公子的社会原因。

“郑伯克段于鄢”历来是人们最为熟悉的《左传》段落之一。造成这一举国震动大事的根本原因恐怕既不在于郑庄公的老谋深算,也不在于共叔段的权欲膨胀,他们亲生母亲武姜的自私冷酷才是兄弟相残的始作俑者。《左传·僖公二十四年》记王子带通于隗后并勾结狄人作乱,对于这次同样激烈的兄弟相争而言,当初惠后对王子带“将立之,未及而卒”的无度宠爱自然也是“功不可没”的。

女性并不只有柔弱温婉的一面,当她们的欲求在礼法的桎梏中左冲右突却找不到出路时,政治就成了她们进入另一世界最好的切入点。鲁文公二妃敬嬴曾主动勾结襄仲发动政变,目的就是立自己的儿子宣公为鲁国的继承人。穆姜对鲁成公“女不可,是皆君也”的怒斥和威胁也源于她相当的政治气魄。宋襄夫人仅仅因为宋昭公对她无礼,就杀了他的孙子和同党。在欲通公子鲍时,她并没有全凭女性的魅力去动之以情,而是辅以政治手段,先是在灾年帮助他施舍穷人赢得民心,然后进一步设计杀死昭公而使其登上王位。无论在情感上是否失败,政治上的宋襄夫人都是成功的。晋襄公去世后,大夫们本欲立襄公的弟弟公子雍,但穆嬴天天抱着太子在朝廷上哭,并恳求于赵盾。表面上看穆嬴是以悲切之情和入理之言赢得了大臣们的拥护,其实是“宣子与诸大夫皆患穆嬴,且畏逼”(《左传·文公七年》),穆嬴的政治实力才是灵公得立的根本原因。

同如上几位在政治上充满雄霸之气的女性相比,秦穆姬履薪、文嬴请三帅、许穆夫人赋《载驰》似乎都是女性对政治的不得已介入,促使她们勇敢站出来的并不是对政治本身高昂的热情,而是身后复杂的家庭背景,是对自己出身的那个国度和家庭的责任让她们不得不挺身面对政治。民女莒妇的丈夫为莒国所害,出于为夫报仇的愿望她比照城墙的高度每日搓制绳索,期盼着能够在敌军来袭时缒绳而出。在其年老之时爆发的齐莒纪鄣之战终于使她备下多年的绳索派上了用场并决定了战局,谁又能说区区匹妇对政治就没有影响呢?

美女对政治正面或负面的干扰在每个历史时期都会发生,庄姜、息妫、骊姬、夏姬都曾影响过政治,但多数美女对政治的介入是无意的,她们只能在被动中接受政治带给她们的利益和“祸水”的称谓,政治更是很少因为她们的意志而发生转移。

《左传》中还有一个与上述美女因素毫无瓜葛的政治个案。齐国的萧同叔子只是因为一笑便在无意间挑起了一场波澜壮阔的军事斗争,而且她的一笑也绝不同于褒姒的“烽火戏诸侯”。宣公十七年,晋大夫郤克出使齐国。齐顷公之母萧同叔子躲在帷幕之后偷窥来使本就属于非礼之举,却又因为郤克跛脚行步参差而笑出声来。此举使郤克怒而誓曰:“所不此报,无能涉河。”连使命都没有完成就先行回国的郤克请求即刻伐齐,没有得到晋侯的应允。但仅仅三年之后,郤克升任晋国执政大臣,齐晋之间便爆发了异常激烈的鞌之战,战胜的晋人要求“必以萧同叔子为质”即是此时种下的前因。

“在阶级社会之中,除了各阶级的不同阶级利益之外,也还有一定的共同利益”,“社会既然有共同利益,必然也有反映社会共同利益的道德观念,这种道德可以称为共同的道德,即不同阶级共同承认的道德”。[①] 让女性固守家庭，而妄图将社会的大门对女性永久关闭，这就是男权社会出于维护男性利益考虑而制定的共同道德。但历史的机遇总会让一些人拥有脱颖而出的机会，《左传》女性中也有一批人可以当之无愧地被冠以“政治家”的头衔。她们从社会整体利益出发，而非个人有所图谋的诸多见解与举措足以让后人深深叹服。

庄公四年，楚武王出兵攻打随国之前突然觉得心神不宁，夫人邓曼预见到武王可能命不久矣。但她不但没有劝武王放弃早就做好的战争准备，而是提出了“若师徒无亏，王薨于行，国之福也”的观点。武王接受了她的建议，虽然自己死在了行军的路上，却使楚国以和平方式取得了行动的胜利。邓曼的聪敏不在于她对生死的预见，而在于她对军事行动“一鼓作气”的深刻理解。她“若师徒无亏，王薨于行，国之福也”的观点不但是充满个性的真知灼见，也在与传统礼法“寿终正寝”理论的鲜明比对中表现出了非凡的进步意义。

僖公十七年，鲁国私自出兵灭了项国，时为霸主的齐国因此在鲁僖公赴诸侯之会时拘捕了他。是胆识过人的僖公夫人声姜亲自出面，在卞地会见齐侯请求释放被扣留的丈夫，于是不久之后僖公便重获自由。如果没有大胆走出深宫与齐侯当面交涉的声姜，僖公之归或许还不知要等到什么时候。僖公二十二年，楚国出兵伐宋救郑，郑文公夫人楚女芈氏与齐女姜氏在柯泽慰劳楚成王。第二天成王进城受宴，夜里出城，又是芈氏送至军中。虽然君子曰：“非礼也。妇人送迎不出门，见兄弟不逾阈，戎事不迩女器。”叔詹也说：“为礼卒于无别，无别不可谓礼。”二者都在强调女性的行为规范和“男女有别”的社会准则，但芈氏此举无疑产生了重要的军事意义，对郑楚的良好邦交也起到了强化作用，并且从没听说楚国

① 张岱年：《中国伦理思想研究》，江苏教育出版社2005年版，第40、41页。

宗室之女芈氏与来自母国的成王有什么苟且之事。卫定公的夫人定姜更是一个极具政治见地的不凡女性，她的政治军事才能已得到了男性社会普遍的认可与尊重。

中国女性涉足政治巅峰，前有吕后专权，中有则天称帝，后有慈禧垂帘，但早于她们的《左传》女性虽然更接近母系社会的尊崇却大多都没有如此强烈的权力欲望，她们插手政治更像是票友串戏，只是偶尔露峥嵘。政治对她们而言不过是稳固自身地位的方式或是为儿孙谋取前程的手段又或是在父国与夫国之间赢得平衡的筹码，像宋襄夫人那样为满足个人生理欲望而插手政治的个案实在是少之又少。

其实，或为人女、或为人妻、或为人母都是《左传》女性出现在男权世界中的特定角色。一个个衣袂翩翩巧笑倩兮的女子、一个个叹息连连敛首凝眉的女子、一个个神采奕奕长袖善舞的女子似乎都在不经意间聚拢来，不期然地形成一道七彩的仕女屏风。但这些曾在春秋时期真实活过的女性不是为了满足男性的观赏欲望而存在的，她们中的一些人的确只活成了一个名字、一个影子，但更多的人却淋漓尽致地哭过笑过，并在性别歧视的樊篱之中认真地、艰难地寻找过自我的存在。走进《左传》，她们在举手投足间将自己置换成男性书写无法越过的障碍，非以锐利的目光之箭、思想之锋穿透她们设置的重重迷雾，你将无法看清历史的真颜，亦无法看清中国女性两千余年行程中的坎坷与艰难。

结 语

明代学者李贽在《史纲评要》中说:“王以丰、镐逼近犬戎,不可居,乃东迁都于洛邑。自是政由方伯,齐、楚、秦、晋渐大。四十九年,鲁隐公元年也。时天子微弱,赏罚不行。后孔子作《春秋》,正王法,始于此年。”①寥寥数语便道破了春秋的历史断限和春秋初年西周衰颓、平王东迁、诸侯争霸、周天子威信日益下降的社会现实。仅在《左传》起首处就多次出现周王室类似的无奈,如隐公三年的“求赙”、桓公五年的“周郑交质”、桓公十五年的“求车”及此后不得已而为之幸有史官讳言的“周王出狩”,隐公十一年更是早借郑庄公之口道出了“王室而既卑矣,周之子孙日失其序”的社会实情,而让一贯讲求温柔敦厚的孔子发出“是可忍孰不可忍”怒斥的季氏“八佾舞于庭”更是春秋晚期周王室地位益发下降的明证。而王室地位的下降直接导致了春秋礼法的松弛。

春秋女性生活的原型我们可以从确切的典籍中找到佐证。《诗经》中欢喜或愁苦的女性多是城邦生活之外的,她们在桑间劳动、在原上采实,她们采葛采萧采艾采芣苢采卷耳,心中怀着对爱情的美好憧憬。她们之中有桃之夭夭的美女,有在水一方的伊人,有被吉士所诱的怀春之女,也有心怀缱绻怕听鸡鸣的少妇,那些出身贫寒的女孩子胸中甚至始终郁结着“殆及公子同归”的忧惧。而《左传》中的女性多为生活在城邦之中的贵族,她们大多出生在诸侯与卿大夫之家,处于权力中心的边缘,她们不再为劳动所囿,

① (明)李贽:《史纲评要》,中华书局1974年版,第34页。

却承担着更多的礼法负载和家族责任。

政治经济文化的发展使整个春秋呈现出文质彬彬的社会风气，身为社会一分子的女性也不可能不受到强烈的濡染，而贵族出身更为《左传》女性提高自身文化修养提供了便利条件，从而使一些人生出了不让须眉的聪明才智。穆姜的赋诗达情自然妥帖，可与“春秋大夫称诗以喻志”相媲美；齐姜的密杀蚕妾和计遣重耳可谓有胆有识，其智勇决绝和大义凛然决不是横空出世；秦穆姬与晋文嬴的游说辞令都委婉细腻入耳入心，极有利地维护了父国的利益；许穆夫人面对国破家亡所赋的《载驰》之诗更使她成为中国历史上第一位有记载的女性诗人，诗中的爱国情怀与急切之志让人在两千年后仍然为之动容；楚邓曼、卫定姜更是运筹帷幄决胜千里的女性政治家，让男人也不得不低首叹服。

春秋时期的社会舆论、习惯、传统和教育不可能中和两性间尖锐的矛盾冲突，更不能站立于两性之间没有偏颇的立场之上，女性满足自身正当人性诉求的道路便因之布满了重重的荆棘，于是《左传》女性在巨大的礼法压力面前有了截然不同的人生分野——要么放弃对自我的寻找与救赎屈从于“礼”的教导与压迫，小心翼翼地举足行事，造就心有不甘或自得其乐的贤女贞妇；要么以勇敢得近于狂放的精神冲破“礼”的推搡与扼制，不介意自身的归宿和他人的评说，从心所欲地锻铸玩火自焚或名垂青史的乱世佳人。

《左传》女性在春秋这个社会转型期的处境极为特殊，她们的命运设计没有可以效仿的蓝本，她们的人生正所谓“前不见古人，后不见来者”。其时的她们或许还并不确切地知道，她们在文化上的性别标志会一点点地缩小成坚固的蛹壳，而女性将要踏上的是一条漫长的破茧之路。可女性命运的改变并不能寄望于母系氏族的回潮，而只能向着未来的方向进行探索和寻找，当然谁也不会想到这一找就是沉重的两千五百余年。

《庄子》说“天地有大美而不言”,《左传》女性就是史书上在更多时候以沉默示人的大美,她们是特定时代的特定生成品,是她们支撑着春秋那一历史时段半片悠远的长空。《左传》以史家的淋漓之笔和文学化的动情描述为我们展示了其时女性的生活世界,也以独特的视角和精当的剪裁让我们更加真切地了解了《左传》女性和她们的生活。

春秋时代,“男尊女卑”的观念业已形成,“三从四德”的思想也已存在,但在母系氏族的余波之中,在旧礼被打破新礼还未得到根本树立的时候,针对女性的礼法之网收得还不是很紧,《左传》女性也并没有受到宋儒倡导理学以后那样严苛的禁锢。对《左传》女性而言,春秋时代并不是一处没有血泪的人间乐土,但这块土壤生成了她们的妖娆与妩媚、坚毅与刚强,让后人在蓦然回首时能够看到她们轮廓分明或是一缕诗魂般的人生写意。集市扰攘远处有书声琅琅,行李往来背后是战车辚辚,打开《左传》追怀春秋时,我们总会在不经意间发现女性那意味深长的背影。

附　录

（一）《左传》女性纪年检讨（隐公—文公）

经	传	按语
	惠公元妃孟子，孟子卒，继室以声子，生隐公。 宋武公生仲子，仲子生而有文在其手，曰“为鲁夫人”，故仲子归于我。生桓公而惠公薨，是以隐公立而奉之。	古史书为男性作传，却以女子开篇。孟子、声子各有幸与不幸，仲子则难免宿命。
隐公元年	隐公元年	
	初，郑武公娶于申，曰武姜。生庄公及共叔段。庄公寤生，惊姜氏，故名曰“寤生”，遂恶之。爱共叔段，欲立之。亟请于武公，公弗许。 及庄公即位，为之请制。公曰：“制，岩邑也，虢叔死焉，佗邑唯命。”请京，使居之，谓之京城大叔。祭仲曰：“都城过百雉，国之害也。先王之制：大都不过参国之一，中五之一，小九之一。今京不度，非制也，君将不堪。”公曰：“姜氏欲之，焉辟害？”对曰：“姜氏何厌之有！不如早为之所，无使滋蔓，蔓难图也。蔓草犹不可除，况君之宠弟乎？”公曰：“多行不义必自毙，子姑待之。” 既而大叔命西鄙、北鄙贰于己。公子吕曰：“国不堪贰，君将若之何？	“郑伯克段于鄢”当属春秋第一战，郑伯之隐忍无奈、共叔段之骄狂贪婪恐怕都不是事件最重要的起因，武姜性情之褊狭才是祸患之源。为人母不知施行慈爱与教养，为国母不知维护稳定与仁爱，郑焉能不为之生乱？虽有颍考叔之谏，“阙地及泉”，“遂为母子如初”，又岂能

(续表)

经	传	按语
	欲与大叔,臣请事之;若弗与,则请除之。无生民心。"公曰:"无庸,将自及。"大叔又收贰以为己邑,至于廪延。子封曰:"可矣,厚将得众。"公曰:"不义不昵,厚将崩。" 大叔完聚,缮甲兵,具卒乘,将袭郑。夫人将启之。公闻其期,曰:"可矣!"命子封帅车二百乘以伐京。京叛大叔段,段入于鄢,公伐诸鄢。五月辛丑,大叔出奔共。 遂寘姜氏于城颍,而誓之曰:"不及黄泉,无相见也。"既而悔之。颍考叔为颍谷封人,闻之,有献于公,公赐之食,食舍肉。公问之,对曰:"小人有母,皆尝小人之食矣,未尝君之羹,请以遗之。"公曰:"尔有母遗,繄我独无!"颍考叔曰:"敢问何谓也?"公语之故,且告之悔。对曰:"君何患焉?若阙地及泉,隧而相见,其谁曰不然?"公从之。公入而赋:"大隧之中,其乐也融融!"姜出而赋:"大隧之外,其乐也泄泄。"遂为母子如初。	实现真正的母子一心?出奔的宠子共叔段又怎能不令她牵肠挂肚?
秋七月,天王使宰咺来归惠公、仲子之赗。	秋七月,天王使宰咺来归惠公、仲子之赗。缓,且子氏未薨,故名。	赗,助丧之物,用车马束帛。子氏未薨即归赗图便而不敬也。
隐公二年	**隐公二年**	
	莒子娶于向,向姜不安莒而归。夏,莒人入向,以姜氏还。	莒向之争因向姜而起。向姜

（续表）

经	传	按语
		“不安莒而归”当有隐情且足证其大胆，但“以姜氏还”则说明她没有基本的自由。
九月，纪裂繻来逆女。 冬十月，伯姬归于纪。 十有二月乙卯，夫人子氏薨。	九月，纪裂繻来逆女。卿为君逆也。	“卿为君逆”乃春秋之俗，《左传》多见。 鲁纪联姻。 仲子薨
隐公三年	**隐公三年**	
夏四月辛卯，君氏卒。	夏，君氏卒。声子也。不赴于诸侯，不反哭于寝，不祔于姑，故不曰薨。不称夫人，故不言葬，不书姓。为公故，曰“君氏”。 卫庄公娶于齐东宫得臣之妹，曰庄姜，美而无子，卫人所为赋《硕人》也。又娶于陈，曰厉妫，生孝伯，早死。其娣戴妫生桓公，庄姜以为己子。 公子州吁，嬖人之子也，有宠而好兵，公弗禁，庄姜恶之。	声子称“君氏”，母以子贵也。 庄姜以桓公为子恶州吁。隐四年州吁杀桓公，毛诗说《燕燕》为庄姜送戴妫大归之作，却未言及庄姜归宿。

（续表）

经	传	按语
九月，考仲子之宫。初献六羽。	九月，考仲子之宫，将万焉。公问羽数于众仲。对曰："天子用八，诸侯用六，大夫四，士二。夫舞所以节八音而行八风，故自八以下。"公从之。于是初献六羽，始用六佾也。	"献六羽"明"礼"仍行于鲁。但名分攸关，仲子能者，声子不能也。
隐公七年	**隐公七年**	
春，王三月，叔姬归于纪。		叔姬为隐二年伯姬之媵。
	郑公子忽在王所，故陈侯请妻之。郑伯许之，乃成昏。	郑陈联姻，忽将娶陈妫。
隐公八年	**隐公八年**	
	四月甲辰，郑公子忽如陈逆妇妫。辛亥，以妫氏归。甲寅，入于郑。陈针子送女。先配而后祖。针子曰："是不为夫妇。诬其祖矣，非礼也，何以能育？"	忽逆陈妫行亲迎之礼，但"先配而后祖"则非礼也。
桓公元年	**桓公元年**	
	宋华父督见孔父之妻于路，目逆而送之，曰："美而艳。"	转年宋乱之由也。
桓公二年	**桓公二年**	
	二年春，宋督攻孔氏，杀孔父而取其妻。公怒，督惧，遂弑殇公。	见色起意而致杀其夫、弑其君。
	初，晋穆侯之夫人姜氏以条之役生太子，命之曰仇。其弟以千亩之战生，命之曰成师。师服曰："异哉，君之名子也！夫名以制义，义以出礼，礼以体政，政以正民。是以政成而民听，易则生乱。嘉耦曰妃，怨耦曰仇，	君命太子曰仇，弟曰成师，始兆乱矣！夫名以制义。

（续表）

经	传	按语
	古之命也。今君命太子曰仇，弟曰成师，始兆乱矣，兄其替乎？”	
桓公三年	桓公三年	
公子翚如齐逆女。 九月，齐侯送姜氏于讙。公会齐侯于讙。夫人姜氏至自齐。	秋，公子翚如齐逆女。修先君之好，故曰“公子”。齐侯送姜氏，非礼也。凡公女嫁于敌国，姊妹则上卿送之，以礼于先君；公子则下卿送之。于大国，虽公子亦上卿送之；于天子，则诸卿皆行，公不自送。于小国，则上大夫送之。	齐侯僖公爱女而行非礼送嫁之举。文姜事始见。至庄公二十一年薨。
	冬，齐仲年来聘，致夫人也。	齐侯所托也。
	芮伯万之母芮姜恶芮伯之多宠人也，故逐之，出居于魏。	母权犹存。
桓公六年	桓公六年	
	公之未昏于齐也，齐侯欲以文姜妻郑大子忽。大子忽辞，人问其故，大子曰：“人各有耦，齐大，非吾耦也。《诗》云：‘自求多福。’在我而已，大国何为？”君子曰：“善自为谋。”及其败戎师也，齐侯又请妻之，固辞。人问其故，大子曰：“无事于齐，吾犹不敢。今以君命奔齐之急，而受室以归，是以师昏也。民其谓我何？”遂辞诸郑伯。	“齐大非偶”之出处。桓公十一年记：“祭仲曰：‘必取之。君多内宠，子无大援，将不立。三公子皆君也。’弗从。”
	九月丁卯，子同生，以大子生之礼举之，接以大牢，卜士负之，士妻食之。公与文姜、宗妇命之。	“士妻食之”言母不自乳其子；“命之”即享有命名权。

（续表）

经	传	按语
桓公八年	**桓公八年**	
祭公来，遂逆王后于纪。	祭公来，遂逆王后于纪。礼也。	祭公为周王逆后。天子娶后于诸侯，同姓为之主，鲁与周同姓，故“来”而后逆。
桓公九年	**桓公九年**	
九年春，纪季姜归于京师。	九年春，纪季姜归于京师。凡诸侯之女行，唯王后书。	纪女嫁于周王，上年书之者。
桓公十一年	**桓公十一年**	
	初，祭封人仲足有宠于庄公，庄公使为卿。为公娶邓曼，生昭公，故祭仲立之。宋雍氏女于郑庄公，曰雍姞，生厉公。雍氏宗有宠于宋庄公，故诱祭仲而执之，曰：“不立突，将死。”亦执厉公而求赂焉。祭仲与宋人盟，以厉公归而立之。	公子突争位并成功，缘于母族之“大援”——宋之宠臣雍氏。由于情势所迫，祭仲亦不得不改变初衷。
桓公十三年	**桓公十三年**	
	十三年春，楚屈瑕伐罗，斗伯比送之。还，谓其御曰：“莫敖必败。举趾高，心不固矣。”遂见楚子曰：“必济师。”楚子辞焉。入告夫人邓曼。邓曼曰：“大夫其非众之谓，其谓君抚小民以信，训诸司以德，而威莫敖以刑也。莫敖狃于蒲骚之役，将自用也，必小罗。君若不镇抚，其不设备乎？夫固谓君训众而好镇抚之，召诸司而劝之以令德，见莫敖而告诸天之不假易也。不然，夫岂不知楚师之尽行也？”楚子使赖人追之，不及。	楚武王夫人邓曼之智第一见，庄公四年则再见。 本年所析入于情理，且知人知事，其贤、其能皆昭然彰显。

（续表）

经	传	按语
桓公十五年	桓公十五年	
	祭仲专，郑伯患之，使其婿雍纠杀之。将享诸郊。雍姬知之，谓其母曰："父与夫孰亲？"其母曰："人尽夫也，父一而已，胡可比也？"遂告祭仲曰："雍氏舍其室而将享子于郊，吾惑之，以告。"祭仲杀雍纠，尸诸周氏之汪。公载以出，曰："谋及妇人，宜其死也。"夏，厉公出奔蔡。	"人尽可夫"一语出于此处，但古今异义。 雍姬存父而杀夫，其心能不痛乎？
桓公十六年	桓公十六年	
	初，卫宣公烝于夷姜，生急子，属诸右公子。为之娶于齐，而美，公取之，生寿及朔，属寿于左公子。夷姜缢。宣姜与公子朔构急子。公使诸齐，使盗待诸莘，将杀之。寿子告之，使行。不可，曰："弃父之命，恶用子矣！有无父之国则可也。"及行，饮以酒，寿子载其旌以先，盗杀之。急子至，曰："我之求也。此何罪？请杀我乎！"又杀之。二公子故怨惠公。 十一月，左公子泄、右公子职立公子黔牟。惠公奔齐。	卫宣公烝于父妾又娶子妇，尽行非礼。夷姜之激愤当在前，宣姜之阴毒当在后。寿与朔一母所生，其善恶不相类也。急子之行可类申生。
桓公十八年	桓公十八年	
十有八年春王正月，公会齐侯于泺。公与夫人姜氏遂如齐。 夏四月丙子，公薨于齐。	十八年春，公将有行，遂与姜氏如齐。申繻曰："女有家，男有室，无相渎也，谓之有礼。易此，必败。" 公会齐侯于泺，遂及文姜如齐。齐侯通焉。公谪之，以告。 夏四月丙子，享公。使公子彭生乘公，公薨于车。	申繻者，鲁之智慧之士也。齐侯与文姜之通始于未嫁？彭生杀桓公后抵死。文姜事断续至庄公二十一年，亦多见外交家之风范。

（续表）

经	传	按语
庄公元年	庄公元年	
三月，夫人孙于齐。	元年春，不称即位，文姜出故也。 三月，夫人孙于齐。不称姜氏，绝不为亲，礼也。	文姜因有杀夫之罪，惧祸不敢归鲁，故逊于齐。庄公虽其子，亦据礼“不称姜氏”。
夏，单伯送王姬。 秋，筑王姬之馆于外。 王姬归于齐。	秋，筑王姬之馆于外。为外，礼也。	天子嫁女于诸侯必使同姓诸侯主婚，故单伯送王姬来鲁，鲁为之筑馆并遣嫁于齐国。
庄公二年	庄公二年	
秋七月，齐王姬卒。		无传，不详其故。
冬十有二月，夫人姜氏会齐侯于禚。	二年冬，夫人姜氏会齐侯于禚。书，奸也。	禚，齐地也。 言“会”即明夫人此前归鲁。杜预认为，此“会”夫人之意也。
庄公四年	庄公四年	
四年春，王二月，夫人姜氏享齐侯于祝丘。		杨伯峻云：“春秋经书享者仅此一见”，“直书其事，以见其非礼”。
三月，纪伯姬卒。		庄公三年“秋，纪季以酅入于齐，纪于是乎始

（续表）

经	传	按语
六月乙丑，齐侯葬纪伯姬。	四年春，王三月，楚武王荆尸，授师孑焉，以伐随。将齐，入告夫人邓曼曰："余心荡。"邓曼叹曰："王禄尽矣。盈而荡，天之道也。先君其知之矣，故临武事，将发大命，而荡王心焉。若师徒无亏，王薨于行，国之福也。"王遂行，卒于樠木之下。令尹斗祁、莫敖屈重除道梁溠，营军临随。随人惧，行成。莫敖以王命入盟随侯，且请为会于汉汭而还。济汉而后发丧。	判"，疑以此之故"齐侯葬纪伯姬"。 楚邓曼之智桓公十三年初见，此年又见，为谋国之福祉，不求夫君寿终于正寝。楚武王亦善于纳夫人之谏者也。
庄公五年	**庄公五年**	
夏，夫人姜氏如齐师。		当与齐谋伐卫而非为淫。
庄公六年	**庄公六年**	
冬，齐人来归卫俘。	冬，齐人来归卫宝，文姜请之也。	上年冬，庄公会齐人、宋人、蔡人伐卫。
庄公七年	**庄公七年**	
七年春，夫人姜氏会齐侯于防。 冬，夫人姜氏会齐侯于谷。	七年春，文姜会齐侯于防，齐志也。	防，鲁地也；齐志，齐侯之志也。 谷，齐地也。
庄公八年	**庄公八年**	
	齐侯使连称、管至父戍葵丘。瓜时而往，曰："及瓜而代。"期戍，公问不至。请代，弗许。故谋作乱。	匹嫡之害。八年冬无知杀齐襄公自立，九年春

（续表）

经	传	按语
	僖公之母弟曰夷仲年，生公孙无知，有宠于僖公，衣服礼秩如适。襄公绌之。二人因之以作乱。连称有从妹在公宫，无宠，使间公，曰："捷，吾以女为夫人。"	即为雍廪所杀。连称从妹的夫人梦未免醒得太早了些。
庄公十年	庄公十年	
	蔡哀侯娶于陈，息侯亦娶焉。息妫将归，过蔡。蔡侯曰："吾姨也。"止而见之，弗宾。息侯闻之，怒，使谓楚文王曰："伐我，吾求救于蔡而伐之。"楚子从之。秋九月，楚败蔡师于莘，以蔡侯献舞归。	息妫之美闻名春秋，蔡侯"弗宾"与息侯之"怒"皆耐人寻味。
庄公十一年	庄公十一年	
冬，王姬归于齐。	冬，齐侯来逆共姬。	共姬即王姬，鲁主婚嫁之于齐。
庄公十二年	庄公十二年	
十有二年春，王三月，纪叔姬归于酅。		"纪叔姬归于酅"其因同庄公四年。
	南宫万奔陈，以乘车辇其母，一日而至。 （宋人）请南宫万于陈，以赂。陈人使妇人饮之酒，而以犀革裹之。比及宋，手足皆见。宋人皆醢之。	南宫万杀宋闵公携母而逃，孝也。辇，以人驾之也。杜注宋去陈二百六十里，"一日而至"言万之多力。孝而多力却因妇人劝饮而遭醢。

（续表）

经	传	按语
庄公十四年	庄公十四年	
	蔡哀侯为莘故，绳息妫以语楚子。楚子如息，以食入享，遂灭息。以息妫归，生堵敖及成王焉，未言。楚子问之，对曰："吾一妇人而事二夫，纵弗能死，其又奚言？"楚子以蔡侯灭息，遂伐蔡。秋七月，楚入蔡。	息楚灭蔡、楚灭息、楚灭蔡皆由息妫而起。息妫事又见庄公十年、二十八年，与刘向《列女传》不符。
庄公十五年	庄公十五年	
夏，夫人姜氏如齐。		夫人，文姜也。
庄公十八年	庄公十八年	
	虢公、晋侯、郑伯使原庄公逆王后于陈。陈妫归于京师，实惠后。	三同姓国主婚，原庄公逆之。惠后爱少子见僖公二十四年。
庄公十九年	庄公十九年	
秋，公子结媵陈人之妇于鄄，遂及齐侯、宋公盟。		卫女嫁于陈，公子结送鲁女媵之，中途代表鲁与齐、宋盟。
夫人姜氏如莒。		文姜如莒。
	初，王姚嬖于庄王，生子颓。子颓有宠，蒍国为之师。	王姚为庄王妾，姚姓。后子颓作乱。
庄公二十年	庄公二十年	
二十年春，王二月，夫人姜氏如莒。		文姜二年中两次至莒，无传，其因不详。

(续表)

经	传	按语
庄公二十一年	庄公二十一年	
秋七月戊戌，夫人姜氏薨。		文姜事自桓公三年始见，至庄公二十二年作结。
庄公二十二年	庄公二十二年	
癸丑，葬我小君文姜。	初，懿氏卜妻敬仲，其妻占之，曰："吉，是谓'凤皇于飞，和鸣锵锵，有妫之后，将育于姜。五世其昌，并于正卿。八世之后，莫之与京。'"陈厉公，蔡出也。故蔡人杀五父而立之，生敬仲。其少也。周史有以《周易》见陈侯者，陈侯使筮之，遇《观》之《否》。曰："是谓'观国之光，利用宾于王。'此其代陈有国乎。不在此，其在异国；非此其身，在其子孙。光，远而自他有耀者也。《坤》，土也。《巽》，风也。《乾》，天也。风为天于土上，山也。有山之材而照之以天光，于是乎居土上，故曰：'观国之光，利用宾于王。'庭实旅百，奉之以玉帛，天地之美具焉，故曰：'利用宾于王。'犹有观焉，故曰其在后乎。风行而著于土，故曰其在异国乎。若在异国，必姜姓也。姜，大岳之后也。山岳则配天，物莫能两大。陈衰，此其昌乎。"	用语敬重。 婚嫁之事宜卜吉凶而后行之。如僖公四年，"晋献公欲以骊姬为夫人，卜之"；僖公十五年，"晋献公筮嫁伯姬于秦"。 懿氏之妻占之，明其时仍有女性为巫之遗习。
庄公二十四年	庄公二十四年	
夏，公如齐逆女。 秋，公至自齐。	秋，哀姜至。公使宗妇觌，用币，非礼也。	同年传云："御孙曰：'男贽大者玉帛，小者禽鸟，以章物也。

（续表）

经	传	按语
八月丁丑，夫人姜氏入。 戊寅，大夫宗妇觌，用币。		女贽不过榛栗枣修，以告虔也。今男女同贽，是无别也。男女之别，国之大节也。而由夫人乱之，无乃不可乎！'”
庄公二十五年	**庄公二十五年**	
伯姬归于杞。		庄公长女，嫁为杞成公夫人。以年龄计当为庶出。
庄公二十七年	**庄公二十七年**	
二十有七年春，公会杞伯姬于洮。	二十七年春，公会杞伯姬于洮，非事也。天子非展义不巡守，诸侯非民事不举，卿非君命不越竟。	记庄公非礼。
冬，杞伯姬来。	冬，杞伯姬来，归宁也。	凡诸侯之女，归宁曰来，出曰来归。夫人归宁曰如某，出曰归于某。
莒庆来逆叔姬。		莒大夫庆亲迎叔姬为妻。
庄公二十八年	**庄公二十八年**	
	晋献公娶于贾，无子。烝于齐姜，生秦穆夫人及大子申生。又娶二女于戎，大戎狐姬生重耳，小戎子生夷吾。晋伐骊戎，骊戎男女以骊姬。归	齐姜曾为献公庶母，即父之妾。齐姜之女嫁秦穆公为夫人，

(续表)

经	传	按语
	生奚齐,其娣生卓子。 骊姬嬖,欲立其子,赂外嬖梁五与东关嬖五,使言于公曰:“曲沃,君之宗也。蒲与二屈,君之疆也。不可以无主。宗邑无主则民不威,疆埸无主则启戎心。戎之生心,民慢其政,国之患也。若使大子主曲沃,而重耳、夷吾主蒲与屈,则可以威民而惧戎,且旌君伐。”使俱曰:“狄之广莫,于晋为都。晋之启土,不亦宜乎?”晋侯说之。夏,使大子居曲沃,重耳居蒲城,夷吾居屈。群公子皆鄙,唯二姬之子在绛。二五卒与骊姬谮群公子而立奚齐,晋人谓之“二五耦”。 楚令尹子元欲蛊文夫人,为馆于其宫侧,而振万焉。夫人闻之,泣曰:“先君以是舞也,习戎备也。今令尹不寻诸仇雠,而于未亡人之侧,不亦异乎!”御人以告子元。子元曰:“妇人不忘袭仇,我反忘之!”	子立为太子,证“烝”不影响子女地位。 骊姬以嬖谮群公子,晋乱已在眉睫矣。 文夫人,息妫也;子元,文王弟也。欲蛊之足见美貌未衰。“泣”见其贞。余事见庄公十年、十四年。
庄公二十九年	**庄公二十九年**	
冬十有二月,纪叔姬卒。		隐公七年归于纪者。
庄公三十年	**庄公三十年**	
八月癸亥,葬纪叔姬。		
庄三十二年	**庄公三十二年**	
	初,公筑台临党氏,见孟任,从之。閟,而以夫人言许之。割臂盟公,	“割臂为盟”出处。孟任闭门

（续表）

经	传	按语
	生子般焉。雩，讲于梁氏，女公子观之。圉人荦自墙外与之戏。子般怒，使鞭之。公曰："不如杀之，是不可鞭。荦有力焉，能投盖于稷门。" 八月癸亥，公薨于路寝。子般即位，次于党氏。冬十月己未，共仲使圉人荦贼子般于党氏。成季奔陈。立闵公。	拒公为知礼也，割臂盟之为情所动也。 "圉人与女公子戏"而非"圉人戏女公子"，主被动情态可见。而子般鞭之竟遭杀身之祸，是不如庄公所见之远也。
闵公二年	闵公二年	
九月，夫人姜氏孙于邾。	闵公，哀姜之娣叔姜之子也，故齐人立之。共仲通于哀姜，哀姜欲立之。闵公之死也，哀姜与知之，故孙于邾。齐人取而杀之于夷，以其尸归，僖公请而葬之。 冬十二月，狄人伐卫。卫懿公好鹤，鹤有乘轩者。将战，国人受甲者皆曰："使鹤，鹤实有禄位，余焉能战！"公与石祁子玦，与宁庄子矢，使守，曰："以此赞国，择利而为之。"与夫人绣衣，曰："听于二子。"渠孔御戎，子伯为右，黄夷前驱，孔婴齐殿。及狄人战于荧泽，卫师败绩，遂灭卫。卫侯不去其旗，是以甚败。狄人囚史华龙滑与礼孔以逐卫人。二人曰："我，大史也，实掌其祭。不先，国不可得也。"乃先之。至则告守曰："不可待也。"夜与国人出。狄入卫，遂从之，又败诸河。	哀姜，齐女也，通于公子庆父，欲立之。庆父欲杀闵公哀姜知情不举有罪，遂逊于邾。 绣衣或为身份标志或为夫妻信物。

（续表）

经	传	按语
	初，惠公之即位也少，齐人使昭伯烝于宣姜，不可，强之。生齐子、戴公、文公、宋桓夫人、许穆夫人。文公为卫之多患也，先适齐。及败，宋桓公逆诸河，宵济。卫之遗民男女七百有三十人，益之以共、滕之民为五千人，立戴公以庐于曹。许穆夫人赋《载驰》。齐侯使公子无亏帅车三百乘、甲士三千人以戍曹。归公乘马，祭服五称，牛羊豕鸡狗皆三百，与门材。归夫人鱼轩，重锦三十两。 成风闻成季之繇，乃事之，而属僖公焉，故成季立之。	昭伯烝于宣姜系为齐人所迫，其子女亦多为公、为夫人，与庄二十八年齐姜子女同。 许穆夫人赋《载驰》，其情哀婉。齐，霸主之国亦母舅之国也。 成风，庄公妾，僖公母。成季，即季友，桓公子，庄公弟。“属僖公”足见成风远虑。本年传云：“成季之将生也，桓公使卜楚丘之父卜之。曰：‘男也。其名曰友，在公之右。间于两社，为公室辅。季氏亡，则鲁不昌。’又筮之，遇《大有》之《乾》，曰：‘同复于父，敬如君所。’”
僖公元年	**僖公元年**	
秋七月戊辰，夫人姜氏薨于夷，齐人以归。 十有二月丁巳，夫人氏之丧至自齐。	夫人氏之丧至自齐。君子以齐人杀哀姜也为已甚矣，女子，从人者也。	齐人以哀姜淫且乱鲁索于邾而杀之，闵二年传即为本年事。七月入于齐，十二月归于鲁。“从人者”言既嫁则从夫家，父母家不宜讨也。

(续表)

经	传	按语
僖公二年	**僖公二年**	
夏五月辛巳，葬我小君哀姜。		庄公夫人，亦即闵公与僖公之嫡母，故称小君。
僖公三年	**僖公三年**	
	齐侯与蔡姬乘舟于囿，荡公。公惧，变色。禁之，不可。公怒，归之，未绝之也。蔡人嫁之。	蔡姬一何娇憨顽皮也！以齐桓之威竟不禁此一“荡”？因之嫁，即有“四年春，齐侯以诸侯之师侵蔡”。
僖公四年	**僖公四年**	
	初，晋献公欲以骊姬为夫人，卜之，不吉；筮之，吉。公曰：“从筮。”卜人曰：“筮短龟长，不如从长。且其繇曰：‘专之渝，攘公之羭。一薰一莸，十年尚犹有臭。’必不可。”弗听，立之。生奚齐，其娣生卓子。 及将立奚齐，既与中大夫成谋，姬谓大子曰：“君梦齐姜，必速祭之。”大子祭于曲沃，归胙于公。公田，姬置诸宫六日。公至，毒而献之。公祭之地，地坟。与犬，犬毙。与小臣，小臣亦毙。姬泣曰：“贼由大子。”大子奔新城。公杀其傅杜原款。或谓大子：“子辞，君必辩焉。”大子曰：“君非姬氏，居不安，食不饱。我辞，姬必有罪。君老矣，吾又不乐。”曰：“子其行乎！”大子曰：“君实不察其罪，被此名也以出，人谁纳我？”十二月戊申，缢于新城。	骊姬之传一也，细述晋乱。

（续表）

经	传	按语
	姬遂谮二公子曰：“皆知之。”重耳奔蒲。夷吾奔屈。	
僖公五年	僖公五年	
杞伯姬来，朝其子。	夏，公孙兹如牟，娶焉。 冬十二月丙子朔，晋灭虢，虢公丑奔京师。师还，馆于虞，遂袭虞，灭之，执虞公及其大夫井伯，以媵秦穆姬。而修虞祀，且归其职贡于王。	伯姬，庄十五年出嫁者。 经云：“夏，公孙兹如牟。”因为鲁行聘于邻国方有所娶。 此媵为媵臣。
僖公八年	僖公八年	
秋七月，禘于大庙，用致夫人。	秋，禘而致哀姜焉，非礼也。	本年传：“凡夫人不薨于寝，不殡于庙，不赴于同，不袝于姑，则弗致也。”
僖公九年	僖公九年	
秋七月乙酉，伯姬卒。		未嫁而卒。
僖公十一年	僖公十一年	
夏，公及夫人姜氏会齐侯于阳谷。		姜氏当声姜，以年齿计，应为齐桓之女而非妹。
僖公十四年	僖公十四年	
夏六月，季姬及鄫子遇于防。使鄫子来朝。	鄫季姬来宁，公怒，止之，以鄫子之不朝也。夏，遇于防，而使来朝。	鄫季姬，僖公女也。鄫子不朝僖公止女，鄫子朝则于次年使女归。

（续表）

经	传	按语
僖公十五年	僖公十五年	
季姬归于鄫。		
	晋侯之入也，秦穆姬属贾君焉，且曰："尽纳群公子。"晋侯烝于贾君，又不纳群公子，是以穆姬怨之。	贾君，申生之妃，晋惠公烝于嫡嫂也。
	穆姬闻晋侯将至，以大子䓨、弘与女简璧登台而履薪焉，使以免服衰绖逆，且告曰："上天降灾，使我两君匪以玉帛相见，而以兴戎。若晋君朝以入，则婢子夕以死；夕以入，则朝以死。唯君裁之。"乃舍诸灵台。 初，晋献公筮嫁伯姬于秦，遇《归妹》之《睽》。史苏占之曰："不吉。其繇曰：'士刲羊，亦无衁也。女承筐，亦无贶也。西邻责言，不可偿也。《归妹》之《睽》，犹无相也。'《震》之《离》，亦《离》之《震》，为雷为火。为嬴败姬，车说其輹，火焚其旗，不利行师，败于宗丘。《归妹》《睽》孤，寇张之弧，侄其从姑，六年其逋，逃归其国，而弃其家，明年其死于高梁之虚。 及惠公在秦，曰："先君若从史苏之占，吾不及此夫。"韩简侍曰："龟，象也；筮，数也。物生而后有象，象而后有滋，滋而后有数。先君之败德，及可数乎？史苏是占，勿从何益？《诗》曰：'下民之孽，匪降自天，僔沓背憎，职竞由人。'"	晋惠公无信，秦穆公伐之，战于韩原，获惠公。秦穆姬，晋惠公姊也，要挟亲夫不合于礼却合于情，愈显晋惠公无义，而秦穆夫妇重情。
僖公十六年	僖公十六年	
夏四月丙申，鄫季姬卒。		十四年为僖公所止之女也。

(续表)

经	传	按语
僖公十七年	僖公十七年	
	秋,夫人姜氏会齐侯于卞。夏,晋大子圉为质于秦,秦归河东而妻之。 惠公之在梁也,梁伯妻之。梁嬴孕,过期,卜招父与其子卜之。其子曰:"将生一男一女。"招曰:"然。男为人臣,女为人妾。"故名男曰圉,女曰妾。及子圉西质,妾为宦女焉。	秦妻圉之女即怀嬴,后嫁文公重耳。事见僖公二十二、二十三年。
秋,夫人姜氏会齐侯于卞。	秋,声姜以公故,会齐侯于卞。九月,公至。书曰:"至自会。"犹有诸侯之事焉,且讳之也。	此前僖公因事为齐扣留,声姜斡旋使之归。卞,鲁地也。
	齐侯之夫人三:王姬,徐嬴,蔡姬,皆无子。齐侯好内,多内宠,内嬖如夫人者六人:长卫姬,生武孟;少卫姬,生惠公;郑姬,生孝公;葛嬴,生昭公;密姬,生懿公;宋华子,生公子雍。公与管仲属孝公于宋襄公,以为太子。雍巫有宠于卫共姬,因寺人貂以荐羞于公,亦有宠,公许之立武孟。 管仲卒,五公子皆求立。冬十月乙亥,齐桓公卒。易牙入,与寺人貂因内宠以杀群吏,而立公子无亏。孝公奔宋。十二月乙亥,赴。辛巳,夜殡。	长卫姬即卫共姬,公子无亏即武孟,闵公二年助卫戍曹者。齐桓公之死不得所与"多内宠"不无关碍。
僖公二十二年	僖公二十二年	
	晋大子圉为质于秦,将逃归,谓嬴氏曰:"与子归乎?"对曰:"子,晋大子,而辱于秦,子之欲归,不亦宜乎?寡君之使婢子侍执巾栉,以固子也。从子而归,弃君命也。不敢从,亦不敢言。"遂逃归。	怀嬴善处也。参见僖公二十三年言,知其性情。

（续表）

经	传	按语
	丙子晨，郑文夫人芈氏、姜氏劳楚子于柯泽。楚子使师缙示之俘馘。君子曰："非礼也。妇人送迎不出门，见兄弟不逾阈，戎事不迩女器。" 丁丑，楚子入飨于郑，九献，庭实旅百，加笾豆六品。飨毕，夜出，文芈送于军，取郑二姬以归。叔詹曰："楚王其不没乎！为礼卒于无别，无别不可谓礼，将何以没？"诸侯是以知其不遂霸也。	本年楚人伐宋以救郑。芈氏，楚女也，楚子或为其兄弟；姜氏，齐女也。"郑二姬"因楚助郑而从楚子以归。情愿乎？不情愿乎？
僖公二十三年	僖公二十三年	
	晋公子重耳之及于难也，晋人伐诸蒲城。蒲城人欲战。重耳不可，曰："保君父之命而享其生禄，于是乎得人。有人而校，罪莫大焉。吾其奔也。"遂奔狄。从者狐偃、赵衰、颠颉、魏武子、司空季子。狄人伐廧咎如，获其二女：叔隗、季隗，纳诸公子。公子取季隗，生伯儵、叔刘，以叔隗妻赵衰，生盾。将适齐，谓季隗曰："待我二十五年，不来而后嫁。"对曰："我二十五年矣，又如是而嫁，则就木焉。请待子。"处狄十二年而行。	叔隗与季隗的"战利品"身份。 以言记季隗之机敏伶俐。
	及齐，齐桓公妻之，有马二十乘，公子安之。从者以为不可。将行，谋于桑下。蚕妾在其上，以告姜氏。姜氏杀之，而谓公子曰："子有四方之志，其闻之者吾杀之矣。"公子曰："无之。"姜曰："行也。怀与安，实败名。"公子不可。姜与子犯谋，醉而遣之。醒，以戈逐子犯。	齐姜之坚决果敢，深谋远虑。

（续表）

经	传	按语
	及曹，曹共公闻其骈胁，欲观其裸。浴，薄而观之。僖负羁之妻曰："吾观晋公子之从者，皆足以相国。若以相，夫子必反其国。反其国，必得志于诸侯。得志于诸侯而诛无礼，曹其首也。子盍蚤自贰焉。"乃馈盘飧，置璧焉。公子受飧反璧。	僖负羁妻之识人知世，犹如伯乐之识千里马。
	秦伯纳女五人，怀嬴与焉。奉匜沃盥，既而挥之。怒曰："秦、晋匹也，何以卑我！"公子惧，降服而囚。	怀嬴之自尊自爱。
僖公二十四年	**僖公二十四年**	
	晋侯逆夫人嬴氏以归。	嬴氏当为僖公三十三年之文嬴而非怀嬴。文公六年辰嬴即怀嬴，所谓"辰嬴贱，班在九人"者也，非夫人。
	狄人归季隗于晋而请其二子。文公妻赵衰，生原同、屏括、楼婴。赵姬请逆盾与其母，子余辞。姬曰："得宠而忘旧，何以使人？必逆之！"固请，许之。来，以盾为才，固请于公以为嫡子，而使其三子下之，以叔隗为内子而己下之。	季隗未及就木而得与晋文重会。 赵姬之贤，叔隗之幸。
	晋侯赏从亡者，介之推不言禄，禄亦弗及。推曰："献公之子九人，唯君在矣。惠、怀无亲，外内弃之。天未绝晋，必将有主。主晋祀者，非君	有介之推母之大义，方有介之

（续表）

经	传	按语
	而谁？天实置之，而二三子以为己力，不亦诬乎？窃人之财，犹谓之盗，况贪天之功以为己力乎？下义其罪，上赏其奸，上下相蒙，难与处矣！"其母曰："盍亦求之，以死谁怼？"对曰："尤而效之，罪又甚焉，且出怨言，不食其食。"其母曰："亦使知之若何？"对曰："言，身之文也。身将隐，焉用文之？是求显也。"其母曰："能如是乎？与女偕隐。"遂隐而死。晋侯求之，不获，以绵上为之田，曰："以志吾过，且旌善人。"	推之不言禄及隐而成名。
	王德狄人，将以其女为后。富辰谏曰："不可。臣闻之曰：'报者倦矣，施者未厌。'狄固贪惏，王又启之，女德无极，妇怨无终，狄必为患。"王又弗听。	惠后偏疼少子，终于致乱。
	初，甘昭公有宠于惠后，惠后将立之，未及而卒。昭公奔齐，王复之，又通于隗氏。王替隗氏。颓叔、桃子曰："我实使狄，狄其怨我。"遂奉大叔，以狄师攻王。王御士将御之。王曰："先后其谓我何？宁使诸侯图之。"王遂出。及坎欿，国人纳之。 秋，颓叔、桃子奉大叔，以狄师伐周，大败周师，获周公忌父、原伯、毛伯、富辰。王出适郑，处于汜。大叔以隗氏居于温。	王以狄女隗氏为后，宠弟甘昭公王子带与之通，国及于乱。王废隗氏出适郑，大叔竟以隗氏居于温。有情乎？有爱乎？
僖公二十五年	**僖公二十五年**	
宋荡伯姬来逆妇。		为子逆妇也。

（续表）

经	传	按语
僖公三十一年	**僖公三十一年**	
冬，杞伯姬来求妇。		为其子求妇。
僖公三十三年	**僖公三十三年**	
	文嬴请三帅，曰："彼实构吾二君，寡君若得而食之，不厌，君何辱讨焉！使归就戮于秦，以逞寡君之志，若何？"公许之，先轸朝。问秦囚。公曰："夫人请之，吾舍之矣。"先轸怒曰："武夫力而拘诸原，妇人暂而免诸国。堕军实而长寇仇，亡无日矣。"不顾而唾。公使阳处父追之，及诸河，则在舟中矣。释左骖，以公命赠孟明。孟明稽首曰："君之惠，不以累臣衅鼓，使归就戮于秦，寡君之以为戮，死且不朽。若从君惠而免之，三年将拜君赐。"	秦晋殽之战，晋败秦师于殽，虏其三帅，晋襄公嫡母秦女文嬴请之，晋襄公许之，双方军事格局就此改变。
文公元年	**文公元年**	
	初，楚子将以商臣为大子，访诸令尹子上。子上曰："君之齿未也。而又多爱，黜乃乱也。楚国之举，恒在少者。且是人也，蜂目而豺声，忍人也，不可立也。"弗听。既，又欲立王子职而黜大子商臣。商臣闻之而未察，告其师潘崇曰："若之何而察之？"潘崇曰："享江芈而勿敬也。"从之。江芈怒曰："呼，役夫！宜君王之欲杀女而立职也。"告潘崇曰："信矣。"潘崇曰："能事诸乎？"曰："不能。""能行乎？"曰："不能。""能行大事乎？"曰："能。"	江芈，楚成王之妹也。以一介女子竟掌握宫廷机密，进而于急怒之中外泄于人，致楚宫政变遽至。

（续表）

经	传	按语
	冬十月，以宫甲围成王。王请食熊蹯而死。弗听。丁未，王缢。谥之曰“灵”，不瞑；曰“成”，乃瞑。穆王立，以其为大子之室与潘崇，使为大师，且掌环列之尹。	
文公二年	文公二年	
	襄仲如齐纳币，礼也。凡君即位，好舅甥，修昏姻，娶元妃以奉粢盛，孝也。孝，礼之始也。	齐鲁世代通婚，此为文公纳币于齐，行“六礼”之一也。
文公四年	文公四年	
夏，逆妇姜于齐。	逆妇姜于齐，卿不行，非礼也。君子是以知出姜之不允于鲁也。曰：“贵聘而贱逆之，君而卑之，立而废之，弃信而坏其主，在国必乱，在家必亡。不允宜哉？《诗》曰：‘畏天之威，于时保之。’敬主之谓也。”	有姑在堂故称“妇”。春秋之礼卿为君逆，贵聘贱逆当是大夫逆。
冬十有一月壬寅，夫人风氏薨。	冬，成风薨。	庄公妾，僖公母，事见闵公二年。
文公五年	文公五年	
五年春王正月，王使荣叔归含，且赗。 三月辛亥，葬我小君成风。王使召伯来会葬。	五年春，王使荣叔来含且赗，召昭公来会葬，礼也。	含，死者口中所含之物，多为珠玉。赗，助丧之物，用车马束帛。 王有使盖成风为僖公之母。
	晋阳处父聘于卫，反过宁，宁嬴从之，及温而还。其妻问之，嬴曰：“以刚。《商书》曰：‘沈渐刚克，高明柔克。’夫子壹之，其不没乎。天为刚	从“问”可知宁嬴之妻非一般女子，宁嬴以文词答妻，更明证其妻知书且达理。

（续表）

经	传	按语
	德，犹不干时，况在人乎？且华而不实，怨之所聚也，犯而聚怨，不可以定身。余惧不获其利而离其难，是以去之。"	
文公六年	**文公六年**	
	臧文仲以陈、卫之睦也，欲求好于陈。夏，季文子聘于陈，且娶焉。 八月乙亥，晋襄公卒。灵公少，晋人以难故，欲立长君。赵孟曰："立公子雍。好善而长，先君爱之，且近于秦。秦，旧好也。置善则固，事长则顺，立爱则孝，结旧则安。为难故，故欲立长君，有此四德者，难必抒矣。"贾季曰："不如立公子乐。辰嬴嬖于二君，立其子，民必安之。"赵孟曰："辰嬴贱，班在九人，其子何震之有？且为二君嬖，淫也。为先君子，不能求大而出在小国，辟也。母淫子辟，无威。陈小而远，无援。将何安焉？杜祁以君故，让偪姞而上之，以狄故，让季隗而己次之，故班在四。先君是以爱其子而仕诸秦，为亚卿焉。秦大而近，足以为援，母义子爱，足以威民，立之不亦可乎？"使先蔑、士会如秦，逆公子雍。贾季亦使召公子乐于陈。赵孟使杀诸郫。贾季怨阳子之易其班也，而知其无援于晋也。九月，贾季使续鞫居杀阳处父。书曰："晋杀其大夫。"侵官也。 十一月丙寅，晋杀续简伯。贾季奔狄。宣子使臾骈送其帑。	同僖公五年公孙兹，聘且娶焉，"求好于陈"。 晋有祸难，故欲舍年幼之太子灵公而立年长之君。众臣之争缘于晋文公妻妾之众多也。辰嬴（怀嬴）地位之尴尬，杜祁之贤亦从此见。 从本年看，季隗归晋后在重耳妻妾中名列第三。 续简伯即续鞫居。贾季畏罪而奔，赵盾使臾骈送其帑（妻子儿女）于狄，宽也，义也。

（续表）

经	传	按语
文公七年	文公七年	
	穆嬴日抱大子以啼于朝，曰："先君何罪？其嗣亦何罪？舍適嗣不立而外求君，将焉置此？"出朝，则抱以适赵氏，顿首于宣子曰："先君奉此子也而属诸子，曰：'此子也才，吾受子之赐；不才，吾唯子之怨。'今君虽终，言犹在耳，而弃之，若何？"宣子与诸大夫皆患穆嬴，且畏偪，乃背先蔑而立灵公，以御秦师。	宣子与诸大夫皆"患之"且畏惧逼迫，足证穆嬴威仪。
	先蔑之使也，荀林父止之，曰："夫人、大子犹在，而外求君，此必不行。子以疾辞，若何？不然，将及。摄卿以往可也，何必子？同官为寮，吾尝同寮，敢不尽心乎！"弗听。为赋《板》之三章。又弗听。及亡，荀伯尽送其帑及其器用财贿于秦，曰："为同寮故也。"	夫人太子犹在而外求君之"必不行"有故也。 "荀伯尽送其帑及其器用财贿于秦"，其义同于文公六年之赵宣子。
	穆伯娶于莒，曰戴己，生文伯，其娣声己生惠叔。戴己卒，又聘于莒，莒人以声己辞，则为襄仲聘焉。冬，徐伐莒。莒人来请盟。穆伯如莒莅盟，且为仲逆。及鄢陵。登城见之，美，自为娶之。仲请攻之，公将许之。叔仲惠伯谏曰："臣闻之，兵作于内为乱，于外为寇，寇犹及人，乱自及也。今臣作乱而君不禁，以启寇仇，若之何？"公止之，惠伯成之。使仲舍之，公孙敖反之，复为兄弟如初。从之。	戴己卒，声己当扶为夫人。兄夺弟妻不义也。文公八年穆伯奔莒，非有前约当不能也。文公十四年有后传。文公十五年，身故返于鲁，"声己不视，帷堂而哭"，怪之也。

（续表）

经	传	按语
文公八年	文公八年	
	穆伯如周吊丧，不至，以币奔莒，从己氏焉。	上年之续也。
	宋襄夫人，襄王之姊也，昭公不礼焉。夫人因戴氏之族，以杀襄公之孙孔叔、公孙钟离及大司马公子卬，皆昭公之党也。	宋襄夫人，王姬也，其权术又见于文公十六年。
文公九年	文公九年	
夫人姜氏如齐。		姜氏归宁。
三月，夫人姜氏至自齐。		
秦人来归僖公、成风之襚。	秦人来归僖公、成风之襚，礼也。	襚，赠终者衣被。传云："诸侯相吊贺也，虽不当事，苟有礼焉，书也，以无忘旧好。
文公十二年	文公十二年	
杞伯来朝。 二月庚子，子叔姬卒。	杞桓公来朝，始朝公也。且请绝叔姬而无绝昏，公许之。 二月，叔姬卒，不言杞，绝也。书叔姬，言非女也。	叔姬为杞桓公出，未详其因。被出二月即卒，何其速也！
文公十三年	文公十三年	
	晋人患秦之用士会也……乃使魏寿余伪以魏叛者以诱士会，执其帑于晋，使夜逸。请自归于秦，秦伯许之。履士会之足于朝。秦伯师于河西，魏人在东。寿余曰："请东人之能	魏寿余妻子儿女被执，士会妻子儿女为质，政治手段也。可参看文公六年赵

(续表)

经	传	按语
	与夫二三有司言者,吾与之先。"使士会。士会辞曰:"晋人,虎狼也,若背其言,臣死,妻子为戮,无益于君,不可悔也。"秦伯曰:"若背其言,所不归尔帑者,有如河。"乃行。绕朝赠之以策,曰:"子无谓秦无人,吾谋适不用也。"既济,魏人噪而还。秦人归其帑。其处者为刘氏。	宣子归贾季之帑,文公七年荀林父送先蔑之帑。
文公十四年	文公十四年	
	子叔姬妃齐昭公,生舍。叔姬无宠,舍无威。公子商人骤施于国,而多聚士,尽其家,贷于公,有司以继之。夏五月,昭公卒,舍即位。	母无宠子无威。本年经云:"齐公子商人弑其君舍。"
	邾文公元妃齐姜生定公,二妃晋姬生捷菑。文公卒,邾人立定公,捷菑奔晋。	此奔为惧祸且有谋。
齐人执子叔姬。	襄仲使告于王,请以王宠求昭姬于齐。曰:"杀其子,焉用其母?请受而罪之。"冬,单伯如齐,请子叔姬。齐人执之,又执子叔姬。	齐人恨鲁借周王之威故执王使与子叔姬。公羊穀梁谓单伯淫于子叔姬,故执。
文公十五年	文公十五年	
十有二月,齐人来归子叔姬。	十五年春,季文子如晋,为单伯与子叔姬故也。	欲使晋请于齐也。
	声己不视,帷堂而哭。襄仲欲勿哭,惠伯曰:"丧,亲之终也。虽不能始,善终可也。史佚有言曰:'兄弟致美。'救乏、贺善、吊灾、祭敬、丧哀,情虽不同,毋绝其爱,亲之道也。子无	穆伯弃声己而负襄仲,见文公七年。死而返鲁,声己不视其柩,其哭多有委屈。

(续表)

经	传	按语
	失道,何怨于人?"襄仲说,帅兄弟以哭之。 齐人来归子叔姬,王故也。	 子叔姬赖周王之力终于得返归母国。
文公十六年	文公十六年	
秋八月辛未,夫人姜氏薨。毁泉台。	有蛇自泉宫出,入于国,如先君之数。秋八月辛未,声姜薨,毁泉台。 公子鲍美而艳,襄夫人欲通之,而不可,夫人助之施。昭公无道,国人奉公子鲍以因夫人。 既,夫人将使公田孟诸而杀之。公知之,尽以宝行。荡意诸曰:"盍适诸侯?"公曰:"不能其大夫至于君祖母以及国人,诸侯谁纳我?且既为人君,而又为人臣,不如死。"尽以其宝赐左右以使行。夫人使谓司城去公,对曰:"臣之而逃其难,若后君何?" 冬十一月甲寅,宋昭公将田孟诸,未至,夫人王姬使帅甸攻而杀之。荡意诸死之。书曰:"宋人弑其君杵臼。"君无道也。	泉台之宫有异象而声姜薨,故毁之。 以襄夫人之淫而使"国人奉公子鲍以因之",何其不易也,且其必有因由。 昭公虽无道,但杀昭公仍可见宋襄夫人之权倾朝野。其事又见文公八年。堪为宋襄夫人之传。
文公十七年	文公十七年	
夏四月癸亥,葬我小君声姜。	夏四月癸亥,葬声姜。有齐难,是以缓。	应"五月而葬",已九月矣。齐难,军事也。

(续表)

经	传	按语
文公十八年	文公十八年	
	齐懿公之为公子也,与邴歜之父争田,弗胜。及即位,乃掘而刖之,而使歜仆。纳阎职之妻,而使职骖乘。 夏五月,公游于申池。二人浴于池,歜以扑抶职。职怒。歜曰:"人夺女妻而不怒,一抶女庸何伤!"职曰:"与刖其父而弗能病者何如?"乃谋弑懿公,纳诸竹中。归,舍爵而行。齐人立公子元。	齐懿公夺人之妻刖人之父,而留其人于身畔终遭杀身之祸。
	文公二妃敬嬴生宣公。敬嬴嬖而私事襄仲。宣公长而属诸襄仲,襄仲欲立之,叔仲不可。仲见于齐侯而请之。齐侯新立而欲亲鲁,许之。	文公四年所娶之姜氏生子恶及视,二妃敬嬴生宣公。因敬嬴之手段襄仲杀姜氏二子立宣公,本年经讳云:"冬十月,子卒。"姜氏大归即归不复来。
夫人姜氏归于齐。	夫人姜氏归于齐,大归也。将行,哭而过市曰:"天乎,仲为不道,杀适立庶。"市人皆哭,鲁人谓之哀姜。	

（二）《左传》女性纪年检讨（宣公—哀公）

经	传	按语
宣公元年	**宣公元年**	
元年春王正月，公即位。公子遂如齐逆女。三月，遂以夫人妇姜至自齐。	元年春，王正月，公子遂如齐逆女，尊君命也。三月，遂以夫人妇姜至自齐，尊夫人也。	卿为君逆。 言“妇”为有姑在堂，同成公十四年。
宣公二年	**宣公二年**	
	晋灵公不君，厚敛以雕墙；从台上弹人，而观其辟丸也；宰夫胹熊蹯不熟，杀之，寘诸畚，使妇人载以过朝。	妇人亦有力役之为。
	初，宣子田于首山，舍于翳桑，见灵辄饿，问其病。曰：“不食三日矣。”食之，舍其半。问之，曰：“宦三年矣，未知母之存否，今近焉，请以遗之。”使尽之，而为之箪食与肉，寘诸橐以与之。既而与为公介，倒戟以御公徒，而免之。问何故。对曰：“翳桑之饿人也。”问其名居，不告而退，遂自亡也。	灵辄落魄至极仍以母为念，孝也。孝则生义。
	初，丽姬之乱，诅无畜群公子，自是晋无公族。	丽姬即骊姬。分晋之前兆。

（续表）

经	传	按语
宣公三年	**宣公三年**	
	初，郑文公有贱妾曰燕姞，梦天使与己兰，曰："余为伯儵。余，而祖也，以是为而子。以兰有国香，人服媚之如是。"既而文公见之，与之兰而御之。辞曰："妾不才，幸而有子，将不信，敢征兰乎。"公曰："诺。"生穆公，名之曰兰。 文公报郑子之妃，曰陈妫，生子华、子臧。子臧得罪而出。诱子华而杀之南里，使盗杀子臧于陈、宋之间。	郑文公贱妾生穆公。 报为父纳子妇。报而生子，子又为父所杀，陈妫之痛何如哉！
宣公四年	宣公四年	
	初，若敖娶于䢵，生斗伯比。若敖卒，从其母畜于䢵，淫于䢵子之女，生子文焉。䢵夫人使弃诸梦中，虎乳之。䢵子田，见之，惧而归。以告，遂使收之。楚人谓乳谷，谓虎于菟，故命之曰斗谷于菟。以其女妻伯比，实为令尹子文。	䢵子之女所行非礼，其嫁之速则赖子之神异。
宣公五年	**宣公五年**	
秋九月，齐高固来逆叔姬。 冬，齐高固及子叔姬来。	五年春，公如齐，高固使齐侯止公，请叔姬焉。 秋九月，齐高固来逆女，自为也。故书曰："逆叔姬。"即自逆也。 冬，来，反马也。	"高固使齐侯止公"，颇有强娶叔姬之嫌。逆女行亲迎之礼。郑玄言大夫以上嫁女用母家之车马，婿留车返马，以示永不出妻。

（续表）

经	传	按语
宣公六年	宣公六年	
	夏，定王使子服求后于齐。冬，召桓公逆王后于齐。	大夫下聘，遣卿迎之，礼也。
宣公八年	宣公八年	
戊子，夫人嬴氏薨。冬十月己丑，葬我小君敬嬴。雨，不克葬。庚寅，日中而克葬。	冬，葬敬嬴。旱，无麻，始用葛茀。雨，不克葬，礼也。礼，卜葬，先远日，辟不怀也。	敬嬴，宣公母、文公次妃。以远见结交襄仲谋成宣公之立，事见文公十八年。
宣公九年	宣公九年	
	陈灵公与孔宁、仪行父通于夏姬，皆衷其衵服以戏于朝。泄冶谏曰："公卿宣淫，民无效焉，且闻不令，君其纳之。"公曰："吾能改矣。"公告二子，二子请杀之，公弗禁，遂杀泄冶。孔子曰："《诗》云：'民之多辟，无自立辟。'其泄冶之谓乎。"	夏姬始见。另事又见宣公十年、成公二年、昭公二十八年。
宣公十年	宣公十年	
	陈灵公与孔宁、仪行父饮酒于夏氏。公谓行父曰："征舒似女。"对曰："亦似君。"征舒病之。公出，自其厩射而杀之。二子奔楚。	夏征舒以母辱，杀灵公。十一年征舒为楚人所杀，夏姬入楚。
宣公十五年	宣公十五年	
	潞子婴儿之夫人，晋景公之姊也。酆舒为政而杀之，又伤潞子之目。	潞子婴儿之夫人，晋景公之姊，

（续表）

经	传	按语
	晋侯将伐之，诸大夫皆曰："不可。酆舒有三俊才，不如待后之人。"伯宗曰："必伐之。狄有五罪，俊才虽多，何补焉？不祀，一也。耆酒，二也。弃仲章而夺黎氏地，三也。虐我伯姬，四也。伤其君目，五也。怙其俊才，而不以茂德，兹益罪也。后之人或者将敬奉德义以事神人，而申固其命，若之何待之？不讨有罪，曰将待后，后有辞而讨焉，毋乃不可乎？夫恃才与众，亡之道也。商纣由之，故灭。天反时为灾，地反物为妖，民反德为乱，乱则妖灾生。故文反正为乏。尽在狄矣。"晋侯从之。六月癸卯，晋荀林父败赤狄于曲梁。辛亥，灭潞。酆舒奔卫，卫人归诸晋，晋人杀之。	嫁夫从人，遇事而诛，何辜也！ 酆舒为政而杀大国伯姬，何其愚也！
	初，魏武子有嬖妾，无子。武子疾，命颗曰："必嫁是。"疾病，则曰："必以为殉。"及卒，颗嫁之，曰："疾病则乱，吾从其治也。"及辅氏之役，颗见老人结草以亢杜回，杜回踬而颠，故获之。夜梦之曰："余，而所嫁妇人之父也。尔用先人之治命，余是以报。"	"结草"典出处。言颗之善，妇人父之知恩图报。亦言女子之生死由人。
宣公十六年	**宣公十六年**	
秋，郯伯姬来归。	秋，郯伯姬来归，出也。	秋，郯伯姬来归，出也。
宣公十七年	**宣公十七年**	
	十七年春，晋侯使郤克征会于齐。齐顷公帷妇人，使观之。郤子登，	妇人者，齐顷公母萧同叔子也。

（续表）

经	传	按语
	妇人笑于房。献子怒，出而誓曰："所不此报，无能涉河。"献子先归，使栾京庐待命于齐，曰："不得齐事，无复命矣。"郤子至，请伐齐，晋侯弗许。请以其私属，又弗许。	无礼于郤克，此齐晋鞌之战之前因也。
成公二年	**成公二年**	
	齐侯免，求丑父，三入三出。每出，齐师以帅退。入于狄卒，狄卒皆抽戈楯冒之。以入于卫师，卫师免之。遂自徐关入。齐侯见保者，曰："勉之！齐师败矣。"辟女子，女子曰："君免乎？"曰："免矣。"曰："锐司徒免乎？"曰："免矣。"曰："苟君与吾父免矣，可若何！"乃奔。齐侯以为有礼，既而问之，辟司徒之妻也。予之石窌。	鞌之战后齐侯败归，遇知礼之妇，锐司徒女、辟司徒妻也。
	齐侯使宾媚人赂以纪甗、玉磬与地。不可，则听客之所为。宾媚人致赂，晋人不可，曰："必以萧同叔子为质，而使齐之封内尽东其亩。"对曰："萧同叔子非他，寡君之母也。若以匹敌，则亦晋君之母也。吾子布大命于诸侯，而曰必质其母以为信，其若王命何？且是以不孝令也。……"	鞌之战时郤克当国，"必以萧同叔子为质"乃报宣公十七年妇人之无礼也。
	九月，卫穆公卒，晋二子自役吊焉，哭于大门之外。卫人逆之，妇人哭于门内，送亦如之。遂常以葬。	妇人哭于门内，礼也。
	楚之讨陈夏氏也，庄王欲纳夏姬，申公巫臣曰："不可。君召诸侯，	

（续表）

经	传	按语
	以讨罪也。今纳夏姬，贪其色也。贪色为淫，淫为大罚。《周书》曰：'明德慎罚。'文王所以造周也。明德，务崇之之谓也；慎罚，务去之之谓也。若兴诸侯，以取大罚，非慎之也。君其图之！"王乃止。 子反欲取之，巫臣曰："是不祥人也！是夭子蛮，杀御叔，弑灵侯，戮夏南，出孔、仪，丧陈国，何不祥如是？人生实难，其有不获死乎？天下多美妇人，何必是？"子反乃止。 王以予连尹襄老。襄老死于邲，不获其尸，其子黑要烝焉。巫臣使道焉，曰："归！吾聘女。"又使自郑召之，曰："尸可得也，必来逆之。"姬以告王，王问诸屈巫。对曰："其信！知䓨之父，成公之嬖也，而中行伯之季弟也，新佐中军，而善郑皇戌，甚爱此子。其必因郑而归王子与襄老之尸以求之。郑人惧于邲之役而欲求媚于晋，其必许之。"王遣夏姬归。将行，谓送者曰："不得尸，吾不反矣。"巫臣聘诸郑，郑伯许之。 及共王即位，将为阳桥之役，使屈巫聘于齐，且告师期。巫臣尽室以行。申叔跪从其父将适郢，遇之，曰："异哉！夫子有三军之惧，而又有《桑中》之喜，宜将窃妻以逃者也。"及郑，使介反币，而以夏姬行。将奔齐，齐师新败，曰："吾不处不胜之国。"遂奔晋，而因郤至，以臣于晋。晋人使为邢大夫。	与宣公九年、十年并看，方是夏姬正传。美色当前，陈之君臣丑态毕现，楚之君臣可笑可鄙，然申公巫臣几番言语之深邃用意何在则颇可推考。且其弃楚逃晋致成公七年其族被杀，其室被分，仅为夏姬之美色乎？

(续表)

经	传	按语
成公四年	**成公四年**	
	杞伯来朝,归叔姬故也。	欲休叔姬。
	晋赵婴通于赵庄姬。	晋成公女,婴兄赵盾子赵朔之妻也。朔谥“庄”。
成公五年	**成公五年**	
五年春王正月,杞叔姬来归。		本年叔姬被休,八年卒。诸侯出夫人礼见《礼记·杂记下》。
	夏,晋荀首如齐逆女。	自为逆妇。
成公八年	**成公八年**	
	声伯如莒,逆也。	自为逆妇。
	宋华元来聘,聘共姬也。 夏,宋共公使公孙寿来纳币,礼也。	宋行聘、纳币于鲁。共姬,穆姜女,成公姊妹。
	晋赵庄姬为赵婴之亡故,谮之于晋侯,曰:“原、屏将为乱。”栾、郤为征。六月,晋讨赵同、赵括。武从姬氏畜于公宫。以其田与祁奚。韩厥言于晋侯曰:“成季之勋,宣孟之忠,而无后,为善者其惧矣。三代之令王,皆数百年保天之禄。夫岂无辟王,赖前哲以免也。《周书》曰:‘不敢侮鳏寡。’所以明德也。”乃立武,而反其田焉。	庄公五年原、屏放赵婴于齐,故有庄姬怀恨之谮。其事为杂剧《赵氏孤儿》之蓝本,然情节有异。

（续表）

经	传	按语
冬十月癸卯，杞叔姬卒。 卫人来媵。	冬，杞叔姬卒。来归自杞，故书。 卫人来媵共姬，礼也。凡诸侯嫁女，同姓媵之，异姓则否。	成公五年来归者也。 同为姬姓。
成公九年	**成公九年**	
九年春，王正月，杞伯来逆叔姬之丧以归。 二月伯姬归于宋。 夏，季孙行父如宋致女。 晋人来媵。	九年春，杞桓公来逆叔姬之丧，请之也。杞叔姬卒，为杞故也。逆叔姬，为我也。 二月，伯姬归于宋。 夏，季文子如宋致女，复命，公享之。赋《韩奕》之五章，穆姜出于房，再拜，曰："大夫勤辱，不忘先君以及嗣君，施及未亡人。先君犹有望也！敢拜大夫之重勤。"又赋《绿衣》之卒章而入。 晋人来媵，礼也。	生而不得其所，死能得其所乎？悲哉！ 上年之共姬。 见穆姜之娴雅辞令与爱女之心。
成公十年	**成公十年**	同为姬姓。
齐人来媵。		异姓来媵，不合于礼。齐，姜姓。鲁，姬姓。
成公十一年	**成公十一年**	
	声伯之母不聘，穆姜曰："吾不以妾为姒。"生声伯而出之，嫁于齐管于奚。生二子而寡，以归声伯。声伯以其外弟为大夫，而嫁其外妹于施孝叔。郤犨来聘，求妇于声伯。声伯夺施氏妇以与之。妇人曰："鸟兽犹不失俪，子将若何？"曰："吾不能死亡。"	声伯母之遭遇。 穆姜之刻薄。 声伯外妹之委屈与刚烈。

（续表）

经	传	按语
	妇人遂行，生二子于郤氏。郤氏亡，晋人归之施氏，施氏逆诸河，沉其二子。妇人怒曰："己不能庇其伉俪而亡之，又不能字人之孤而杀之，将何以终？"遂誓施氏。	
成公十四年	**成公十四年**	
	十四年春，卫侯如晋，晋侯强见孙林父焉，定公不可。夏，卫侯既归，晋侯使郤犨送孙林父而见之。卫侯欲辞，定姜曰："不可。是先君宗卿之嗣也，大国又以为请，不许，将亡。虽恶之，不犹愈于亡乎？君其忍之！安民而宥宗卿，不亦可乎？"卫侯见而复之。	定姜深谋远虑，其见亦理有所据。襄公十年、十四年所记亦然。
秋，叔孙侨如如齐逆女。	秋，宣伯如齐逆女。称族，尊君命也。	为鲁成公娶妇也。
九月，侨如以夫人妇姜氏至自齐。	九月，侨如以夫人妇姜氏至自齐。舍族，尊夫人也。故君子曰："《春秋》之称，微而显，志而晦，婉而成章，尽而不汙，惩恶而劝善。非圣人，谁能修之？"	言"妇"义同文公四年、宣公元年，有姑在堂。
	卫侯有疾，使孔成子、宁惠子立敬姒之子衎以为大子。冬十月，卫定公卒。夫人姜氏既哭而息，见大子之不哀也，不内酌饮。叹曰："是夫也，将不唯卫国之败，其必始于未亡人！乌呼！天祸卫国也夫！吾不获鱄也使主社稷。"大夫闻之，无不耸惧。孙文子自是不敢舍其重器于卫，尽置诸戚，而甚善晋大夫。	定姜之子早亡，是以立庶子衎。定姜之言使大夫耸惧，益明其识见为人所信。

（续表）

经	传	按语
成公十五年	成公十五年	
	晋三郤害伯宗，谮而杀之，及栾弗忌。……初，伯宗每朝，其妻必戒之曰：“‘盗憎主人，民恶其上。’子好直言，必及于难。”	伯宗妻知夫亦知世事，何其敏慧！
成公十六年	成公十六年	
	宣伯通于穆姜，欲去季、孟，而取其室。将行，穆姜送公，而使逐二子。公以晋难告，曰：“请反而听命。”姜怒，公子偃、公子鉏趋过，指之曰：“女不可，是皆君也。”公待于坏隤，申宫儆备，设守而后行，是以后。使孟献子守于公宫。 齐声孟子通侨如，使立于高、国之间。侨如曰：“不可以再罪。”奔卫，亦间于卿。	穆姜与声孟子之权势可见一斑。叔孙侨如何人也？竟能先后通于鲁、齐之君夫人！穆姜形象与成公九年、十一年相悖矣！
成公十七年	成公十七年	
	齐庆克通于声孟子，与妇人蒙衣乘辇而入于闳。鲍牵见之，以告国武子，武子召庆克而谓之。庆克久不出，而告夫人曰：“国子谪我！”夫人怒。国子相灵公以会，高、鲍处守。及还，将至，闭门而索客。孟子诉之曰：“高、鲍将不纳君，而立公子角。国子知之。”秋七月壬寅，刖鲍牵而逐高无咎。无咎奔莒，高弱以卢叛。齐人来召鲍国而立之。 郤犨与长鱼矫争田，执而梏之，与其父母妻子同一辕。	齐声孟子淫于叔孙侨如与庆克，使前者立于高、国之间，又因后者诬告重臣，无乃太过也？ 母与妻皆可受株连。

（续表）

经	传	按语
	厉公田，与妇人先杀而饮酒，后使大夫杀。	妇人与杀不合于礼，却证明其有射御之能事。
襄公二年	**襄公二年**	
夏五月庚寅，夫人姜氏薨。 己丑，葬我小君齐姜。	夏，齐姜薨。初，穆姜使择美槚，以自为榇与颂琴。季文子取以葬。君子曰：“非礼也。礼无所逆，妇，养姑者也，亏姑以成妇，逆莫大焉。《诗》曰：‘其惟哲人，告之话言，顺德之行。’季孙于是为不哲矣。且姜氏，君之妣也。《诗》曰：‘为酒为醴，烝畀祖妣，以洽百礼，降福孔偕。’” 齐侯使诸姜宗妇来送葬。召莱子，莱子不会，故晏弱城东阳以逼之。	君子之言礼过人情也。《礼记·檀弓下》云：“妇人不越疆而吊人。”吊丧尚且不可，越境送葬当更属非礼。莱子之事则因齐曾入莱，故莱子怀恨不会。
襄公四年	**襄公四年**	
秋七月戊子，夫人姒氏薨。 八月辛亥，葬我小君定姒。	秋，定姒薨。不殡于庙，无榇，不虞。匠庆谓季文子曰：“子为正卿，而小君之丧不成，不终君也。君长，谁受其咎？”初，季孙为己树六槚于蒲圃东门之外。匠庆请木，季孙曰：“略。”匠庆用蒲圃之槚，季孙不御。君子曰：“《志》所谓‘多行无礼，必自及也’，其是之谓乎！”	襄公年幼，权臣季文子不以夫人之礼安葬其生母定姒。或云，定姒为贱妾，而齐姜已以成公夫人之礼成丧，故如此。
襄公九年	**襄公九年**	
五月辛酉，夫人姜氏薨。 秋八月癸未，葬我小君穆姜。	穆姜薨于东宫。始往而筮之，遇《艮》之八。史曰：“是谓《艮》之《随》。《随》其出也。君必速也。”姜曰：“亡。是于《周易》曰：‘《随》，元亨利贞，无咎。’元，体之长也；亨，嘉之会也；利，义之和也；贞，事之干也。体仁足以长人，嘉德足以合礼，利物足以和义，贞固足以干事，然，故不可	穆姜，襄公祖母，成公母。成公十六年欲去其子而立奸夫叔孙侨如，故被迁于东宫幽闭至死。余事见成公九年、十一年、襄

（续表）

经	传	按语
	诬也，是以虽《随》无咎。今我妇人而与于乱。固在下位而有不仁，不可谓元。不靖国家，不可谓亨。作而害身，不可谓利。弃位而姣，不可谓贞。有四德者，《随》而无咎。我皆无之，岂《随》也哉？我则取恶，能无咎乎？必死于此，弗得出矣。" 楚庄夫人卒，王未能定郑而归。	公二十三年。《易》之熟语，与成公九年之赋诗、襄公二年之欲作颂琴证穆姜之颖慧。 诸侯伐郑，楚共王母丧而归。
襄公十年	襄公十年	
	卫侯救宋，师于襄牛。郑子展曰："必伐卫，不然，是不与楚也。得罪于晋，又得罪于楚，国将若之何？"子驷曰："国病矣！"子展曰："得罪于二大国，必亡。病不犹愈于亡乎？"诸大夫皆以为然。故郑皇耳帅师侵卫，楚令也。孙文子卜追之，献兆于定姜。姜氏问繇。曰："兆如山陵，有夫出征，而丧其雄。"姜氏曰："征者丧雄，御寇之利也。大夫图之！"卫人追之，孙蒯获郑皇耳于犬丘。	献兆于定姜即可知其才干，获胜更证其才干。定姜余事参看成公十四年二事及襄公十四年事。
襄公十二年	襄公十二年	
	灵王求后于齐。齐侯问对于晏桓子，桓子对曰："先王之礼辞有之，天子求后于诸侯，诸侯对曰：'夫妇所生若而人。妾妇之子若而人。'无女而有姊妹及姑姊妹，则曰：'先守某公之遗女若而人。'"齐侯许昏，王使阴里结之。 秦嬴归于楚。楚司马子庚聘于秦，为夫人宁，礼也。	周王正妻称后，诸侯正妻称夫人。阴里，周大夫。结，口头约定。 秦嬴，秦景公妹，楚共王夫人，归宁之后返楚，故楚聘于秦。

（续表）

经	传	按语
襄公十四年	**襄公十四年**	
	子鲜从公，及竟，公使祝宗告亡，且告无罪。定姜曰："无神何告？若有，不可诬也。有罪，若何告无？舍大臣而与小臣谋，一罪也；先君有冢卿以为师保，而蔑之，二罪也；余以巾栉事先君，而暴妾使余，三罪也。告亡而已，无告无罪。"	定姜辞令与智慧兼备。余事详成公十四年、襄公十年。
襄公十五年	**襄公十五年**	
刘夏逆王后于齐。		王后，襄公十二年所结之女。
	十二月，郑人夺堵狗之妻，而归诸范氏。	杜注：堵狗，堵女父之族。狗娶于晋范氏。郑人既诛女父，畏狗因范氏而作乱，故夺其妻归范氏，先绝之。
襄公十九年	**襄公十九年**	
	齐侯娶于鲁，曰颜懿姬，无子。其侄鬲声姬，生光，以为大子。诸子仲子、戎子，戎子嬖。仲子生牙，属诸戎子。戎子请以为大子，许之。仲子曰："不可。废常，不祥；间诸侯，难。光之立也，列于诸侯矣。今无故而废之，是专黜诸侯，而以难犯不祥也。君必悔之。"公曰："在我而已。"遂东大子光。使高厚傅牙，以为大子，夙沙卫为少傅。	仲子之贤明，戎子之贪婪，齐灵之刚愎。是有戎子杀身之祸与身后之辱。

（续表）

经	传	按语
	齐侯疾，崔杼微逆光。疾病，而立之。光杀戎子，尸诸朝，非礼也。妇人无刑。虽有刑，不在朝市。	
	子然、子孔，宋子之子也；士子孔，圭妫之子也。圭妫之班亚宋子，而相亲也；二子孔亦相亲也。	宋子、圭妫皆郑穆公妾。母子皆相亲，何其难得！
襄公二十一年	**襄公二十一年**	
	邾庶其以漆、闾丘来奔。季武子以公姑姊妻之，皆有赐于其从者。	公族女子的婚姻亦可由权臣做主。
	栾桓子娶于范宣子，生怀子。范鞅以其亡也，怨栾氏，故与栾盈为公族大夫而不相能。桓子卒，栾祁与其老州宾通，几亡室矣。怀子患之。祁惧其讨也，愬诸宣子曰："盈将为乱，以范氏为死桓主而专政矣，曰：'吾父逐鞅也，不怒而以宠报之，又与吾同官而专之，吾父死而益富。死吾父而专于国，有死而已，吾蔑从之矣！'其谋如是，惧害于主，吾不敢不言。"范鞅为之征。怀子好施，士多归之。宣子畏其多士也，信之。怀子为下卿，宣子使城著而遂逐之。秋，栾盈出奔楚。	虎毒不食子，而栾祁竟能因奸诬告亲生，其心肠何其可怖也！
	初，叔向之母妒叔虎之母美而不使，其子皆谏其母。其母曰："深山大泽，实生龙蛇。彼美，余惧其生龙蛇以祸女。女，敝族也。国多大宠，不仁人间之，不亦难乎？余何爱焉！"使往视寝，生叔虎。美而有勇力，栾怀子嬖之，故羊舌氏之族及于难。	叔向之母妒美而有预言家风范。其事又见昭公二十八年论夏姬。

（续表）

经	传	按语
襄公二十二年	襄公二十二年	
	十二月，郑游眅将归晋，未出竟，遭逆妻者，夺之，以馆于邑。丁巳，其夫攻子明，杀之，以其妻行。子展废良而立大叔，曰："国卿，君之贰也，民之主也，不可以苟。请舍子明之类。"求亡妻者，使复其所。使游氏勿怨，曰："无昭恶也。"	游眅所夺之女回返夫家之后的境遇又会如何似乎颇耐寻味。
襄公二十三年	襄公二十三年	
	二十三年春，杞孝公卒，晋悼夫人丧之。平公不彻乐，非礼也。礼，为邻国阙。	悼夫人，杞孝公妹，晋平公母。
	晋将嫁女于吴，齐侯使析归父媵之，以藩载栾盈及其士，纳诸曲沃。	析归父送媵妾偷载襄公二十一年出奔之栾盈回封地曲沃。
	初，臧宣叔娶于铸，生贾及为而死。继室以其侄，穆姜之姨子也。生纥，长于公宫。姜氏爱之，故立之。臧贾、臧为出在铸。臧武仲自邾使告臧贾，且致大蔡焉，曰："纥不佞，失守宗祧，敢告不吊。纥之罪，不及不祀。子以大蔡纳请，其可。"贾曰："是家之祸也，非子之过也。贾闻命矣。"再拜受龟。使为以纳请，遂自为也。臧孙如防，使来告曰："纥非能害也，知不足也。非敢私请！苟守先祀，无废二勋，敢不辟邑。"乃立臧为。	穆姜之力又一见。
	齐侯归，遇杞梁之妻于郊，使吊之。辞曰："殖之有罪，何辱命焉？若免于罪，犹有先人之敝庐在，下妾不得与郊吊。"齐侯吊诸其室。	齐莒之战，杞梁死，妻迎柩于郊遇齐侯。古礼贱者受郊吊，杞梁为大夫，故其妻却之。

（续表）

经	传	按语
襄公二十五年	襄公二十五年	
	齐棠公之妻，东郭偃之姊也。东郭偃臣崔武子。棠公死，偃御武子以吊焉。见棠姜而美之，使偃取之。偃曰："男女辨姓，今君出自丁，臣出自桓，不可。"武子筮之，遇《困》之《大过》。史皆曰："吉。"示陈文子，文子曰："夫从风，风陨，妻不可娶也。且其《繇》曰：'困于石，据于蒺藜，入于其宫，不见其妻，凶。'困于石，往不济也。据于蒺藜，所恃伤也。入于其宫，不见其妻，凶，无所归也。"崔子曰："嫠也何害？先夫当之矣。"遂取之。庄公通焉，骤如崔氏。以崔子之冠赐人，侍者曰："不可。"公曰："不为崔子，其无冠乎？"崔子因是，又以其间伐晋也，曰："晋必将报。"欲弑公以说于晋，而不获间。公鞭侍人贾举而又近之，乃为崔子间公。	婚前占筮，春秋之习，《左传》多见。如晋献公之立骊姬为夫人、之嫁长女于秦穆公。 棠姜美艳，崔杼违礼同姓而婚且无视其繇，终至弑君亡家。 齐庄公以一女之故而亡其身，一何愚也！且其出入崔氏之情态何其跋扈也！ 棠姜之害又见襄公二十七年。
	崔子称疾，不视事。乙亥，公问崔子，遂从姜氏。姜入于室，与崔子自侧户出。公拊楹而歌。侍人贾举止众从者，而入闭门。甲兴，公登台而请，弗许；请盟，弗许；请自刃于庙，弗许。皆曰："君之臣杼疾病，不能听命。近于公宫，陪臣干掫有淫者，不知二命。"公逾墙。又射之，中股，反队，遂弑之。贾举，州绰、邴师、公孙敖、封具、铎父、襄伊、偻堙皆死。祝佗父祭于高唐，至，复命。不说弁而死于崔氏。申蒯侍渔者，退，谓其宰曰："尔以帑免，我将死。"其宰曰：	"尔以帑免"是托付妻子要求家宰不必一同赴死之意。

（续表）

经	传	按语
	“免，是反子之义也。”与之皆死。	
	叔孙宣伯之在齐也，叔孙还纳其女于灵公。嬖，生景公。丁丑，崔杼立而相之。	齐景公为齐庄公异母弟，其母为叔孙侨如之女。
	闾丘婴以帷缚其妻而载之，与申鲜虞乘而出，鲜虞推而下之，曰：“君昏不能匡，危不能救，死不能死，而知匿其暱，其谁纳之？”	庄公死，二子奔。闾丘婴却不能护持爱妻。
	晋侯济自泮，会于夷仪，伐齐，以报朝歌之役。齐人以庄公说，使隰鉏请成。庆封如师，男女以班。赂晋侯以宗器、乐器。	男女以班，明男女有别也。
	陈侯扶其大子偃师奔墓，遇司马桓子，曰：“载余！”曰：“将巡城。”遇贾获，载其母妻，下之，而授公车。公曰：“舍而母！”辞曰：“不祥。”与其妻扶其母以奔墓，亦免。	去岁陈伐郑，今夏郑伐陈。贾获载母妻见孝义，不使其母与陈侯同乘以明男女有别。
襄公二十六年	襄公二十六年	
	卫献公使子鲜为复，辞。敬姒强命之。对曰：“君无信，臣惧不免。”敬姒曰：“虽然，以吾故也。”许诺。	母命难违。敬姒乃献公与子鲜之母也。
	初，宋芮司徒生女子，赤而毛，弃诸堤下，共姬之妾取以入，名之曰弃。长而美。平公入夕，共姬与之食。公见弃也，而视之，尤。姬纳诸御，嬖，生佐。恶而婉。大子痤美而很，合左师畏而恶之。寺人惠墙伊戾为大子内	共姬，宋共公夫人平公母，襄公三十年遇火而死之鲁女。取弃而养见其善。

（续表）

经	传	按语
	师而无宠。 秋，楚客聘于晋，过宋。大子知之，请野享之。公使往，伊戾请从之。公曰："夫不恶女乎？"对曰："小人之事君子也，恶之不敢远，好之不敢近。敬以待命，敢有贰心乎？纵有共其外，莫共其内，臣请往也。"遣之。至，则舀欠，用牲，加书，征之，而聘告公曰："大子将为乱，既与楚客盟矣。"公曰："为我子，又何求？"对曰："欲速。"公使视之，则信有焉。问诸夫人与左师，则皆曰："固闻之。"公囚大子。大子曰："唯佐也能免我。"召而使请，曰："日中不来，吾知死矣。"左师闻之，聒而与之语。过期，乃缢而死。佐为大子。公徐闻其无罪也，乃亨伊戾。 左师见夫人之步马者，问之，对曰："君夫人氏也。"左师曰："谁为君夫人？余胡弗知？"圉人归，以告夫人。夫人使馈之锦与马，先之以玉，曰："君之妾弃使某献。"左师改命曰："君夫人。"而后再拜稽首受之。	本年此节为弃之正传，由弃女而至君夫人，赖天力耶？赖人力耶？其美、其黠、其慧均可见矣！
	伍举娶于王子牟，王子牟为申公而亡，楚人曰："伍举实送之。"伍举奔郑，将遂奔晋。	因姻亲而致出奔。后方有伍员鞭尸故事。
	卫人归卫姬于晋，乃释卫侯。君子是以知平公之失政也。	本年六月诸侯讨卫，"卫侯如晋，晋人执而囚之于士弱氏"。卫姬至晋，和亲也。

（续表）

经	传	按语
襄公二十七年	**襄公二十七年**	
	齐崔杼生成及强而寡。娶东郭姜,生明。东郭姜以孤入,曰棠无咎,与东郭偃相崔氏。崔成有疾,而废之,而立明。成请老于崔,崔子许之。偃与无咎弗予,曰:“崔,宗邑也,必在宗主。”成与强怒,将杀之。告庆封曰:“夫子之身亦子所知也,唯无咎与偃是从,父兄莫得进矣。大恐害夫子,敢以告。”庆封曰:“子姑退,吾图之。”告卢蒲嫳。卢蒲嫳曰:“彼,君之仇也。天或者将弃彼矣。彼实家乱,子何病焉!崔之薄,庆之厚也。”他日又告。庆封曰:“苟利夫子,必去之!难,吾助女。” 九月庚辰,崔成、崔强杀东郭偃、棠无咎于崔氏之朝。崔子怒而出,其众皆逃,求人使驾,不得。使圉人驾,寺人御而出。且曰:“崔氏有福,止余犹可。”遂见庆封。庆封曰:“崔、庆一也。是何敢然?请为子讨之。”使卢蒲嫳帅甲以攻崔氏。崔氏堞其宫而守之,弗克。使国人助之,遂灭崔氏,杀成与强,而尽俘其家。其妻缢。嫳复命于崔子,且御而归之。至,则无归矣,乃缢。崔明夜辟诸大墓。辛巳,崔明来奔,庆封当国。	襄公二十五年崔杼因齐庄公与棠姜之奸情弑庄公,本年又因其子棠无咎乱家,棠姜与崔杼先后自缢。
襄公二十八年	**襄公二十八年**	
	齐庆封好田而耆酒,与庆舍政。则以其内实迁于卢蒲嫳氏,易内而饮酒。数日,国迁朝焉。使诸亡人得贼者,以告而反之,故反卢蒲癸。癸臣子	易内饮酒,何其无耻也!未知其“内人”之感受。

（续表）

经	传	按语
	之，有宠，妻之。庆舍之士谓卢蒲癸曰："男女辨姓。子不辟宗，何也？"曰："宗不余辟，余独焉辟之？赋诗断章，余取所求焉，恶识宗？"癸言王何而反之，二人皆嬖，使执寝戈，而先后之。	同姓而婚。妻即下文卢蒲姜。
	冬十月，庆封田于莱，陈无宇从。丙辰，文子使召之。请曰："无宇之母疾病，请归。"庆季卜之，示之兆，曰："死。"奉龟而泣。乃使归。	母病子归，敬母，不违孝也。
	卢蒲癸、王何卜攻庆氏。……卢蒲姜谓癸曰："有事而不告我，必不捷矣。"癸告之。姜曰："夫子愎，莫之止，将不出，我请止之。"癸曰："诺。"十一月乙亥，尝于大公之庙，庆舍莅事。卢蒲姜告之，且止之。弗听，曰："谁敢者！"遂如公。	卢蒲姜在父与夫间之两难如同桓公十五年之郑雍姬。虽告，然庆舍刚愎遂死之。
襄公三十年	**襄公三十年**	
	二月癸未，晋悼夫人食舆人之城杞者。	夫人，杞女也。慰劳筑杞归来之役卒。
	蔡景侯为大子般娶于楚，通焉。大子弑景侯。	淫也。
五月甲午，宋灾，宋伯姬卒。	或叫于宋大庙，曰："譆，譆！出出！"鸟鸣于亳社，如曰："譆譆。"甲午，宋大灾。宋伯姬卒，待姆也。君子谓："宋共姬，女而不妇。女待人，妇义事也。"	灾有异兆。 傅母不至共姬遇火而不出，故死于火。公羊穀梁贤之，左氏以为妇人可以便宜行事。
秋七月，	秋七月，叔弓如宋，葬共姬也。	

（续表）

经	传	按语
襄公三十一年	**襄公三十一年**	
叔弓如宋，葬宋共姬。	立胡女敬归之子子野，次于季氏。秋九月癸巳，卒，毁也。立敬归之娣齐归之子公子裯，穆叔不欲，曰："大子死，有母弟则立之，无则长立。年钧择贤，义钧则卜，古之道也。非適嗣，何必娣之子？且是人也，居丧而不哀，在戚而有嘉容，是谓不度。不度之人，鲜不为患。若果立之，必为季氏忧。"武子不听，卒立之。	子野因父丧至哀而亡，真情至孝也。公子裯"居丧而不哀，在戚而有嘉容"不宜为君，然终为昭公。
昭公元年	**昭公元年**	
	元年春，楚公子围聘于郑，且娶于公孙段氏，伍举为介。将入馆，郑人恶之，使行人子羽与之言，乃馆于外。既聘，将以众逆。子产患之，使子羽辞，曰："以敝邑褊小，不足以容从者，请墠听命！"令尹命大宰伯州犁对曰："君辱贶寡大夫围，谓围：'将使丰氏抚有而室。'围布几筵，告于庄、共之庙而来。若野赐之，是委君贶于草莽也！是寡大夫不得列于诸卿也！不宁唯是，又使围蒙其先君，将不得为寡君老，其蔑以复矣。唯大夫图之！"子羽曰："小国无罪，恃实其罪。将恃大国之安靖己，而无乃包藏祸心以图之。小国失恃而惩诸侯，使莫不憾者，距违君命，而有所壅塞不行是惧！不然，敝邑，馆人之属也，其敢爱丰氏之祧？"伍举知其有备也，请垂橐而入。许之。	入城娶亲而使人战栗，可见列国关系之虚虚实实。从"伍举知其有备也，请垂橐而入"一语看，子产之虑甚是。

（续表）

经	传	按语
	郑徐吾犯之妹美，公孙楚聘之矣，公孙黑又使强委禽焉。犯惧，告子产。子产曰："是国无政，非子之患也。唯所欲与。"犯请于二子，请使女择焉。皆许之，子皙盛饰入，布币而出。子南戎服入。左右射，超乘而出。女自房观之，曰："子皙信美矣，抑子南夫也。夫夫妇妇，所谓顺也。"适子南氏。 子皙怒，既而櫜甲以见子南，欲杀之而取其妻。子南知之，执戈逐之。及冲，击之以戈。子皙伤而归，告大夫曰："我好见之，不知其有异志也，故伤。"大夫皆谋之。子产曰："直钧，幼贱有罪。罪在楚也。"乃执子南而数之，曰："国之大节有五，女皆奸之：畏君之威，听其政，尊其贵，事其长，养其亲。五者所以为国也。今君在国，女用兵焉，不畏威也。奸国之纪，不听政也。子皙，上大夫，女，嬖大夫，而弗下之，不尊贵也。幼而不忌，不事长也。兵其从兄，不养亲也。君曰：'余不女忍杀，宥女以远。'勉，速行乎，无重而罪！"	徐吾犯之妹美而慧，能自择其夫。然远虑之能未免不足，竟至其夫因以下犯上伤上大夫而遭流放。其夫护己身尚且不能，又焉能护妻？徐吾犯妹未来之境遇可想而知也。
	秦后子有宠于桓，如二君于景。其母曰："弗去，惧选。"癸卯，鍼适晋，其车千乘。	母，智者也。
昭公二年	昭公二年	
	宣子遂如齐纳币。 夏四月，韩须如齐逆女。齐陈无宇	春，宣子为晋平公聘少姜。 少齐，不称母

（续表）

经	传	按语
	送女，致少姜。少姜有宠于晋侯，晋侯谓之少齐。谓陈无宇非卿，执诸中都。少姜为之请曰："送从逆班，畏大国也，犹有所易，是以乱作。" 晋少姜卒。公如晋，及河。晋侯使士文伯来辞，曰："非伉俪也。请君无辱！"公还，季孙宿遂致服焉。叔向言陈无宇于晋侯曰："彼何罪？君使公族逆之，齐使上大夫送之。犹曰不共，君求以贪。国则不共，而执其使。君刑已颇，何以为盟主？且少姜有辞。"冬十月，陈无宇归。十一月，郑印段如晋吊。	家姓而称国，是为宠之。 韩须，晋公族大夫；陈无宇，齐大夫。诸侯娶正室方用卿送女，少姜之请用委婉之词。从"非伉俪也"四字正见出少姜非正室。惜有宠而死。昭公三年事堪为后传。
昭公三年	昭公三年	
	三年春，王正月，郑游吉如晋，送少姜之葬。 齐侯使晏婴请继室于晋。曰："寡君使婴曰：'寡人愿事君，朝夕不倦，将奉质币，以无失时，则国家多难，是以不获。不腆先君之適，以备内官，焜耀寡人之望，则又无禄，早世殒命，寡人失望。君若不忘先君之好，惠顾齐国，辱收人，徼福于大公、丁公，照临敝邑，镇抚其社稷，则犹有先君之適及遗姑姊妹若而人。君若不弃敝邑，而辱使董振择之，以备嫔嫱，寡人之望也。'"韩宣子使叔向对曰："寡君之愿也。寡君不能独任其社稷之事，未有伉俪。在缞绖之中，是以未敢请。君有辱命，惠莫大焉。	齐请以女继少姜之后仍为姻亲，晋平公自言"未有伉俪"又使上卿韩起逆齐女，当是娶为正室夫人。公孙虿

（续表）

经	传	按语
	若惠顾敝邑，抚有晋国，赐之内主，岂唯寡君，举群臣实受其贶。其自唐叔以下，实宠嘉之。” 晋韩起如齐逆女。公孙虿为少姜之有宠也，以其子更公女而嫁公子。人谓宣子：“子尾欺晋，晋胡受之？”宣子曰：“我欲得齐而远其宠，宠将来乎？” 秋七月，郑罕虎如晋，贺夫人，且告曰：“楚人日征敝邑，以不朝立王之故。敝邑之往，则畏执事，其谓寡君‘而固有外心’。其不往，则宋之盟云。进退罪也。寡君使虎布之。“宣子使叔向对曰：”君若辱有寡君，在楚何害？修宋盟也。君苟思盟，寡君乃知免于戾矣。君若不有寡君，虽朝夕辱于敝邑，寡君猜焉。君实有心，何辱命焉？君其往也！苟有寡君，在楚犹在晋也。”	之如意算盘并没有打错。而以己女更公女嫁之于晋，实在大胆之至，亦可见齐之权力已旁落矣。 郑罕虎贺夫人，礼也。
昭公四年	昭公四年	
	大雨雹。季武子问于申丰曰：“雹可御乎？”对曰：“圣人在上，无雹，虽有，不为灾。古者，日在北陆而藏冰；西陆，朝觌而出之。其藏冰也，深山穷谷，固阴沍寒，于是乎取之。其出之也，朝之禄位，宾食丧祭，于是乎用之。其藏之也，黑牲、秬黍，以享司寒。其出之也，桃弧、棘矢，以除其灾。其出入也时。食肉之禄，冰皆与焉。大夫命妇，丧浴用冰。祭寒而藏之，献羔而启之，公始用之。火出而毕	“大夫命妇，丧浴用冰。” “自命夫、命妇，至于老疾，无不受冰。”

（续表）

经	传	按语
	赋。自命夫、命妇，至于老疾，无不受冰。山人取之，县人传之，舆人纳之，隶人藏之。夫冰以风壮，而以风出。其藏之也周，其用之也遍，则冬无愆阳，夏无伏阴，春无凄风，秋无苦雨，雷不出震，无灾霜雹，疠疾不降，民不夭札。今藏川池之冰，弃而不用。风不越而杀，雷不发而震。雹之为灾，谁能御之？《七月》之卒章，藏冰之道也。”	
	初，穆子去叔孙氏，及庚宗，遇妇人，使私为食而宿焉。问其行，告之故，哭而送之。适齐，娶于国氏，生孟丙、仲壬。梦天压己，弗胜。顾而见人，黑而上偻，深目而豭喙。号之曰：“牛！助余！”乃胜之。旦而皆召其徒，无之。且曰：“志之。”及宣伯奔齐，馈之。宣伯曰：“鲁以先子之故，将存吾宗，必召女。召女，何如？”对曰：“愿之久矣。” 鲁人召之，不告而归。既立，所宿庚宗之妇人，献以雉。问其姓，对曰：“余子长矣，能奉雉而从我矣。”召而见之，则所梦也。未问其名，号之曰：“牛！”曰：“唯”。皆召其徒，使视之，遂使为竖。有宠，长使为政。公孙明知叔孙于齐，归，未逆国姜，子明取之。故怒，其子长而后使逆之。	穆子，叔孙侨如之弟叔孙豹，当在成公十六年前侨如乱鲁前预见其罪而私离其族，侨如奔齐后召回立为卿。 妇人献雉示其有子。穆子宠牛终死于竖牛之手。 比及国姜，夫有再娶之义，妇无二适之文？
昭公五年	昭公五年	
	以屈生为莫敖，使与令尹子荡如晋逆女。	楚娶夫人于晋。父母送女不

（续表）

经	传	按语
	晋侯送女于邢丘。 晋韩宣子如楚送女，叔向为介。	下堂，礼也。晋侯之送或为敬大国。或见桓公三年齐侯送文姜。
昭公七年	**昭公七年**	
	七年春，王正月，暨齐平，齐求之也。癸巳，齐侯次于虢。燕人行成，曰："敝邑知罪，敢不听命？先君之敝器，请以谢罪。"公孙皙曰："受服而退，俟衅而动，可也。"二月戊午，盟于濡上。燕人归燕姬，赂以瑶瓮、玉椟、斗耳，不克而还。 卫襄公夫人姜氏无子，嬖人婤姶生孟縶。孔成子梦康叔谓己："立元，余使羁之孙圉与史苟相之。"史朝亦梦康叔谓己："余将命而子苟与孔烝鉏之曾孙圉相元。"史朝见成子，告之梦，梦协。晋韩宣子为政聘于诸侯之岁，婤姶生子，名之曰元。	"燕人归燕姬"之情形，大体应相当于襄公二十六年"卫人归卫姬于晋"。 卫灵公之立。
昭公八年	**昭公八年**	
	陈哀公元妃郑姬，生悼大子偃师，二妃生公子留，下妃生公子胜。二妃嬖，留有宠，属诸徒招与公子过。哀公有废疾。三月甲申，公子招、公子过杀悼大子偃师，而立公子留。	又一则次妃与元妃的权术较量。
昭公九年	**昭公九年**	
	晋荀盈如齐逆女，还，六月，卒于戏阳。	未详其因。

（续表）

经	传	按语
昭公十一年	**昭公十一年**	
五月甲申，夫人归氏薨。 九月己亥，葬我小君齐归。		昭公母，本为夫人之娣，称“夫人”、“小君”或因夫人早死，或因母以子贵。
	泉丘人有女梦以其帷幕孟氏之庙，遂奔僖子，其僚从之。盟于清丘之社，曰：“有子，无相弃也。”僖子使助薳氏之簉。反自祲祥，宿于薳氏，生懿子及南宫敬叔于泉丘人。其僚无子，使字敬叔。	奔来之女僖子竟收之，当有异处。母之奔亦不改子之贤也。
昭公十三年	**昭公十三年**	
	夏五月癸亥，王缢于芋尹申亥氏。申亥以其二女殉而葬之。	二女何辜，竟为人殉！
昭公十四年	**昭公十四年**	
	晋邢侯与雍子争赂田，久而无成。士景伯如楚，叔鱼摄理，韩宣子命断旧狱，罪在雍子。雍子纳其女于叔鱼，叔鱼蔽罪邢侯。邢侯怒，杀叔鱼与雍子于朝。	英雄难过美人关。终因徇私而致杀身之祸！
昭公十五年	**昭公十五年**	
	秋八月戊寅，王穆后崩。 十二月，晋荀跞如周，葬穆后，籍谈为介。	后死曰崩，夫人死曰薨。
昭公十八年	**昭公十八年**	
	六月，鄅人藉稻。邾人袭鄅，鄅人将闭门。邾人羊罗摄其首焉，遂入之，尽俘以归。鄅子曰：“余无归矣。”从帑于邾，邾庄公反鄅夫人，而舍其女。	放归鄅夫人而留鄅子之女，当为姬妾。

（续表）

经	传	按语
昭公十九年	**昭公十九年**	
	楚子之在蔡也，郹阳封人之女奔之，生大子建。及即位，使伍奢为之师。费无极为少师，无宠焉，欲谮诸王，曰："建可室矣。"王为之聘于秦，无极与逆，劝王取之，正月，楚夫人嬴氏至自秦。	楚平王亦有新台之行。
	鄅夫人，宋向戌之女也，故向宁请师。二月，宋公伐邾，围虫。三月，取之。乃尽归鄅俘。	鄅夫人果敢，不愧为向戌之女。
	令尹子瑕聘于秦，拜夫人也。	礼也。数见。
	秋，齐高发帅师伐莒。莒子奔纪鄣。使孙书伐之。初，莒有妇人，莒子杀其夫，已为嫠妇。及老，托于纪鄣，纺焉以度而去之。及师至，则投诸外。或献诸子占，子占使师夜缒而登。登者六十人。缒绝。师鼓噪，城上之人亦噪。莒共公惧，启西门而出。七月丙子，齐师入纪。	匹妇亦关大局也。
	子游娶于晋大夫，生丝，弱。其父兄立子瑕。	后其子求立得舅氏之助，虽罢亦见母族之威。
昭公二十年	**昭公二十年**	
	卫公孟絷狎齐豹，夺之司寇与鄄，有役则反之，无则取之。公孟恶北宫喜、褚师圃，欲去之。公子朝通于襄夫人宣姜，惧，而欲以作乱。故齐豹、北宫喜、褚师圃、公子朝作乱。	卫襄夫人宣姜淫而生事。此宣姜非卫宣公夫人宣姜。

(续表)

经	传	按语
	华亥与其妻必盥而食所质公子者而后食。公与夫人每日必适华氏，食公子而后归。华亥患之，欲归公子。向宁曰："唯不信，故质其子。若又归之，死无日矣。"公请于华费遂，将攻华氏。对曰："臣不敢爱死，无乃求去忧而滋长乎！臣是以惧，敢不听命？"公曰："子死亡有命，余不忍其询。"冬十月，公杀华、向之质而攻之。戊辰，华、向奔陈，华登奔吴。向宁欲杀大子，华亥曰："干君而出，又杀其子，其谁纳我？且归之有庸。"使少司寇轻以归，曰："子之齿长矣，不能事人，以三公子为质，必免。"公子既入，华轻将自门行。公遽见之，执其手曰："余知而无罪也，入，复而所。"	该年华、向乱国，而与宋元公互相以子为质。华亥与其妻虽谨爱公子，亦不免己子被杀，然终能放三子全身而归，可抵一罪乎？
昭公二十三年	昭公二十三年	
	楚大子建之母在郹，召吴人而启之。冬十月甲申，吴大子诸樊入郹，取楚夫人与其宝器以归。	昭公十九年楚平王父娶子妇，二十年太子建奔宋，本年建之母怀恨报宿怨也。
昭公二十五年	昭公二十五年	
	季公若之姊为小邾夫人，生宋元夫人，生子以妻季平子。昭子如宋聘，且逆之。公若从，谓曹氏勿与，鲁将逐之。曹氏告公，公告乐祁。乐祁曰："与之。如是，鲁君必出。政在季氏三世矣，鲁君丧政四公矣。无民而能逞其志者，未之有也。国君是以镇抚其民。《诗》曰：'人之云亡，心之忧	其时行事已在"利"而不在"礼"矣！嫁女亦然。

(续表)

经	传	按语
	矣。'鲁君失民矣,焉得逞其志?靖以待命犹可,动必忧。" 初,季公鸟娶妻于齐鲍文子,生甲。公鸟死,季公亥与公思展与公鸟之臣申夜姑相其室。及季姒与饔人檀通,而惧,乃使其妾抶己,以示秦遄之妻,曰:"公若欲使余,余不可而抶余。"又诉于公甫,曰:"展与夜姑将要余。"秦姬以告公之,公之与公甫告平子。平子拘展于卞而执夜姑,将杀之。公若泣而哀之,曰:"杀是,是杀余也。"将为之请。平子使竖勿内,日中不得请。有司逆命,公之使速杀之。故公若怨平子。	季姒之淫毒鲜见耶?不鲜见耶?秦姬则成所借之刀。
昭公二十七年	昭公二十七年	
	冬,公如齐,齐侯请飨之。子家子曰:"朝夕立于其朝,又何飨焉?其饮酒也。"乃饮酒,使宰献,而请安。子仲之子曰重,为齐侯夫人,曰:"请使重见。"子家子乃以君出。	鲁公寓于齐,齐侯渐不礼焉。重父子仲为出奔之鲁公子,故鲁昭公避席。
昭公二十八年	昭公二十八年	
	晋祁胜与邬臧通室,祁盈将执之,访于司马叔游。 初,叔向欲娶于申公巫臣氏,其母欲娶其党。叔向曰:"吾母多而庶鲜,吾惩舅氏矣。"其母曰:"子灵之妻杀三夫,一君,一子,而亡一国、两卿矣。可无惩乎?吾闻之:'甚美必有	通室即易内,易妻而淫也。 叔向之母妒美而有预言家风

(续表)

经	传	按语
	甚恶。'是郑穆少妃姚子之子,子貉之妹也。子貉早死,无后,而天钟美于是,将必以是大有败也。昔有仍氏生女,鬒黑而甚美,光可以鉴,名曰玄妻。乐正后夔取之,生伯封,实有豕心,贪婪无餍,忿类无期,谓之封豕。有穷后羿灭之,夔是以不祀。且三代之亡,共子之废,皆是物也。女何以为哉?夫有尤物,足以移人,苟非德义,则必有祸。"叔向惧,不敢取。平公强使取之,生伯石。伯石始生,子容之母走谒诸姑,曰:"长叔姒生男。"姑视之,及堂,闻其声而还,曰:"是豺狼之声也。狼子野心,非是,莫丧羊舌氏矣。"遂弗视。	范。其事又见襄公二十一年。 夏姬之女在羊舌氏家有姑如此,日子恐不好过。
昭公二十九年	昭公二十九年	
	三月己卯,京师杀召伯盈、尹氏固及原伯鲁之子。尹固之复也,有妇人遇之周郊,尤之,曰:"处则劝人为祸,行则数日而反,是夫也,其过三岁乎?"	此妇善于度势,抑或善相乎?
	公衍、公为之生也,其母偕出。公衍先生,公为之母曰:"相与偕出,请相与偕告。"三日,公为生,其母先以告,公为为兄。公私喜于阳谷而思于鲁,曰:"务人为此祸也。且后生而为兄,其诬也久矣。"乃黜之,而以公衍为大子。	公衍之母善而厚,公为之母狡而黠。然谎言终不长久。
定公五年	定公五年	
	叶公诸梁之弟后臧从其母于吴,	弃母而逃,何

（续表）

经	传	按语
	不待而归。叶公终不正视。	可理喻！
	王将嫁季芈，季芈辞曰："所以为女子，远丈夫也。钟建负我矣。"以妻钟建，以为乐尹。	季芈，楚平王妹也。战乱中钟建负其奔逃，故嫁。
定公十三年	**定公十三年**	
	及文子卒，卫侯始恶于公叔戌，以其富也。公叔戌又将去夫人之党，夫人诉之曰："戌将为乱。"	夫人之诉与卫侯之恶终致十四年公叔戌出奔。夫人，卫灵公夫人南子也。
定公十四年	**定公十四年**	
	卫侯为夫人南子召宋朝，会于洮。大子蒯聩献盂于齐，过宋野。野人歌之曰："既定尔娄猪，盍归吾艾豭。"大子羞之，谓戏阳速曰："从我而朝少君，少君见我，我顾，乃杀之。"速曰："诺。"乃朝夫人。夫人见大子，大子三顾，速不进。夫人见其色，啼而走，曰："蒯聩将杀余。"公执其手以登台。大子奔宋，尽逐其党。故公孟彄出奔郑，自郑奔齐。	卫灵公身为国君而能容南子之淫，何可怪也！"公执其手以登台"益见素昔狎昵，无怪太子无言而奔。惧祸也。
定公十五年	**定公十五年**	
秋七月壬申，姒氏卒。 辛巳，葬定姒。	秋七月壬申，姒氏卒。不称夫人，不赴，且不祔也。 葬定姒。不称小君，不成丧也。	哀公母，定公夫人。定公薨二月而姒氏卒，何其速也！哀毁乎？君未葬而夫人薨，不赴不祔，臣子慢之也。

（续表）

经	传	按语
哀公元年	哀公元年	
		虽伍员有“虞思于是妻之以二姚”等语，但系忆往而非叙春秋时事，故不录。余同。
	蔡人男女以辨，使疆于江、汝之间而还。	男女有别。
哀公二年	哀公二年	
	夏，卫灵公卒。夫人曰：“命公子郢为大子，君命也。”对曰：“郢异于他子。且君没于吾手，若有之，郢必闻之。且亡人之子辄在。”乃立辄。	夫人，南子也。与立君之大政。
哀公三年	哀公三年	
	秋，季孙有疾，命正常曰：“无死。南孺子之子，男也，则以告而立之。女也，则肥也可。”季孙卒，康子即位。既葬，康子在朝。南氏生男，正常载以如朝，告曰：“夫子有遗言，命其圉臣曰：‘南氏生男，则以告于君与大夫而立之。’今生矣，男也，敢告。”遂奔卫。康子请退。公使共刘视之，则或杀之矣，乃讨之。召正常，正常不反。	以南孺子孀妇之力自当无以庇护初生之子。
哀公五年	哀公五年	
	齐燕姬生子，不成而死。诸子鬻姒之子荼嬖，诸大夫恐其为大子也，言于公曰：“君之齿长矣，未有大子，若之何？”公曰：“二三子间于忧虞，则有疾疢。亦姑谋乐，何忧于无君？”公	燕姬，昭公七年燕人所归者也，齐景公夫人。鬻姒，齐景公妾。宜与下年合看，八

（续表）

经	传	按语
	疾，使国惠子、高昭子立荼，置群公子于莱。秋，齐景公卒。冬十月，公子嘉、公子驹、公子黔奔卫，公子鉏、公子阳生来奔。	年犹有尾声。
哀公六年	哀公六年	
	陈僖子使召公子阳生。……僖子使子士之母养之，与馈者皆入。冬十月丁卯，立之。将盟，鲍子醉而往。其臣差车鲍点曰："此谁之命也？"陈子曰："受命于鲍子。"遂诬鲍子曰："子之命也。"鲍子曰："女忘君之为孺子牛而折其齿乎？而背之也！"悼公稽首，曰："吾子奉义而行者也。若我可，不必亡一大夫。若我不可，不必亡一公子。义则进，否则退，敢不唯子是从？废兴无以乱，则所愿也。"鲍子曰："谁非君之子？"乃受盟。使胡姬以安孺子如赖。去鬻姒，杀王甲，拘江说，囚王豹于句窦之丘。	子士之母，僖子妾也。《汉书·地理志》云燕地有"宾客相过，以妇侍宿"之俗，此处"养之"或有相似？ 胡姬，景公妾。安孺子，即荼，因年幼被杀，无谥，故称。
哀公八年	哀公八年	
	齐悼公之来也，季康子以其妹妻之，即位而逆之。季鲂侯通焉，女言其情，弗敢与也。齐侯怒，夏五月，齐鲍牧帅师伐我，取讙及阐。 或谮胡姬于齐侯，曰："安孺子之党也。"六月，齐侯杀胡姬。 秋，及齐平。九月，臧宾如如齐莅盟，齐闾丘明来莅盟，且逆季姬以归，嬖。	季鲂侯，季姬叔父。 胡姬当系枉死。 季姬不贞亦能得嬖，且能使"齐人归讙及阐"，不能不叹！

(续表)

经	传	按语
	冬十二月,齐人归讙及阐,季姬嬖故也。	
哀公十一年	哀公十一年	
	冬,卫大叔疾出奔宋。初,疾娶于宋子朝,其娣嬖。子朝出。孔文子使疾出其妻而妻之。疾使侍人诱其初妻之娣,置于犁,而为之一宫,如二妻。文子怒,欲攻之。仲尼止之。遂夺其妻。或淫于外州,外州人夺之轩以献。耻是二者,故出。卫人立遗,使室孔姞。疾臣向魋纳美珠焉,与之城鉏。宋公求珠,魋不与,由是得罪。及桓氏出,城鉏人攻大叔疾,卫庄公复之。使处巢,死焉。殡于郧,葬于少禘。	疾出妻,其娣亦在被出之列,而后疾妻文子之女孔姞。"诱其初妻之娣""如二妻"当由于极度爱幸,而能无畏文子之势。文子怒而夺其妻孔姞。然疾又"淫于外州"则难解。文子使疾弟遗"室孔姞",是叔娶嫂也,同"烝"。
	初,晋悼公子慭亡在卫,使其女仆而田。大叔懿子止而饮之酒,遂聘之,生悼子。悼子即位,故夏戊为大夫。悼子亡,卫人翦夏戊。孔文子之将攻大叔也,访于仲尼。仲尼曰:"胡簋之事,则尝学之矣。甲兵之事,未之闻也。"退,命驾而行,曰:"鸟则择木,木岂能择鸟?"文子遽止之,曰:"圉岂敢度其私,访卫国之难也。"将止。鲁人以币召之,乃归。	悼子即太叔疾,疾之母当为晋悼公孙女。杜注:"仆,御田猎。"杨伯峻言:"以未聘女子驾御猎车,古所罕见。"
哀公十二年	哀公十二年	
夏五月甲辰,孟子卒。	夏五月,昭夫人孟子卒。昭公娶于吴,故不书姓。死不赴,故不称夫人。	昭公与孟子同姓而婚。季氏,

（续表）

经	传	按语
	不反哭,故言不葬小君。孔子与吊,适季氏。季氏不绕,放绖而拜。	权臣也,不守丧礼,而孔子以礼。
哀公十四年	**哀公十四年**	
(《公羊传》《穀梁传》皆止于此年)	宋桓魋之宠害于公,公使夫人骤请享焉,而将讨之。	获麟之年。 夫人,宋景公母也。欲以夫人名义诱而杀之。
哀公十五年	**哀公十五年**	
	卫孔圉取大子蒯聩之姊,生悝。孔氏之竖浑良夫长而美,孔文子卒,通于内。大子在戚,孔姬使之焉。大子与之言曰:“苟使我入获国,服冕乘轩,三死无与。”与之盟,为请于伯姬。 闰月,良夫与大子入,舍于孔氏之外圃。昏,二人蒙衣而乘,寺人罗御,如孔氏。孔氏之老栾宁问之,称姻妾以告。遂入,适伯姬氏。既食,孔伯姬杖戈而先,大子与五人介,舆豭从之。迫孔悝于厕,强盟之,遂劫以登台。	孔姬之奸情伏卫庄公蒯聩之返国得立及子路之死。
哀公十六年	**哀公十六年**	
	六月,卫侯饮孔悝酒于平阳,重酬之,大夫皆有纳焉。醉而送之,夜半而遣之。载伯姬于平阳而行,及西门,使贰车反祏于西圃。 圉公阳穴宫,负王以如昭夫人之宫。	孔悝奔而不弃其母。 楚太子建之子胜叛乱,拘楚惠王。惠王如楚昭夫人宫以期护佑也。

（续表）

经	传	按语
（自十七年起有传无经）	**哀公十七年**	
	公入于戎州已氏。初，公自城上见已氏之妻发美，使髡之，以为吕姜髢。既入焉，而示之璧，曰："活我，吾与女璧。"已氏曰："杀女，璧其焉往？"遂杀之而取其璧。	多行不义必自毙。
	哀公二十三年	
	二十三年春，宋景曹卒。季康子使冉有吊，且送葬，曰："敝邑有社稷之事，使肥与有职竞焉，是以不得助执绋，使求从舆人。曰：'以肥之得备弥甥也，有不腆先人之产马，使求荐诸夫人之宰，其可以称旌繁乎？'"	宋景曹，宋元公夫人，景公之母，景为谥，曹为姓，小邾女也。
	襄公二十四年	
	公子荆之母嬖，将以为夫人，使宗人衅夏献其礼。对曰："无之。"公怒曰："女为宗司，立夫人，国之大礼也，何故无之？"对曰："周公及武公娶于薛，孝、惠娶于商，自桓以下娶于齐，此礼也则有。若以妾为夫人，则固无其礼也。"公卒立之，而以荆为大子。国人始恶之。	以妾为夫人。非礼也。
	闰月，公如越，得大子适郢，将妻公，而多与之地。公孙有山使告于季孙，季孙惧，使因大宰嚭而纳赂焉，乃止。	女之婚姻全在长辈一念之间。

（续表）

经	传	按语
	哀公二十五	
	初，卫人翦夏丁氏，以其帑赐彭封弥子。弥子饮公酒，纳夏戊之女，嬖，以为夫人。其弟期，大叔疾之从孙甥也，少畜于公，以为司徒。夫人宠衰，期得罪。	宠衰，为色衰乎？为有新嬖乎？爱屋及乌，恶屋亦及乌。
	哀公二十七年	
		《左传》终，其年无女子之事。

主要参考书目

[1] (晋)杜预:《春秋左传集解》,上海人民出版社 1977 年版。
[2] (清)洪亮吉:《春秋左传诂》,中华书局 2008 年版。
[3] (清)高士奇:《左传纪事本末》,中华书局 1979 年版。
[4] (清)顾炎武:《左传杜解补正》,中华书局 1991 年版。
[5] 杨伯峻:《春秋左传注》,中华书局 2000 年版。
[6] 杨伯峻、徐提编:《春秋左传词典》,中华书局 1985 年版。
[7] 李梦生:《左传译注》,上海古籍出版社 1998 年版。
[8]《十三经注疏》整理委员会整理,李学勤主编:《十三经注疏·春秋左传正义》,北京大学出版社 1999 年版。
[9]《十三经注疏》整理委员会整理,李学勤主编:《十三经注疏·春秋公羊传注疏》,北京大学出版社 1999 年版。
[10]《十三经注疏》整理委员会整理,李学勤主编:《十三经注疏·春秋穀梁传注疏》,北京大学出版社 1999 年版。
[11]《十三经注疏》整理委员会整理,李学勤主编:《十三经注疏·周易正义》,北京大学出版社 1999 年版。
[12]《十三经注疏》整理委员会整理,李学勤主编:《十三经注疏·周礼注疏》,北京大学出版社 1999 年版。
[13]《十三经注疏》整理委员会整理,李学勤主编:《十三经注疏·礼记正义》,北京大学出版社 1999 年版。
[14] 陈戍国点校:《四书五经》,岳麓书社 1991 年版。
[15] 来可泓:《国语直解》,复旦大学出版社 2000 年版。
[16] 汪受宽:《孝经译注》,上海古籍出版社 1998 年版。
[17] 郑晓霞、林佳郁编:《列女传汇编》,北京图书馆出版社 2007 年版。
[18] (清)方玉润:《诗经原始》,中华书局 2007 年版。

[19]（清）王聘珍:《大戴礼记解诂》,中华书局 2008 年版。

[20]（清）顾炎武著,黄汝成集释:《日知录集释》（全校本）,上海古籍出版社 2007 年版。

[21] 吕思勉:《先秦史》,上海古籍出版社 2006 年版。

[22] 童书业:《春秋史》,上海古籍出版社 2004 年版。

[23] 顾德融、朱顺龙:《春秋史》,上海人民出版社 2004 年版。

[24]（清）梁启超:《中国历史研究法》,上海古籍出版社 2003 年版。

[25]（清）梁启超:《先秦政治思想史》,中华书局、上海书店 1986 年版。

[26] 童书业:《春秋左传研究》,上海人民出版社 1980 年版。

[27] 沈玉成、刘宁:《春秋左传学史稿》,江苏古籍出版社 2000 年版。

[28] 戴维:《春秋学史》,湖南教育出版社 2004 年版。

[29] 梁漱溟:《中国文化要义》,上海人民出版社 2005 年版。

[30] 张岱年:《中国伦理思想研究》,江苏教育出版社 2005 年版。

[31] 韦政通:《中国思想史》,上海书店出版社 2003 年版。

[32] 钱穆:《中国文化史导论》,商务印书馆 2002 年版。

[33] 钱穆:《国学概论》,商务印书馆 2008 年版。

[34] 钱穆:《国史大纲》（修订本）,商务印书馆 2008 年版。

[35] 钱穆:《中国近三百年学术史》,商务印书馆 2005 年版。

[36] 钱钟书:《管锥编》,中华书局 1986 年版。

[37] 郭沫若:《青铜时代》,中国人民大学出版社 2005 年版。

[38] 郭沫若:《奴隶制时代》,中国人民大学出版社 2005 年版。

[39] 张舜徽:《郑学丛著》,华中师范大学出版社 2005 年版。

[40] 张舜徽:《清代扬州学记 · 顾亭林学记》,华中师范大学出版社 2005 年版。

[41] 金景芳:《先秦思想史讲义》,天津古籍出版社 2007 年版。

[42] 胡念贻:《先秦文学论集》,中国社会科学出版社 1981 年版。

[43] 吕文郁:《春秋战国文化史》,东方出版中心 2007 年版。

[44] 葛兆光:《中国思想史》,复旦大学出版社 2007 年版。

[45] 万国鼎编,万斯年、陈梦家补订:《中国历史纪年表》,中华书局 2007 年版。

[46] 杨宽:《先秦史十讲》,复旦大学出版社 2006 年版。

[47] 李山:《先秦文化史讲义》,中华书局 2008 年版。
[48] 白寿彝:《文学遗产六讲》,北京出版社 2004 年版。
[49] 庞朴:《中国文化十一讲》,中华书局 2008 年版。
[50] 匡亚明:《孔子评传》,南京大学出版社 2006 年版。
[51] 方朝晖:《春秋左传人物谱》,齐鲁书社 2001 年版。
[52] 庞朴、马勇、刘贻群编:《先秦儒家研究》,湖北教育出版社 2003 年版。
[53] 常森:《二十世纪先秦散文研究反思》,北京大学出版社 2002 年版。
[54] 谢芳林《〈三礼〉之谜》,四川教育出版社 2001 年版。
[55] 刘泽华主编:《士人与社会》(先秦卷),天津人民出版社 1988 年版。
[56] 张世英:《天人之际》,人民出版社 1995 年版。
[57] 杨适:《中西人论的冲突》,中国人民大学出版社 1997 年版。
[58] 傅道彬:《〈诗〉外诗论笺》,黑龙江教育出版社 1993 年版。
[59] 潘万木:《〈左传〉叙述模式论》,华中师范大学出版社 2004 年版。
[60] 何新文:《〈左传〉人物论稿》,中国社会科学出版社 2004 年版。
[61] 许道勋、徐洪兴:《中国经学史》,上海人民出版社 2006 年版。
[62] 马小虎:《魏晋以前个体"自我"的演变》,中国人民大学出版社 2004 年版。
[63] 叶舒宪:《性别诗学》,社会科学文献出版社 1999 年版。
[64] 余敦康、邹昌林:《中国礼文化》,社会科学文献出版社 2000 年版。
[65] 孙绍先:《英雄之死与美人迟暮》,社会科学文献出版社 2000 年版。
[66] 康正果:《风骚与艳情》,上海文艺出版社 2001 年版。
[67] 王铭铭:《人类学是什么》,北京大学出版社 2003 年版。
[68] 刘士林:《中国诗性文化》,江苏人民出版社 1999 年版。
[69] 崔大华:《儒学引论》,人民出版社 2001 年版。
[70] 刘广明:《宗法中国》,上海三联书店 1993 年版。
[71] 潘绥铭:《性的社会史》,河南人民出版社 1998 年版。
[72] 张岩冰:《女权主义文论》,山东教育出版社 2005 年版。
[73] 钱虹:《文学与性别研究》,同济大学出版社 2008 年版。
[74] (英)J. G. 弗雷泽:《金枝》,新世界出版社 2006 年版。
[75] (法)列维－布留尔:《原始思维》,商务印书馆 2007 年版。
[76] (法)西蒙娜·德·波伏瓦:《女人是什么》,中国文联出版公司 1988

年版。
[77] (德)卡西尔:《人论》,甘阳译,上海译文出版社 1985 年版。
[78] (英)休谟:《人性论》,关文运译,商务印书馆 1980 年版。
[79] (英)罗素:《婚姻革命》,靳建国译,东方出版社 1988 年版。
[80] (法)皮埃尔·勒鲁:《论平等》,王允道译,商务印书馆 1988 年版。
[81] (保)瓦西列夫:《情爱论》,赵永穆、范国恩、陈行慧译,三联书店 1985 年版。
[82] (苏)伊谢科恩:《自我论》,佟景恩等译,三联书店 1987 年版。
[83] (美)埃弗罗姆:《爱的艺术》,康革尔译,华夏出版社 1987 年版。
[84] (美)凯特·米利特:《性政治》,宋文伟译,江苏人民出版社 2000 年版。
[85] (美)波利·扬-艾森卓:《性别与欲望》,杨广学译,中国社会科学出版社 2003 年版。

后　记

身为女性，我一直有一种困惑，我想知道我们的性别角色怎么就成了今天这个样子。走出了“大门不出，二门不迈”的时代，没有了“走不露足，笑不露齿”的约束，我们在“男女平等”的背景下享受着和男性相同的文化教育，走上了社会，也撑起了属于我们的半边天。可是我们却似乎享受不到真正的平等！女人真的是波伏娃所说的“第二性”吗？女人真的是被“变成”的吗？

当年，带着这样的疑问，我把《左传》中的女性作为了自己硕士论文的研究对象，我希望自己能在最古老、最确切、最可信的文字中回溯到中国女性的来路，看看两千五百年前的那些妖娆之花是怎样徐徐开放并以其袅袅余香影响到我们的今天的。感谢我的导师傅道彬教授，感谢身为男性的他允许我以这样一种方式发起对男权的挑战，并发出一个新时代知识女性的声音。当我的硕士论文在答辩会上被评为优秀论文时，我的思考并没有停止，我觉得那不足四万字的陈述并没有将我的思想完全表达清楚，也并不能涵盖整个《左传》女性的生活。

重回傅先生门下攻读博士学位的时候，我的主要研究时段仍旧选在春秋，主要研究对象仍旧确定为《左传》。正是在对《左传》一遍又一遍的研读之中，正是在对其他典籍和学术资料的不断涉猎之中，我觉得我对《左传》、对春秋女性的理解都有了进一步的深入。而《左传》中的每一个女性，在我面前，都好像比几年前更加清晰也更加深邃，她们经常主动走到我的面前扰乱我的心神，仿佛总想对我说些什么。

我博士论文的选题与女性关系不大,但我总是无法遏制自己在女性话题上的述说冲动,也总想在博士论文写作前完成这个心愿。时间是最大的问题。让我充满感激的是,傅先生这位一贯严谨的学者竟宽容地默许了我的请求,并给了我精神上的鼓励。我知道,我能回报老师的只有将来那一本让他满意的博士论文和日益提升的学术表达。

在这部书的写作过程中,父母的身体依然健康,女儿林日暖的功课依然优秀,爱人林超然的工作更加出色。所有这些给我的,都是最为有力的支持。这一刻,他们给我的爱比我给他们的要多得多!是他们让我能够心神宁静地沉浸于春秋,沉醉于《左传》,让我甚至看得到《左传》女性身上淡淡的脂痕,嗅得到她们身上微微的汗香,听得到她们轻轻的呼吸、怦怦的心跳、悠悠的清歌、浩浩的长叹。因了对这一性别的爱怜,行文中的一些观点和论述可能不易被某些男性所接受,但本书力求言之有据、言之成理,力避主观臆断,在指斥男权的同时亦反对过分主张所谓“女权”。

感谢我所在的绥化学院对我的培养,感谢它给我的所有教学、科研上的荣誉和从未间断的学术资助,感谢黑龙江教育厅对我的研究项目给予立项支持,同时感谢黑龙江大学出版社罗艺编辑的辛勤付出。无论我的学术道路能走多远,我都会继续关注女性话题,不断深化和修正我的学术观点,并期待各界朋友的赐教。

高　方

2010 年 8 月 8 日